Amazônia

CB140439

GUIAS PHILIPS

AMAZÔNIA

BRASIL

PROJETO
PHILIPS
BRASILIS

ESTE GUIA FAZ PARTE DO
PROJETO PHILIPS BRASILIS
QUE TEM POR OBJETIVO INCENTIVAR
A CULTURA, A ARTE,
OS PATRIMÔNIOS HISTÓRICO E
AMBIENTAL
BRASILEIROS

GUIAS PHILIPS

AMAZÔNIA

BRASIL

HORIZONTE GEOGRÁFICO

PUBLIFOLHA

HORIZONTE
GEOGRÁFICO

Diretor Geral: Peter Milko
Diretor Comercial: Eduardo Vitor Alves

GUIAS PHILIPS
AMAZÔNIA BRASIL

Diretor de redação: Peter Milko
Editor executivo: Nilton Pavin
Editor de arte: Fernando Hotz Fonseca

Editora: Maíra Rocha
Coordenadora: Beatriz Santomauro
Consultorias: Alexandre Adalardo de Oliveira, Patrícia Delamônica e Selvino Neckel de Oliveira
Redação: Heloísa Ribeiro e Sérgio Simões
Revisão de texto: Andrea Manograsso (português) e Greg Sutton (inglês)
Versão para o inglês: Cláudio Blanc
Chefe de arte: Ariana Assumpção Silvia
Diagramação: Ana Cristina Silveira (assistente de arte), João Carlos Botelho Ferraz e Wagner Gueller
Edição de fotografia: Lizimar Dahlke
Colaboradores: Bárbara Schmal, Carolina Dória, Cláudia Vieitas, Eduardo Góes Neves, Elisabeth Noguéira, Fernando França, Fernando Weber Rosas, Luis Menezes, Marcelo Gordo, Mario Cohn-Haft, Maurício Fabroni, Paulo Moutinho, Renata S. Souza Lima, Rosana Subirá, Vera Maria Ferreira da Silva e Marta Irving **(conteúdo)**; Adriana Férrer, Ana Karla Rodrigues, Heloísa Joly, Kelly Naomi e Malu Campos **(pesquisa)**; Eduardo Petta, Guilherme Sierra, Heitor Fragoso **(texto)**; Interfoto, Banco de Imagens da Amazônia e Tyba **(agências)**; Adriano Gambarini, Alexandre Campbell, André Valentin, C. Marione, Carolina da Riva, Cláudia Vieitas, Cristiano Cantão, Claus Meyer, Dana Merril, Geraldo Ramos, Gustavo Accácio, Guy Veloso, Heitor Fragoso, Heloísa Ribeiro, J. L. Bulcão, Janduari Simões, J. Roberto Couto, Jorge Macedo, Joseane Daher, Juca Martins, L. C. Marigo, Leonide Príncipe, Lilia Tandaya, Luis Veiga, Maíra Rocha, Marcelo Gordo, Marcelo Lourenço, Márcio Aires, Mario Friedlander, Meireles, Nilton Pavin, Oswaldo Forte, Patrícia Delamônica, Paulo Santos, Peter Milko, R. Azoury, R. Funari, R. Santos, Rogério Reis, Ronildo Matssura, Sérgio Simões, Victor Andrade, Zig Koch **(fotografia)**; Geraldo Moura Filho, JFerraz e Levi Grau **(ilustrações)**; Leonardo Bussadori **(capa)**; Carlos César Martin e Sérgio Dieguez **(mapas)**
Gerente administrativo: Mauro de Melo Jucá • **Circulação**: José Augusto Pires de Abreu
Atendimento ao leitor: Marcos Fernandes • **Produção gráfica**: Mauro de Melo
Fotolitos: Unigraph • **Impressão**: Donnelley Cochrane

Todos os direitos reservados. Nenhuma parte dessa publicação pode ser reproduzida ou transmitida através de qualquer meio sem a permissão por escrito da Horizonte Geográfico.

Guia Philips Amazônia
Copyright©Audichromo Editora, outubro de 2001

Horizonte Geográfico
Av. Arruda Botelho, 684 – 5° andar
CEP 05466-000, São Paulo – SP – Brasil
Tel. (11) 3022-5599 Fax: (11) 3022-3751
E-mail: horizonte@horizontegeografico.com.br
Site: www.horizontegeografico.com.br

Todas as informações contidas neste guia foram obtidas até agosto de 2001. É recomendável que o usuário confira sempre os horários de funcionamento das atrações, dos ingressos e demais dados de utilidade. A Editora não pode se responsabilizar por eventuais prejuízos que possam ocorrer em função da mudança das informações. Para acompanhar a atualização e obter novas informações, consulte o site: **www.horizontegeografico.com.br**

A Horizonte Geográfico agradece o envio de dados que auxiliem na atualização das informações e serviços apresentados nessa publicação, que poderão ser enviados pelo correio, por fax ou pelo e-mail: redacao@horizontegeografico.com.br.

Distribuição: Publifolha
Divisão de Publicações do Grupo Folha
Av. Vieira de Carvalho, 40, 11° andar
CEP 01210-010, São Paulo – SP
Tels. (11) 3351-6345 / 6346 / 6347 – Fax: (11) 3351-6350
Site: www.publifolha.com.br

Série Guias Philips de Turismo Ecológico do Brasil.
Publicado em outubro de 2001 pela Horizonte Geográfico

Sumário

PREZADO LEITOR,

Conhecer a Amazônia é um sonho de todos que sentem uma atração em descobrir as regiões mais carismáticas do planeta. A viagem para a maior floresta tropical do mundo requer mais planejamento e conhecimento do que os destinos tradicionais. As distâncias são enormes (a Europa Ocidental cabe com folga na Amazônia), os serviços se mostram muitas vezes precários, a natureza é intensa e às vezes implacável.

A Amazônia cobra um preço de quem quer conhecê-la, com milhares de insetos perturbando boa parte do dia, umidade tão intensa que parece estar chovendo o tempo inteiro, instalações rústicas, mas temos certeza que você vai concordar que tudo isso vale a pena.

O intenso magnetismo que a região emana, especialmente para os que pela primeira vez tomam contato com a área e seus habitantes, compensa todo esforço. Se você tiver a oportunidade de viajar de avião, garanta um lugar na janela para sentir ao vivo o que significa "a maior extensão de floresta virgem do planeta". E considere desde já planejar várias idas à Amazônia, pois é impossível conhecê-la por completo, muito menos em uma só viagem.

MUITAS AMAZÔNIAS

Um dos desafios da destemida equipe da Horizonte Geográfico, que percorreu milhares de quilômetros por terra, água e mar para produzir esse Guia, foi definir qual das Amazônias iríamos vasculhar. Acabamos escolhendo os limites do bioma amazônico no território brasileiro e por isso o Mato Grosso foi abordado apenas em sua porção norte; Maranhão e Tocantins ficaram de fora por não terem atrações acessíveis no trecho amazônico de suas áreas. Esse limite é bem inferior à Amazônia Legal, uma definição política dos anos 60 com a finalidade de estabelecer incentivos fiscais para região. E vale lembrar que o bioma amazônico, do qual 60% estão em terras brasileiras, estende-se por vários outros países, até os contrafortes da Cordilheira dos Andes.

Pelos igarapés, aldeias e ruas das cidades que percorremos você vai descobrir o lado humano da Amazônia. Ao contrário daquela sensação de que a região é um vazio populacional, o bom observador vai encontrar um outro Brasil, com valores culturais bem diferentes do resto do país, gente que fala vários idiomas e só arranha no português, caboclos que conhecem a floresta como ninguém e imigrantes de toda sorte que buscam a sobrevivência na região. Tenha coragem de experimentar mangaba, bacuri, cupuaçu, açaí e tantas outras frutas que vão ser agradáveis aquisições ao seu paladar, ao lado dos peixes de água doce que respondem pelos sugestivos nomes de pirarucu, tambaqui, tucunaré.

A aventura de descobrir a Amazônia ultrapassa em muito o aspecto ecológico; cultura e antropologia estão a cada esquina das poucas ruas da região e das muitas curvas dos incontáveis rios.

Esperamos que, com esse Guia, você tenha uma boa ajuda para descobrir esse pedaço tão desconhecido do Brasil que fascina gerações, e se torne um fervoroso defensor de sua preservação.

Peter Milko
Diretor de Redação

Como usar este Guia

Esse guia vai possibilitar seu acesso às maravilhas naturais e culturais da Amazônia. Para ajudá-lo a planejar o passeio, o guia oferece informações úteis e detalhadas, desde como chegar em cada local, as principais atrações, até a identificação de animais e plantas, na parte final. O conteúdo é dividido em duas partes: a primeira apresenta aspectos abrangentes da região e a segunda inclui as principais cidades dos estados do Acre, Amapá, Amazonas, Pará, Rondônia e Roraima e do Norte do Mato Grosso.

Descobrindo a Amazônia, Cenário Ecológico e O Homem na Amazônia

Ao longo desses capítulos, há informações abrangentes sobre a região, dicas de como preparar sua viagem, quais cuidados tomar com a saúde, referências à cultura cabocla e indígena, à história da ocupação da região e aos aspectos geográficos.

Roteiros

Aqui você encontra informações enfocando os diversos aspectos humanos e geográficos de cada Estado.

Relação das principais atrações com endereço completo.

No quadro em azul estão as distâncias, em quilômetros, para as principais cidades; número de habitantes; DDD; e telefone do principal órgão de turismo da cidade.

Mapa da região central da cidade com as principais entradas e saídas.

Cada capítulo tem sua cor própria, identificado pela tarja superior.

Incluímos também o item Arredores, onde estão indicadas as cidades e atrações próximas que merecem ser visitadas; e boxes específicos com aspectos históricos e culturais.

Os mapas ilustrados contêm os principais atrativos dos estados; os rios, parques e áreas de conservação mais importantes; as rodovias asfaltadas e estradas de terra mais relevantes e as cidades relacionadas no capítulo correspondente.

Serviços

Aqui você encontra a relação dos principais serviços de apoio ao visitante. Opções detalhadas de hospedagem, alimentação e telefones úteis de aeroportos, rodoviárias, locadoras de veículos, agências de turismo, bancos, hospitais, companhias aéreas e compras.
Nesse capítulo há também referências de livros, sites referentes à região, Instituições e Projetos Ambientais.

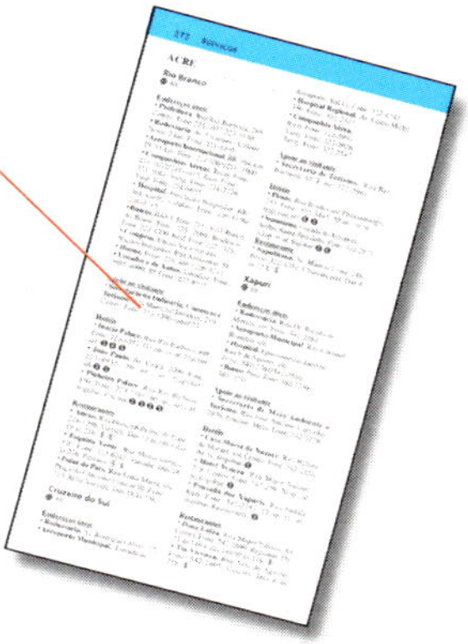

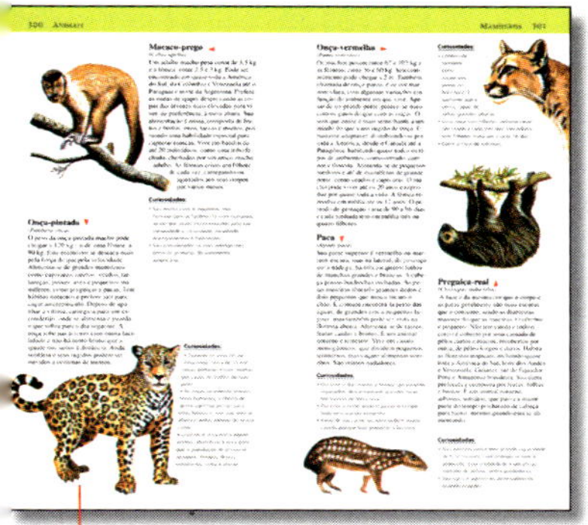

Animais e plantas

Para facilitar a observação de animais, incluímos uma relação das principais espécies, com descrição, hábitos e curiosidades.

Índices:

• Para facilitar a consulta, incluímos no início do guia um índice geral que engloba todos os capítulos; no final, um outro só para cidades.

DESCOBRINDO A AMAZÔNIA

DESCOBRINDO A AMAZÔNIA

A Amazônia é a maior porção de floresta tropical que ainda resta no Planeta, com cerca de 6 milhões de km^2, espalhando-se pelo Brasil, onde 60% de sua área está localizada, pela Bolívia, Colômbia, Equador, Guiana, Guiana Francesa, Suriname e Peru. Seu tamanho equivale ao dobro do território da Índia. Para facilitar a administração da área no Brasil, o Governo Federal instituiu, em 1966, que os estados do Amapá, Pará, Roraima, Amazonas, Acre, Rondônia, Tocantins e partes do Mato Grosso e Maranhão formam a Amazônia Legal. O conteúdo deste Guia abrange as principais cidades dos estados do Amazonas, Rondônia, Roraima, Pará, Acre e Amapá e o norte do Mato Grosso.

Cidade de Macapá, na foz do Amazonas

A tarefa de estabelecer os limites da Floresta Amazônica nunca foi fácil: a versão mais aceita é a de que as fronteiras do Bioma são definidas pela distribuição das espécies de Hevea, árvore cuja espécie mais conhecida, a *H. Brasiliensis*, fornece o látex, matéria-prima da borracha.
Detentora de uma das maiores biodiversidades da Terra, hábitat para milhões de animais e plantas que só existem em seu território, valiosa pelos serviços ambientais que presta ao Planeta ao absorver gás carbônico e orquestrar a distribuição de chuvas em metade da América do Sul, suas matas são mais conhecidas pelas revistas, jornais e televisão do que pela visita à região. A maior parte das pessoas aprecia falar sobre temas freqüentes relacionados à floresta, como a abundante fonte de recursos naturais e a forma como são explorados, os povos indígenas, a crescente taxa de desmatamento, a forma de desenvolvimento promovida pelos governos locais e Federal, mas o número de visitantes que, de fato, vão à floresta e vivem sua realidade, ainda é muito pequeno.

A DIVERSIDADE DE PAISAGENS

À primeira vista, a Amazônia é formada por vastas extensões de matas uniformes e contínuas, cortada por uma infinidade de cursos de água. Poucos sabem que a região é uma das mais variadas em termos de paisagens naturais e cultura. A maior diversidade de etnias e línguas indígenas no Continente Americano está concentrada na região. O cenário dos rios e matas muda constantemente, com a cheia dos rios e o alagamento das florestas na época das chuvas, e a formação das praias fluviais, na seca. A região abriga os pontos mais altos do território brasileiro, o Pico da Neblina, com 3.014 m e o 31 de Março, com 2.992 m, as únicas praias fluviais com ondas no mundo, vastas extensões de Cerrado e campos, inúmeros sítios arqueológicos - alguns com as evidências de presença humana mais antigas das Américas, de 12.000 a.C. -, festas populares e religiosas muito significativas, como o Festival do Boi de Parintins e o Círio de Nazaré, inúmeras lendas baseadas na natureza local, como a do boto-cor-de-rosa, e uma culinária temperada por ingredientes únicos da região.

O MUNDO DAS ÁGUAS

O rio Amazonas forma a maior bacia hidrográfica do mundo e as paisagens humanas e naturais de seus cursos e margens são uma das maiores atrações da região. Um dos destaques é o rio Negro, que corta o Estado do Amazonas até chegar a Manaus e, junto com o Solimões, forma o Amazonas. A beleza

Reserva Biológica Lago Piratuba

de suas águas negras e o contraste com as praias fluviais que se formam às suas margens no período da seca, e as inúmeras corredeiras que se avolumam nas cheias, são inesquecíveis por quem o visita. Ao longo de seus afluentes está localizada a maior parte dos hotéis de selva da região, que oferecem programas de canoagem, observação de animais, trilhas nas matas e pesca. Para os visitantes que preferem mover-se independentemente, um passeio pelas embarcações regionais, que carregam passageiros e mercadorias, durante dias, parando em vilarejos ao longo do caminho, é uma excelente oportunidade para vivenciar a realidade regional. Na Amazônia, seus habitantes dependem da água para comer, beber, locomover-se e extrair seu sustento. Manaus, a maior cidade da região, só é acessada por água ou ar. Para os que apreciam excursões no interior da floresta, é possível ser conduzido por guias locais em trilhas que podem durar horas ou dias e permitem uma real aproximação com a fauna e a flora local. Para quem nunca viu macacos e outros animais em seu hábitat natural, ou tomou água de um cipó, descobriu que cascas de troncos podem virar fibras para fazer cordas e artefatos, que a castanha-do-pará é extraída de uma espécie de cápsula chamada ouriço e que a população ribeirinha praticamente se auto-sustenta com os recursos oferecidos pela floresta, a experiência de uma visita à Amazônia pode ser transformadora. Outros destaques da região, entre os muitos que você conhecerá ao longo de sua leitura do Guia, são o Pico da Neblina, localizado no Estado do Amazonas, e o Monte Roraima, ao norte de Roraima. O primeiro pode ser escalado com bastante esforço e o segundo, cujas formações rochosas em formato de "mesas" inspiraram Conan Doyle a escrever "O Mundo Perdido", atrai centenas de aventureiros a cada ano, que o exploram pelo lado venezuelano.

Este Guia tem o objetivo de facilitar suas incursões e descobertas na Amazônia. Esperamos que, somente pelas fotos e textos, ainda no planejamento da viagem, você possa apreciar e conhecer um pouco da realidade da maior floresta tropical do Planeta. Boa leitura!

Praia da Ponta Negra, no rio Negro, Manaus

COMO SE MOVIMENTAR

DE AVIÃO

Quase todas as capitais brasileiras oferecem vôos diários para Manaus e outras capitais da Amazônia, como Porto Velho, Belém, Rio Branco e Boa Vista. Manaus e Belém recebem vôos diretos do exterior vindos de Miami (EUA), oferecidos pela Varig (92. 652-1556) e pela Tam (92. 652-1300).
As cidades menores dos estados da região Norte contam com vôos diários ou semanais realizados por empresas regionais, como Rico, Tavaj, Passaredo, Taba, Meta e Penta, vindos das capitais. Os horários e dias desses vôos são alterados com frequência, portanto cheque as informações mais atualizadas com as companhias aéreas (veja em Serviços).
Em geral, os vôos que vão a Manaus ou Belém costumam fazer muitas conexões e demorar longas horas. Se você tem compromissos envolvidos na visita, é bom certificar-se do tempo de viagem com a companhia aérea. Muitas vezes o tempo previsto costuma ser maior em função das paradas.

DE CARRO

As únicas capitais ligadas ao resto do país por estradas são Belém, Porto Velho e Rio Branco. Manaus e Macapá são acessadas somente por barco e avião.
Na região, as únicas capitais que se conectam por estradas são Manaus com Boa Vista, pela BR-174, em um percurso de aproximadamente 800 km, e Rio Branco com Porto Velho, pela BR-364, em um percurso de 545 km.
Condições das estradas:
• **BR-174:** quase toda sua extensão está em boas condições. Esta rodovia cruza a reserva indígena dos Waimiri-

As "Gaiolas" são barcos tradicionais da região Amazônica

Moto-Táxi em Benjamim Constant, Amazonas, fronteira com o Peru

Atroari, em Roraima, e o trecho de 130 km que passa pela reserva fica interditado das 18 às 6h. Não há muitos postos de gasolina ao longo do caminho, portanto é bom não se deslocar por muitos quilômetros com pouco combustível.

• **BR-364:** os cerca de 500 km desta estrada que liga Rio Branco a Porto Velho têm alguns pontos bons e outros muito precários. A faixa de 110 km entre Abunã e Jacy-Paraná está em condições ruins e exige muito cuidado do motorista.

• **BR-230 e BR-317**: a maior parte da extensão das duas estradas está abandonada e intransitável.

• **BR-010 (Belém-Brasília):** É rodável em toda a sua extensão. O trecho entre o Maranhão e o Pará está bastante esburacado.

Para as estradas em boas condições, a locação de automóvel é uma boa opção. Em estradas de terra, evite viajar sem guias, principalmente à noite.

DE BARCO

É o principal meio de transporte dos moradores da região e dos visitantes que querem usar o transporte local e conhecer com mais proximidade a população regional. As viagens, que chegam a durar vários dias, costumam ser animadas por festas com som ao vivo. As pessoas dançam, lêem e jogam cartas. O barco pára em cidades e vilarejos menores, desembarcando e embarcando pessoas e mercadorias. Todos os passageiros dormem em redes e alguns barcos alugam cabines fechadas, mas que costumam ser muito quentes para se dormir. Leve sua corda e rede e chegue antecipadamente para achar um bom lugar para montá-las. Mantenha seus valores seguros com você ao dormir.

Os principais portos são o de Manaus e Belém, de onde os passageiros podem seguir para a maior parte das cidades da região. O trecho Manaus/Santarém, por exemplo, é feito em aproximadamente 60 horas e custa R$ 70,00. O percurso Manaus/Parintins demora, em média, 28 horas e custa por volta de R$ 50,00. O trecho Manaus/Belém é feito em 96 h e custa cerca de R$ 140,00. De Manaus para Porto Velho também se leva 96 horas e o custo é um pouco menor, cerca de R$ 130,00. Para quase todas essas cidades, há apenas um barco por semana fazendo o trajeto. Os horários podem sofrer alterações semanais.

Em Manaus, também se pode agendar cruzeiros de alguns dias pelo rio Negro ou ainda, dependendo da demanda, até cidades como Parintins, Santarém e Alter do Chão. O preço varia de acordo com o número de dias e a distância. Informações: Fone (92) 633-3433, r. 3107.

COMO SE PREPARAR

O QUE ESPERAR DA VIAGEM

A Amazônia brasileira, apesar de fazer parte da maior Floresta Tropical do Planeta, com uma das maiores biodiversidades mundiais, habitada por populações muito ricas culturalmente e preenchida por vastas extensões de paisagens naturais únicas, não é um destino de ecoturismo popular no Brasil. Para o brasileiro, em geral, as passagens aéreas – já que a maior parte das cidades da região só é acessada por barco ou avião – e os custos da viagem ainda são muito elevados. A maioria dos visitantes é formada por estrangeiros, que se deslocam de todos os cantos do mundo para conhecer a floresta. Nesses últimos anos, tem havido uma diversificação no perfil dos visitantes da Amazônia. Um grupo é formado pelas pessoas que compram pacotes turísticos de uma ou duas semanas nos hotéis de selva ao longo do rio Negro e seus afluentes, limitando suas atividades às oferecidas pela estrutura de hospedagem, como observação de jacarés, trilhas na floresta, canoagem e pesca esportiva. Outro grupo é formado por "mochileiros", que se deslocam pelos rios e cidades da região utilizando o transporte local e recorrem a alternativas de passeios e hospedagem mais acessíveis e aventureiras. Outro ainda é formado pelas pessoas que, em função do pouco tempo ou outros fatores, acabam limitando sua visita às capitais, como Belém e Manaus, sem realizar excursões pela floresta. Tem-se percebido também, recentemente, o fluxo de um outro tipo de visitante, aquele que deseja explorar e viver realidades além dos arredores dos hotéis de selva. Para essas pessoas, lentamente têm surgido oportunidades de ecoturismo comunitário, como em Silves, no Amazonas, em Reservas Extrativistas, em Rondônia, em Reservas de Desenvolvimento Sustentável, como em Mamirauá, no Amazonas, entre outras opções mencionadas ao longo deste Guia. Nesses programas, o visitante tem a possibilidade de viver o cotidiano das comunidades locais de uma maneira mais efetiva,

Tribo dos Satere Maué localizada nos arredores do rio Tapajós, no Pará

Porto no rio Negro, em Manaus

compartilhando seus afazeres e explorando a região. O fascinante na Amazônia, e que a ainda mantém como um dos últimos lugares no mundo com essas características, é que a estrutura de turismo que ali vier a se instalar, além da que já existe, terá como fazer a opção de não impactar o ambiente e qualificar e gerar renda para a mão-de-obra local com o seu estabelecimento, de modo que a presença dos visitantes contribua para a melhoria da qualidade de vida das populações locais e para a preservação das áreas visitadas. Ao longo do Guia, você vai encontrar referências de atrações e atividades que podem ser ajustadas ao seu interesse na visita à região, sejam aventuras como uma expedição ao Pico da Neblina e ao Monte Roraima, um passeio turístico pela cidade de Manaus ou Belém, uma semana em um hotel de selva ou em uma Reserva Extrativista de Seringueiros, além de indicações de sites e livros para que você possa ir mais longe e adequar suas expectativas de viagem.

Principais cuidados

Não é indicado viajar pela Amazônia sozinho, especialmente se o seu objetivo for fazer excursões pela floresta. É sempre recomendável levar um acompanhante e um guia local que conheça a região e saiba solucionar eventuais imprevistos. Em uma visita à floresta, as principais atividades incluem caminhadas pelas matas, observação de animais, pesca, canoagem, visita a seringais, comunidades ribeirinhas e pernoites em redes na floresta. Estas atividades exigem um razoável preparo físico e flexibilidade para lidar com banhos inesperados, insetos, barro, cansaço e encontros com animais silvestres. Considere estes fatores ao decidir levar crianças na viagem.

Praia fluvial: aparece na época da seca

Melhor época

A recomendação é evitar a época das chuvas. Este período, no entanto, varia bastante de acordo com a região e oferece vantagens que não existem na época de seca. Quando os rios estão cheios, é possível percorrer, em barcos ou canoas,

Preparando-se para a viagem

Não se esqueça de tomar vacina contra febre-amarela com, no mínimo, dez dias de antecedência à sua viagem. O certificado é exigido pelo Governo para visitas à região. A vacina é válida por 10 anos. É recomendável, também, que você tome comprimidos de complexo B e cápsulas de alho nos dias que antecedem o seu embarque. Ambos têm propriedades que ajudam a afastar os mosquitos.

Para a mochila:

- ☐ Sapatos confortáveis de fundo impermeável
- ☐ Capa de chuva impermeável
- ☐ Calças e camisetas de manga comprida
- ☐ Mochila pequena
- ☐ Chapéu ou boné
- ☐ Protetor solar
- ☐ Repelente contra insetos
- ☐ Roupa de banho e toalha
- ☐ Sacos plásticos ou embalagens impermeáveis para documentos, papéis, câmeras fotográficas e filmes

O kit de primeiros socorros deve ter:

- ☐ Seus remédios habituais, com receita
- ☐ Medicamento antialérgico
- ☐ Antitérmico
- ☐ Antiinflamatório
- ☐ Desinfetantes, gazes e esparadrapos, para pequenos cortes

Ao preparar a mala

A maior parte dos guias e locais de hospedagem fornece os equipamentos necessários para as excursões na floresta, como redes, fogareiros, *kit* de primeiros socorros, mosquiteiro e cordas, mas, se você quer ter certeza de que nada vai faltar, preencha a seguinte lista de coisas que devem constar na sua bagagem:

Para as excursões na floresta:

- ☐ Apito
- ☐ Binóculos
- ☐ Cantil com água
- ☐ Frutas secas, cereais
- ☐ Isqueiro ou fósforo
- ☐ Lanterna com pilhas extras
- ☐ Rede de dormir e cordas
- ☐ Mosquiteiro
- ☐ Conjunto de copo, talheres e prato

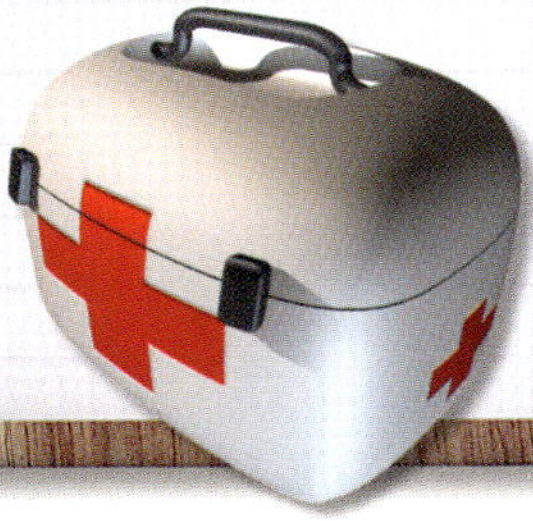

As "voadeiras" são barcos ágeis para navegar pelos rios e igarapés

os igarapés que avançam nas matas de igapó e várzea e contemplar a paisagem alagada da região. As cachoeiras, nesses meses, têm um volume de água muito maior e geralmente são mais belas.
Na época da seca, é mais fácil avistar animais, como capivaras e jacarés, que se concentram em um espaço mais reduzido de água, ou têm que se deslocar para a beira dos rios para beber. Para os apreciadores da pesca esportiva, a seca também é o período mais favorável para a captura dos peixes. Nesses meses, também aparecem as praias fluviais, que transformam a paisagem das áreas alagadas em vastos corredores de areia branca.
Outro item importante na decisão de que época é melhor para ir, é o período dos principais **festivais** da Amazônia. Para obter informações sobre as datas, ligue para a Secretaria de Turismo de cada cidade. As principais festas são:
- **Procissão do Círio de Nazaré:** em **Belém** (PA), realizada desde 1793 no segundo domingo de outubro, quando a cidade recebe cerca de um milhão de visitantes.
- **Festival do Boi de Parintins:** em **Parintins** (AM), nos três últimos dias de junho. Cerca de 100 mil visitantes são esperados na cidade para ver a disputa entre os bois-bumbás Garantido e Caprichoso.
- **Festival do Peixe Ornamental:** em **Barcelos** (AM), geralmente no último final de semana do mês de janeiro, quando centenas de pessoas chegam à cidade para ver o festival que lembra o de Parintins.
- **Festa do Divino:** acontece no Vale do Guaporé, em Rondônia. Um barco percorre as comunidades da região por 40 dias, entre maio e julho.
- **Festa do Çairé:** existe há mais de 300 anos em Santarém (AM). Acontece na primeira quinzena de setembro e atrai cerca de 50 mil visitantes.

Festival do Boi, em Parintins

Aldeias e reservas indígenas

Para visitar aldeias e reservas é necessário obter autorização de órgãos como a FUNAI (Fundação Nacional do Índio. Fones: 61 226-8211/321-8884) e FOIRN (Federação das Organizações Indígenas do Rio Negro. Fone: 92 471-1349).

Lagarta de mariposa na reserva de Mamirauá

Somente a autorização não significa que você pode chegar nas aldeias sem avisá-los. O Tuxaua, chefe da tribo, precisa concordar com sua presença. Se você for aceito, faça sempre a visita acompanhado de um morador que possa indicar as diretrizes do local.
Se você for comprar **artesanato indígena,** evite as peças feitas com penas de araras e tucanos, dentes e ossos de animais em geral. Se a demanda for maior do que os itens produzidos com os animais que morrem naturalmente, é possível que a morte proposital seja estimulada. Dê preferência a artefatos de palha e fibra.

Parques, Reservas e Estações Ecológicas

Normalmente as **Estações Ecológicas** só podem ser visitadas por pesquisadores ou por pessoas que tenham um interesse educativo, científico ou ecológico justificado. Algumas **Reservas de Desenvolvimento Sustentável**, como a de Mamirauá (AM), possuem uma estrutura de ecoturismo sustentável e podem ser visitadas se a pessoa respeitar as regras ecológicas locais. O mesmo vale para as **Reservas Extrativistas**. Algumas, como as de Curralinho e Pedras Negras, em Rondônia, oferecem programas de ecoturismo que incluem a participação do visitante na vida das comunidades. Como não há uma regra para a possibilidade de visitação, ao longo do Guia cada referência de Reserva terá indicação se existe ou não a permissão. Os **Parques Nacionais e Estaduais** normalmente podem ser visitados, mas nem sempre dispõem de estrutura de hospedagem. Para informações mais detalhadas sobre as Unidades de Conservação na região, ligue para o IBAMA (Fone: 0800-61-8080, internet: www.ibama.gov.br).

Como escolher uma boa agência e guia

Antes de escolher uma agência ou guia que irá conduzi-lo na floresta, é bom certificar-se do registro da instituição e da referência dos serviços prestados. Outros viajantes são sempre a melhor fonte, já que a qualidade do atendimento pode mudar inesperadamente. Todas as agências e serviços que constam no Guia são instituições confiáveis, cuja

Hotel de selva Ariaú, próximo ao rio Negro, Amazonas

operação foi checada anteriormente, mas como a gerência e a estrutura local podem mudar, é bom que você mesmo investigue o serviço. É sempre indicado conversar previamente com o guia, pois o conhecimento que este possui sobre a floresta e a maneira que o expressa são itens importantes para você apreciar ainda mais o passeio. Alguns detalhes que valem a pena ser checados antes de você contratar os serviços:
- Quantas pessoas irão no passeio. O ideal é evitar os extremos de ir sozinho ou em grupos muito grandes, que podem prejudicar o silêncio necessário para uma atividade como a observação de animais.
- Se canoagem estiver inclusa no programa, cheque se você terá que remar, para não ter imprevistos.
- A flexibilidade do programa. Ao decorrer do passeio, talvez surjam atrações e atividades que você gostaria de prolongar.
- As refeições. Confira se estão inclusas e a origem da água de beber.
- Instalações sanitárias. Às vezes não há nenhuma estrutura disponível no caminho. É sempre melhor saber o que esperar.

Cuidados com a saúde

Se você tiver um plano de saúde, certifique-se com antecedência quanto à cobertura ou se há hospitais credenciados na região. Belém e Manaus são as cidades com a melhor estrutura hospitalar e de assistência médica.

Farmácia do hospital do exército

A malária é causada por protozoários do gênero Plasmodium, transmitida pela picada de mosquitos *Anopheles*. Estes mosquitos têm maior atividade durante a noite, do crepúsculo ao amanhecer, e geralmente picam no interior das habitações. Alguns protozoários podem provocar malárias mais graves do que outras. O risco de se contrair a malária sofre variações com as estações do ano e o local aonde você vai. Nas capitais da Amazônia, o risco é pequeno, mas pode haver transmissão nos arredores das cidades e nas florestas. Consulte os Ambulatórios dos Viajantes para obter as informações mais atualizadas. Fone: (11) 3069-6392. Se você sentir sintomas como febre alta, calafrios intensos,
diarréia e mal-estar procure imediatamente um posto de saúde. Os sintomas da malária, em geral, ocorrem entre nove e 40 dias após a picada de um mosquito infectado. Podem, no entanto, surgir meses depois da saída de uma área de transmissão de malária. Nas fases iniciais, é comum que a doença seja erroneamente diagnosticada como gripe.
A malária pode ser curada com sucesso, especialmente se o tratamento for imediato. Mas fique atento, o atraso no tratamento pode gerar conseqüências graves.
Não há vacina contra a malária, deve-se tomar todo o cuidado com a prevenção: use repelente de insetos, calças e camiseta de mangas compridas e mosquiteiros à noite. Quando estiver ao ar livre, procure usar repelente na pele. A incidência de insetos é menor na época de estiagem e nas regiões de rios de águas pretas, como o rio Negro.

Fusos Horários

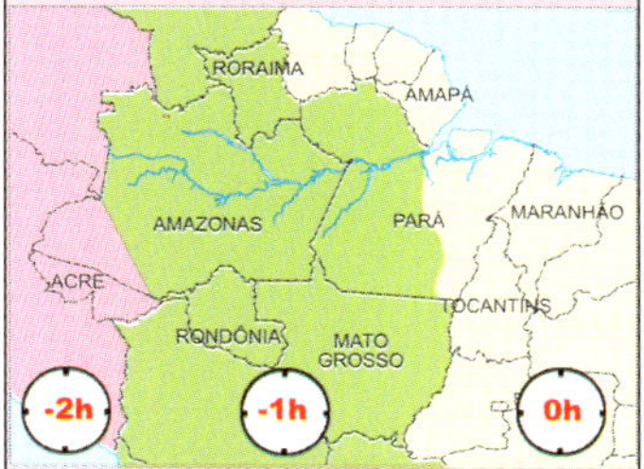

As cores indicam as diferenças de horário da região em relação ao de Brasília.
A maior parte dos estados da Amazonia não adere ao horário de verão - que vigora de outubro a fevereiro - no resto do Brasil. A informação desse mapa deve ser desconsiderada nesses meses.

Onde tomar vacinas contra a febre amarela

A maior parte dos aeroportos nacionais oferece o serviço.

• São Paulo:
Ambulatório do Viajante do Hospital Emílio Ribas - Fone: (11) 3061-5633, r. 287.
Ambulatório do Viajante do Hospital das Clínicas - Rua Dr. Enéas de Carvalho Aguiar, 155, térreo, Pinheiros. Fone: (11) 3069-6392. Das 8 às 16h.

• Rio de Janeiro:
Centro de Informação em Saúde para Viajantes da UFRJ - Fone (21) 562-6213, internet www.cives.ufrj.br.

Cuidados com a água

Prefira bebidas engarrafadas ou enlatadas industrialmente, como água mineral e refrigerante e nunca beba diretamente de latas ou garrafas sem lavá-las adequadamente. Se não tiver água mineral engarrafada, opte por água fervida ou clorada. Alguns médicos recomendam o uso moderado de comprimidos contendo hipoclorito de sódio ou soluções de iodo a 2% que purificam a água. O ideal é conversar com o seu médico de confiança previamente e seguir suas recomendações. Uma outra sugestão é, assim que voltar de viagem, ingerir comprimidos antivermes.

Passarelas: típicas das hospedagens de selva

Animais e plantas

Evite banhar-se em locais que não forem indicados por guias ou moradores da região. Alguns rios rasos podem ter animais como arraias, que possuem ferrões venenosos; em alguns lagos, especialmente na época de secas, piranhas podem ser potencialmente perigosas. Não toque ou pegue nenhum animal e planta. Uma rã ou inseto aparentemente inofensivo pode liberar toxinas venenosas. Da mesma forma, não alimente os animais, pois isso pode interferir seriamente em seu sistema digestivo e no equilíbrio natural da cadeia alimentar. Também nunca compre animais silvestres. Além de estimular uma prática ilegal, você estará ameaçando o equilíbrio e a sobrevivência da espécie. Quando fizer trilhas, não queime nem enterre o lixo, não retire flores e plantas e não faça fogueiras.

Dinheiro e Câmbio

Na região, são poucos os hotéis e restaurantes que aceitam dólar e *traveller´s checks*. Para fazer a troca de moeda e dos cheques, prefira as agências bancárias – o Banco do Brasil têm agências em quase todas as localidades, mas apenas aquelas instaladas nas grandes cidades costumam oferecer serviço de câmbio. Cartões de créditos são aceitos pela maior parte dos hotéis e restaurantes. Evite andar com grande quantidade de dinheiro. Procure sempre ter notas trocadas e guardadas em locais seguros.

Amazônia em outros países

Para brasileiros e a maior parte dos estrangeiros não há necessidade de visto para os outros países que abrigam a Amazônia. Para mais informações, procure os Consulados:
Bolívia - Em São Paulo, fone: (11) 3081-1688, das 9 às 12h30.
Colômbia - Em São Paulo, fone: (11) 3078-0322; no Rio, fone: (21) 552-5048; em Manaus, fone: (92) 234-6777, das 8 às 11h.
Peru - Em São Paulo, fone: (11) 3819-1793.
Venezuela - Em São Paulo, fone: (11) 3887-2318, das 9 às 13h; em Manaus, fone: (92) 233-6006.
Guiana - Em Brasília, fone: (61) 224-9229.
Guiana Francesa - Em São Paulo, fone: (11) 287-9522, das 8h30 às 12h.
Todas estas representações costumam atender somente na parte da manhã.

Praça central de Saint Jorge, na Guiana Francesa, fronteira com o Amapá

Países amazônicos que fazem fronteiras com o Brasil

De **Roraima**, é possível ir para a **Venezuela**, de carro ou ônibus, até Caracas, pela estrada BR-174. Do Estado também se pode ir para a **Guiana**, até Lethem, na fronteira, pela BR-401, e depois cruzar para a Guiana, mas a maneira mais prática é usar o vôo recentemente inaugurado Boa Vista - Georgetown. Não há estradas em condições rodáveis que conectem Lethem a Georgetown.

No **Amapá,** é possível ir, de carro ou ônibus, até a **Guiana Francesa**, pela BR-156, até o Oiapoque. Desta cidade, segue-se por quinze minutos pelo rio até Saint Jorge, já no território francês. O trajeto da fronteira até Caiena, a capital do país, pode ser feito de carro, mas a estrada está em condições precárias. Mais prático é o vôo, que leva 40 minutos, de Saint Jorge a Caiena.

Da cidade de Guajará-Mirim, em **Rondônia**, cruza-se o rio em poucos minutos até Guayaramerin, na Bolívia. Na cidade, existe uma estrada em condições bastante precárias que vai até La Paz, capital da Bolívia. De Guayaramerin, sai um vôo para La Paz, que leva 4 horas.

É possível ir caminhando de Tabatinga, no **Amazonas**, à vizinha cidade de Letícia, na **Colômbia**. De lá, pode-se ir, por barco ou avião, para outras cidades colombianas.

Qualidade dos serviços

No caso de se sentir lesado ou prejudicado com o serviço oferecido por operadoras, companhias aéreas, hotéis e guias turísticos, saiba que há vários órgãos oficiais com poder de fiscalização. A Embratur (órgão oficial responsável pelo turismo no país) tem escritórios em Manaus (Fone: 92 232-7797) e Belém (Fone: 91 2232-1300). Outra entidade, a Associação Brasileira de Agências de Viagens, também com escritório em Manaus (Fones: 92 633-8122/633-1512) e em Belém (Fone: 91 241-2771), recebe reclamações e, se a agência for uma de suas filiadas, terá condições de tentar um acordo entre as partes.

O Procom de Manaus (Fone: 92 633-8122) e de Belém (1512) também pode ser acionado.

Tabatinga, fronteira com a Colômbia

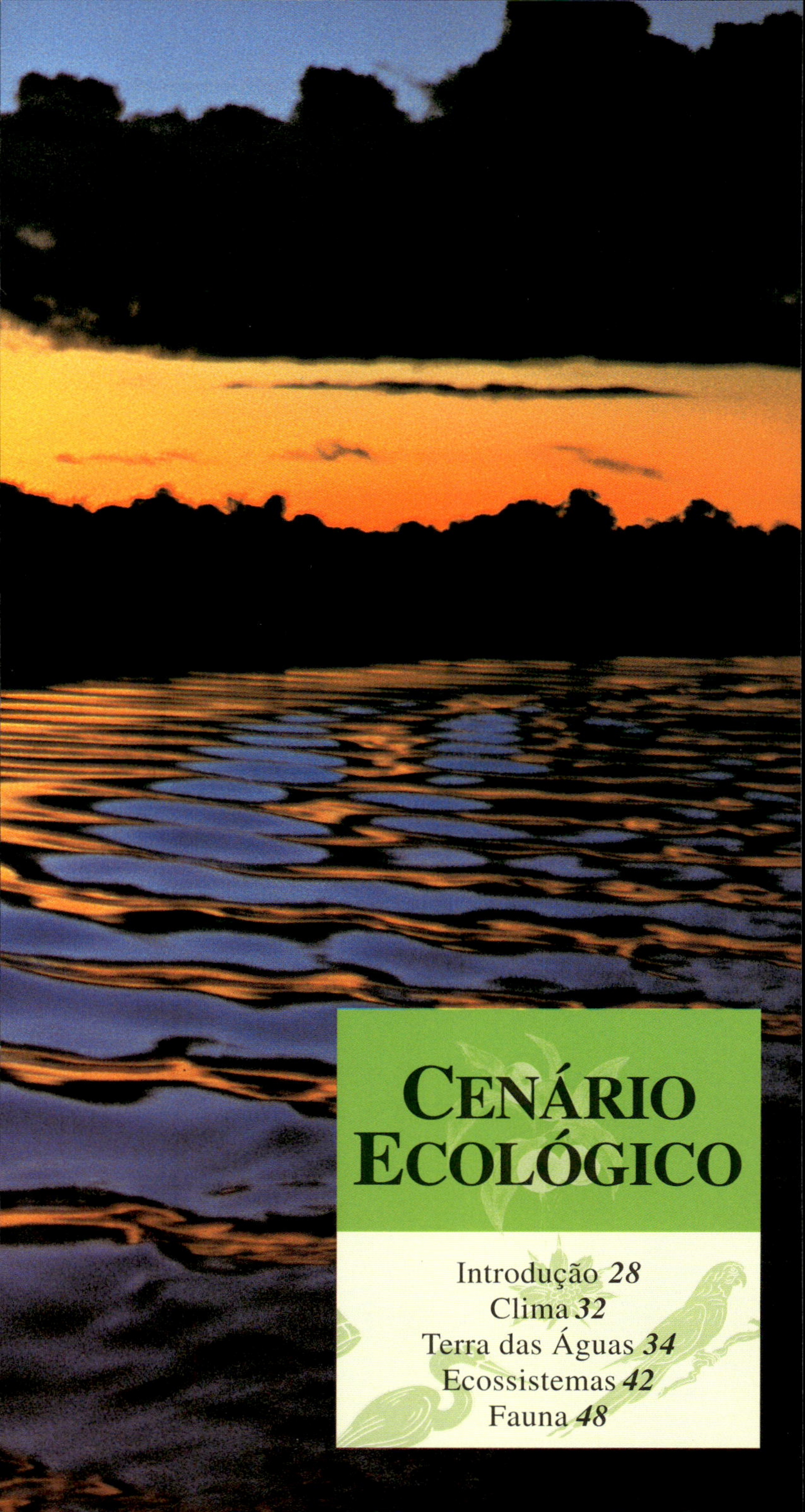

Cenário Ecológico

INTRODUÇÃO À AMAZÔNIA

A Amazônia é considerada a área de maior extensão de floresta tropical do mundo, representando 40% do total ainda existente no planeta. A região é um paraíso de superlativos: abriga uma infinita diversidade de espécies e a maior bacia hidrográfica do mundo. Está localizada em um dos terrenos mais antigos do planeta e ocupa quase 40% do território brasileiro, com uma área de 3,5 milhões de km^2. A floresta estende-se por sete países da América do Sul, que também fazem parte da bacia amazônica. Não há ninguém no planeta que não se refira à floresta – e ao futebol – quando se fala em Brasil.
Ao contrário do que alguns pensavam na década de 70, a Amazônia não é o pulmão do mundo, já que produz tanto oxigênio por meio da fotossíntese quanto o que absorve pela sua respiração. Por sua vez, a floresta presta valiosos serviços ambientais ao planeta ao regular a quantidade de gás carbônico na atmosfera e orquestrar a distribuição de chuvas em quase metade da América Latina. Isto acontece porque a mata retira do ar e retém nas plantas milhões de toneladas de gás carbônico, que se acumulam na atmosfera devido à queima de combustíveis fósseis, como o

Preguiça: habitante das florestas tropicais

Sumaúma: a maior árvore da região

gás, carvão e petróleo. Este acúmulo é responsável pelo efeito estufa, o aprisionamento de energia que tende a aumentar a temperatura global, com efeitos imprevisíveis, mas certamente nocivos, para o homem.
Para entender melhor este processo, é preciso saber que metade das chuvas que caem na região é proveniente da umidade do oceano Atlântico e a outra metade da evapotranspiração da própria floresta. Este equilíbrio pode ser facilmente rompido quando as matas são queimadas, derrubadas ou fragmentadas, lançando na atmosfera uma grande quantidade de gás carbônico, no processo inverso da fotossíntese, e diminuindo a quantidade de chuvas locais e regionais. Com o crescimento anual da taxa de desmatamento na região, a ameaça a este mecanismo torna-se alarmante.
A biodiversidade amazônica é tamanha que não há outro lugar do planeta com uma variedade tão grande de espécies de pássaros, peixes, sapos e insetos. Muitos destes animais funcionam como controladores naturais de pragas, dispersores de sementes, além de serem responsáveis pela polinização de uma grande variedade de plantas. Existem mais de 300 espécies diferentes de árvores por hectare na floresta e mais de 80% delas só ocorrem na região. Além disso, o número de animais e vegetais

Pau-d'Arco Amarelo: árvore símbolo do Brasil

ainda desconhecidos para a humanidade é muito significativo na Amazônia. Estas espécies não descobertas, aliadas ao potencial de químicos e gens que reservam, são preciosas novas fontes de alimentação, curas para doenças e inúmeros outros benefícios ainda não previstos pelo homem.

A HISTÓRIA DA FLORESTA

Acredita-se que a história da formação da bacia amazônica começou há mais de dois bilhões de anos, quando África e América do Sul ainda formavam um único continente. A depressão que corresponde à bacia amazônica originou-se numa zona frágil do escudo Pré-Cambriano, do qual são resquícios hoje o escudo do Brasil Central e o escudo das Guianas. Quando a separação da América do Sul da África começou, os rios da parte ocidental da bacia amazônica desaguavam no oceano Pacífico, mas a parte oriental já corria para o oceano Atlântico. Foi só com o surgimento dos Andes, no processo de separação dos dois continentes, que o sentido da drenagem atual se formou. Autores supõem que inicialmente um grande mar interno surgiu e, ao romper na região de Óbidos (AM), o rio Amazonas tomou sua direção atual.

AS ORIGENS DA BIODIVERSIDADE

Uma das teorias que explica a existência da imensa biodiversidade da floresta amazônica é a que relaciona a abundância e diversidade de espécies

Uacari: endêmico da região amazônica, também conhecido como macaco-inglês

Grande parte dos solos da região amazônica é arenoso e pobre em nutrientes

da região a períodos glaciais mais secos e frios vividos nos últimos cem mil anos, nos quais a floresta teria enfrentado extensas fases de secas. A Amazônia teria se fragmentado e se restringido a um número limitado de "ilhas de refúgio", em áreas com maior incidência de chuvas.

Nas secas mais prolongadas, cada núcleo de floresta teria ficado isolado do outro, separado por vegetações não florestais como o Cerrado. Os grupos animais e vegetais destas "ilhas" teriam então passado por processos de diferenciação genética, que resultaram em espécies diferentes das originais e das que ficaram em outros refúgios. O fator de isolamento provocado por grandes rios também é creditado como uma das causas da existência de espécies diferenciadas, principalmente de animais que não nadam e não voam.

Há ainda pesquisadores que acreditam que a Amazônia vem experimentando processos de mudança nos cursos fluviais há milhares de anos, o que também teria influenciado os mecanismos de diferenciação das espécies.

OS SOLOS POBRES

É instigante pensar que uma das florestas mais exuberantes do planeta sustenta-se em solos muito pobres e lixiviados. As matas crescem sobre o solo e praticamente não se sustentam dele, utilizando-o mais como fixação do que como fonte de nutrientes. As árvores possuem um sistema radicular fino e denso que age como um filtro, absorvendo os nutrientes liberados na decomposição de excrementos, galhos, insetos, fungos, folhas e outras matérias. Desta maneira, há uma rápida e permanente reciclagem de nutrientes na floresta. As raízes mais profundas têm o papel de absorver água do lençol freático. Apesar disto, a maior parte da água absorvida pela floresta vem da chuva.

Em função da fragilidade dos solos, a regeneração natural da floresta fica prejudicada. Em alguns locais muito degradados, como em pastagens, a floresta pode nunca mais voltar a existir. Mesmo assim, existe disperso pela bacia amazônica um outro tipo de solo bastante fértil, chamado "solo de terra roxa". Este solo é derivado de rochas vulcânicas e pode ser encontrado em algumas localidades do Pará, Rondônia, Roraima e Tocantins. Um outro tipo de solo rico é o chamado "terra preta de índio", sendo o resultado do manejo realizado por estas populações, que acumulavam seu lixo orgânico em locais determinados que, com o tempo, foram decompostos e transformaram-se em adubo natural.

CALOR E UMIDADE

A Amazônia é caracterizada pela alta radiação solar, temperaturas relativamente uniformes, alta incidência de chuvas e umidade. Diferentemente do que se imagina, existe uma sazonalidade climática na região, que passa por períodos mais úmidos e outros mais secos. Esta mudança não é tão visível quanto nos ecossistemas de Cerrado ou Caatinga em outras regiões do Brasil, mas é grande o suficiente para ter conseqüências importantes sobre a fauna e a flora da região.

Temporais: freqüentes nos meses de inverno

As temperaturas são constantes e elevadas e as estações normalmente são divididas em inverno - quando chove mais e o nível da água dos rios aumenta - e verão, quando a pluviosidade é menor. Cada uma destas estações dura, em geral, seis meses, mas a distribuição da chuva é desigual nos estados. Em geral, chove mais de dezembro a maio e, quase sempre, os meses de junho, julho e agosto são os mais secos, mas isso pode variar de acordo com a área. Em toda a região Norte, as temperaturas máximas variam em torno de 30° C e 32° C, enquanto as mínimas ficam entre 19° C e 24° C. A umidade relativa do ar fica entre 80% e 90%.

Em geral, os rios da margem sul do Amazonas têm suas altas nos meses de março e abril e suas maiores baixas entre agosto e outubro, enquanto que os afluentes da margem norte têm suas altas em junho e julho e as baixas entre dezembro e março.

Um oceano verde ameaçado pela seca

Na Amazônia, água e floresta são quase sinônimos. Isto porque quase a metade da chuva que ocorre na região é produzida pelas florestas através do processo de evapotranspiração. A manutenção deste clima chuvoso, contudo, pode ser rompido quando as matas são queimadas, derrubadas ou fragmentadas. Sem a floresta, a atmosfera deixa de ser abastecida com água em um volume adequado e as chuvas diminuem. O avanço do desmatamento, aliado a fenômenos climáticos como o *El Niño*, tem provocado o ressecamento da floresta Amazônica, tornando-a inflamável. Já é possível registrar grandes incêndios florestais na Amazônia, como aquele ocorrido em Roraima em 1998 e que provocou grandes impactos ecológicos. Tais impactos vêm sendo estudados por algumas instituições não-governamentais, como o IPAM, que desenvolve há dois anos o Projeto Seca- Floresta.

O objetivo do trabalho tem sido o de entender como as florestas da Amazônia reagirão às secas previstas para o futuro climático da região, caso a sua ocupação continue no mesmo rumo de destruição e de ameaça ao equilíbrio ecológico existente.

Intensidade de chuvas

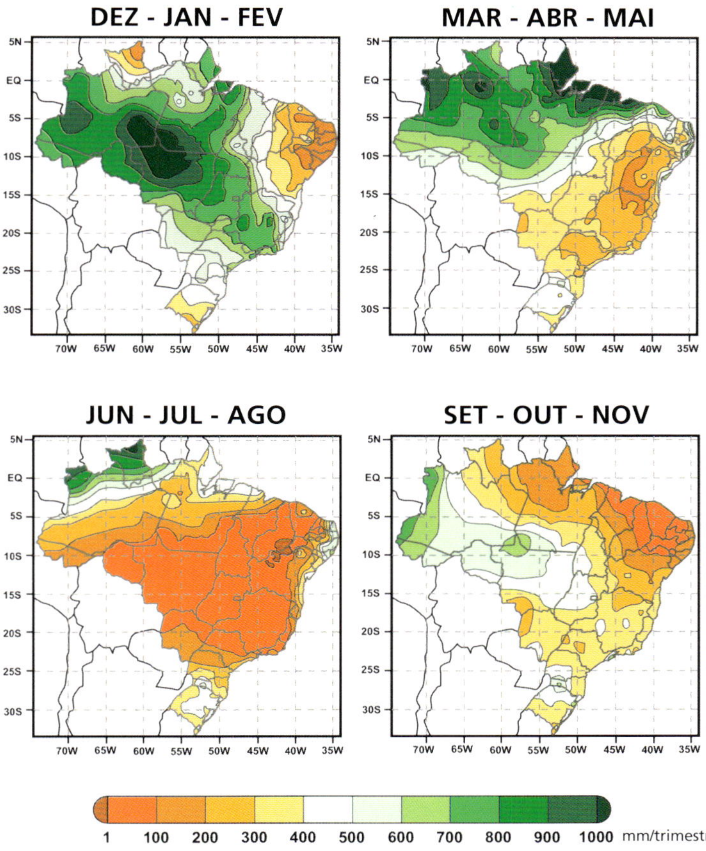

Climatologia da precipitação (mm) do Brasil entre 1961 e 1990. Fonte: INMET/INPE

As estações do ano

Na Amazônia, inverno é quando chove mais e verão é quando a incidência de chuvas é menor. Simplificadamente, as estações dos estados podem ser assim divididas:

ESTADO	INVERNO	VERÃO
ACRE	novembro a março	abril a outubro
AMAZONAS	dezembro a junho	julho a novembro
AMAPÁ	janeiro a julho	agosto a dezembro
RORAIMA	abril a setembro	outubro a março
PARÁ	dezembro a junho	julho a novembro
RONDÔNIA	outubro a abril	maio a setembro

TERRA DAS ÁGUAS

Do céu, vê-se o rio serpenteando a floresta

A bacia amazônica é o sistema fluvial de maior volume de água da Terra: drena mais de sete milhões de quilômetros quadrados, uma área maior que a Europa, e escoa um quinto da água doce despejada nos oceanos do planeta anualmente. A nascente do rio Amazonas é no Peru e ele recebe muitos nomes até tornar-se Solimões no Brasil e, perto de Manaus, unir-se ao rio Negro para juntos formarem o Amazonas, que leva este nome nos últimos 1.600 km, até o oceano Atlântico.
A extensão do Amazonas é de 6.515 km e sua vazão é de 160.000 a 200.000 m^3 de água por segundo, número que varia de acordo com a estação. A força do rio é tamanha que suas águas podem ser identificadas a olho nu até 100 km de distância da costa brasileira no oceano Atlântico. Foi assim que o Amazonas foi identificado no século 15 pelo espanhol Vicente Yanez Pinzon, que o chamou de Mar Dulce. Embora não seja o rio mais longo da terra (o Nilo detém o título), ele é, sem questionamento, o rio com o maior volume. Sua profundidade, em

Os lagos da região, como este em Silves (AM), formam-se em porções de terras mais baixas

Foto de satélite do encontro do rio Negro com o Solimões, que formam o Amazonas

geral, varia entre 40 a 50 m, porém, no estreito de Óbidos e na região do baixo rio Negro, ela atinge 100 m. Da nascente até o rio Tambo, no Peru, o Amazonas tem uma queda de altitude de 4.450 m e, do Tambo até o Atlântico, a altitude só diminui 194 m. Chuvas em épocas diferentes trazem mudanças grandes, mas previsíveis, no nível do rio: em algumas regiões, chega a ser 15 m mais alto na época das cheias. A variação da maré também tem um papel muito importante no rio Amazonas: até 400 km da foz no oceano Atlântico, é possível identificar marés altas e baixas.

A maior parte das pessoas associa o Amazonas ao rio de terras baixas, cercado por floresta tropical, no Brasil, cujos aspectos geográficos e humanos são totalmente diferentes dos primeiros 990 km que percorre, ainda no Peru, em uma área de altitude muito elevada. A parte alta do rio, que recebe muitos outros nomes antes de tornar-se Amazonas, perto de Manaus, tem o clima frio dos Andes e neve cai freqüentemente.

OS AFLUENTES DO AMAZONAS

O rio Amazonas corre em uma linha razoavelmente reta do Peru até o Atlântico. Sua bacia abriga mais de mil afluentes que mudam de curso várias vezes. O mais longo é o Madeira-Mamoré, que corta os Estados do Amazonas e Rondônia, com 3.200 km. No sistema de rios da bacia amazônica, várias denominações são dadas às diferentes formas que os cursos de água se apresentam: os **furos**, ou **paranás**, são pequenos canais que ligam um rio ao outro, os **igarapés** são os pequenos riachos que entrecortam o relevo e os **lagos** se formam quando o rio entra em uma porção de terra mais baixa e alargada, ou quando suas águas ficam isoladas.

As águas escuras do rio Negro

Cachoeira de Santo Antônio, no rio Jari

A nascente e a polêmica

A nascente do rio Amazonas tem sido motivo de controvérsia há séculos. Oficialmente, ela foi descoberta em 1953 em Huarco, perto do cume do Cerro Huagra nos Andes Peruanos, e seria uma fonte de 15 cm de largura, a qual se uniriam outros pequenos fios de água formados pela neve derretida dos Andes.

Em 1996, um time de cientistas declarou que a origem do rio estava num glaciar subterrâneo perto de Arequipa, no Peru. Outros sugeriram que a nascente do Amazonas ficaria no Nevado Queuhicha, uma montanha de mais de 5.000 m de altura, onde se originariam os rios que compõem o Ucayali, um dos formadores do Amazonas. Alguns geógrafos acreditam que ela está no ponto mais distante da desembocadura do rio no mar, outros pensam que é na localização mais alta e alguns ainda acham que a verdadeira fonte é o lago que contribui com mais água para o rio principal. Por esta razão o lago Lauricocha, no Peru, é citado na Enciclopédia Britânica como nascente do Amazonas. A conclusão mais recente, elaborada por pesquisadores de cinco países e divulgada em 2000, garante que o rio nasce no Nevado Mismi, montanha localizada ao sul do Peru, entre as cidades de Arequipa e Cusco.

Um dos fatores da coloração das águas pretas é a decomposição de matéria orgânica

OS DIFERENTES TIPOS DE ÁGUA

Uma das peculiaridades da bacia do rio Amazonas é a diversidade dos tipos de água que formam seus rios: águas brancas, pretas e claras. Cada uma delas tem características que refletem na flora, fauna e nos aspectos da colonização humana na região em que estão localizadas.

Rios de água branca: Originam-se nos Andes, uma região geológica muito recente, ainda sujeita a erosões. As rochas andinas desagregam-se com muita facilidade e suas partículas são dissolvidas e carregadas pelas chuvas para os rios que, em função disso, transportam uma grande quantidade de sólidos suspensos. O cálcio e o magnésio, exemplos desses sólidos, conferem uma aparência lamacenta à água. Esses rios contêm bastante material orgânico em suspensão, o que faz com que seu pH varie entre 6,2 e 7,2 (levemente alcalino ou neutro).

Na bacia amazônica, os rios Solimões, Amazonas, Madeira e Branco são exemplos de rios de água branca.

As águas brancas, de aparência barrenta, carregam muitos sedimentos em suspensão

A concentração humana é reduzida ao longo dos rios de águas pretas, pobres em nutrientes

Rios de água preta: Nascem em geral no escudo das Guianas ao Norte do Brasil, uma das regiões mais antigas do planeta. Em função disto, seus terrenos não se decompõem facilmente e os rios não carregam uma grande quantidade de sedimentos suspensos. As águas pretas têm elevado grau de acidez, com pH variando entre 3,8 e 4,9, devido à grande quantidade de ácidos húmicos - os quais lhes conferem a cor de chá preto - provenientes da decomposição da matéria orgânica. Estes tipos de rios drenam solos arenosos e o rio Negro é o principal exemplo na bacia amazônica.

Rios de água clara: Têm sua nascente no escudo do Brasil Central, uma região também antiga e com índices menores de erosão. Semelhantes aos rios de água preta, não possuem muitas partículas em suspensão. Suas águas são cristalinas e quimicamente mais diversificadas, podendo variar de ácidas a levemente alcalinas (pH entre 4,5 e 7,8). Os maiores exemplos de rios de água clara na bacia amazônica são o Tapajós e Xingu.

Há regiões em que estes tipos de água se misturam ou são modificados em decorrência das épocas de chuvas. Geralmente, quanto maior a quantidade de chuvas, maior a erosão e a quantidade de material suspenso transportado pelas águas.

OCUPAÇÃO HUMANA AO LONGO DOS RIOS

A ocupação humana na bacia amazônica varia bastante de acordo com os tipos de rios onde os povoamentos estão localizados. Nas terras baixas ao redor dos rios de água preta, o solo não é muito fértil e a população de peixes nos cursos de água é menor: a produtividade anual é 15 a 19 vezes menor do que a de rios de água branca. Uma vantagem para a vida humana nestas áreas, no entanto, é a escassez de insetos.

A densidade populacional é muito maior ao longo dos rios de água branca. Em geral, as populações ribeirinhas destas regiões são mais prósperas em função da facilidade em obter alimento: nas cheias, os peixes são abundantes, porém, mais difíceis de serem capturados; na seca, os roçados são beneficiados pelos solos, que recebem adubo pelo depósito de nutrientes deixados pela água quando o rio baixa. Nestas áreas, a pressão ambiental é maior: desmatamento, queimadas, caça e pesca predatória são mais comuns do que em áreas drenadas por rios de água preta.

◄ Encontro das águas pretas, do rio Negro com as brancas, do Solimões

AS MUITAS AMAZÔNIAS

Floresta de terra firme: 90% da Amazônia

A floresta amazônica é normalmente relacionada a um ambiente vasto, imutável e uniforme. Sua composição, no entanto, varia significativamente e muitos ecossistemas, com vegetação, relevo e fauna específicos, compõem o conjunto da floresta. De uma maneira geral, os principais ecossistemas podem ser divididos em ambientes de terra firme e ambientes inundados pelas cheias dos rios. Estes ecossistemas, no entanto, são um mosaico com inúmeras variações, tais como as várzeas, igapós, campinaranas, cerrados e campos. Praias marinhas, como as do litoral do Pará e Amapá, e mangues também compõem a diversidade da floresta.

FLORESTAS DE TERRA FIRME

São matas fora da influência dos rios, que nunca sofrem inundações e cobrem 90% da bacia amazônica. Estão localizadas em planaltos pouco elevados, de 60 a 200 m, firmadas em solos profundos, até 50 m, e bem drenados. Em geral não existe dominância nítida de uma espécie vegetal sobre as demais e a altura média das árvores é de 40 m. Um grande número de madeiras nobres, como o mogno, o cedro e os louros, é encontrado nessas matas.
No interior das matas de terra firme, dependendo da quantidade de luz que chega ao solo, pode existir uma maior ou menor quantidade de plantas arbustivas, palmeiras, ervas e cipós. A idade máxima das árvores varia bastante. Recentemente, foram datadas espécies com mais de mil anos neste tipo de ambiente. A morte das árvores pode ser causada pelo alcance da idade máxima, por falta de luz, ataques de fungos e insetos e pela presença de uma grande quantidade de cipós e hemiepífitas, plantas que matam

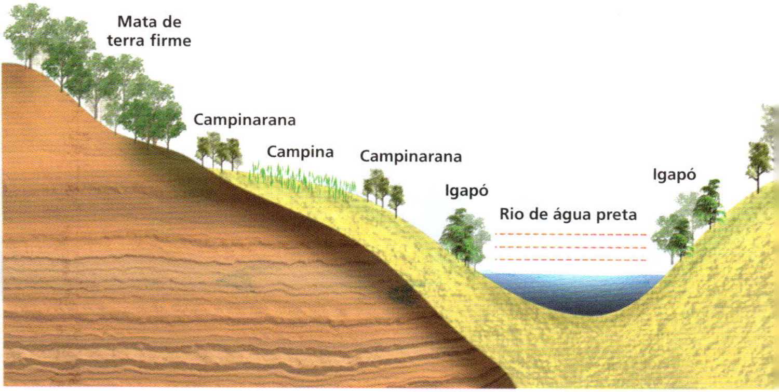

◄ Anavilhanas, um dos maiores arquipélagos fluviais do mundo

Cenário de floresta alagada: típico da época das cheias

As áreas abertas, como o Cerrado e os campos, equivalem ao território do Uruguai

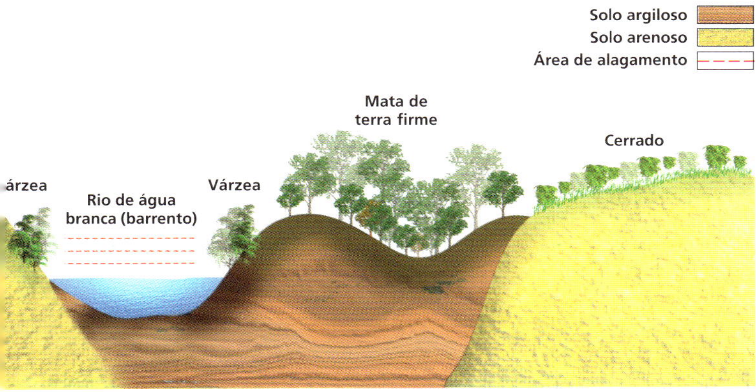

Cipós e epífitas

As orquídeas sustentam-se sobre outras plantas

A variedade de cipós nas florestas de terra firme é imensa. Eles são, às vezes, tão grossos e pesados que partem os galhos ou derrubam as árvores em que estão sustentados. Alguns têm formatos bastante curiosos, como o cipó escada-de-jabuti, cujo caule é achatado, outros acumulam em seu lenho água potável, como o cipó d'água e ainda há espécies de hemiepífitas - que germinam sobre a árvore e emitem raízes para o chão - que estrangulam e matam a árvore envolvida. Epífitas, plantas que se sustentam em outras sem prejudicá-las, como bromélias e orquídeas, também são muito comuns nessas matas.

por estrangulamento. Muitas das espécies, no entanto, desenvolveram sistemas de defesa a estas ameaças e conseguem, por exemplo, renovar os troncos comidos por insetos.

A luz desempenha um papel muito importante no desenvolvimento das árvores: às vezes alguns indivíduos têm o crescimento totalmente interrompido em função da falta de iluminação. Assim, clareiras nas florestas favorecem o crescimento de exemplares como a castanheira. Em matas densas e sem luz é muito difícil encontrar unidades jovens desta espécie.

80% das árvores são endêmicas da região

RIQUEZA BIOLÓGICA

As florestas de terra firme são os ecossistemas terrestres mais ricos em diversidade de espécies no planeta. Tal riqueza biológica resulta da união de fatores como o clima, luz, água abundante e temperaturas amenas que, juntos, propiciam boas condições para o crescimento das plantas. Em ambientes com baixas temperaturas e pouca água, como nas florestas temperadas, a diversidade de espécies é bem menor. A diversificação de hábitats, provocada por variações de solo, topografia e padrões de chuva, também favorece a adaptação de diferentes espécies.

Acredita-se que outros fatores que influenciaram a riqueza biológica da região foram as mudanças climáticas que ocorreram durante o Pleistoceno, entre dois milhões e 20 mil anos atrás. Elas provocaram a expansão e a contração da floresta e dos cerrados, o que isolou populações que anteriormente viviam no mesmo ambiente e propiciou a evolução de espécies distintas. Outros eventos geológicos do passado, como a formação e o desaparecimento de grandes lagos, também isolaram frações de população e resultaram na evolução de espécies diferentes da população original. O grande número de interações entre plantas e animais promoveu a adaptação de flores e frutos a diferentes agentes polinizadores e dispersores de sementes e estas interações também auxiliaram na diversificação da família das espécies.

O nível das águas dos rios podem subir até 15 metros na época das cheias ►

OUTROS TIPOS DE VEGETAÇÃO

A continuidade espacial das florestas de terra firme é interrompida por áreas abertas, como os **cerrados**, **campinas** e **campos inundáveis**. Apesar destas áreas parecerem pequenas em comparação à área da floresta, ainda são tão grandes como o Uruguai ou metade da Alemanha. As maiores áreas abertas da Amazônia estão localizadas no nordeste da ilha de Marajó, em regiões próximas à costa atlântica do Amapá, acima do rio Trombetas e em Roraima. Abaixo do rio Amazonas há pequenas áreas, como os cerrados de Humaitá e do baixo rio Purus e os campos nos arredores da Serra do Cachimbo. No total, as regiões abertas cobrem cerca de 100.000 a 150.000 km^2, entre 3 e 4% da Amazônia brasileira.

Os **cerrados** são formados por uma vegetação predominantemente baixa, com poucas árvores de troncos retorcidos, recurvados e de folhas grossas, esparsas em meio a uma vegetação rala e rasteira. As **campinas** são vegetações baixas, com poucos arbustos, sustentadas em solos muito arenosos. A **campinarana** é um tipo de vegetação arbórea, de transição entre campina e terra firme, rica em bromélias e orquídeas epifíticas. Os **campos inundados** são áreas abertas ao redor de rios que ficam inundadas periódica ou permanentemente. Os **mangues** não são necessariamente áreas abertas e ocupam um espaço muito reduzido na região. Eles estão localizados em um corredor litorâneo estreito, sujeito a inundações de água salobra na costa da ilha de Marajó e em áreas entre a ilha de Maracá e o rio Oiapoque.

Matas antropogênicas

Os babaçuais são um dos tipos de matas antropogênicas, ricos em materiais de construção

Compõem pelo menos 12% das florestas de terra firme na Amazônia brasileira e refletem o uso intensivo e o manejo feito por populações no passado. As sociedades indígenas modificaram o meio ambiente amazônico, criando condições favoráveis à predominância de algumas espécies vegetais em algumas regiões, como os castanhais, as florestas de bambu e as florestas com dominância de palmeiras. Estas matas têm uma concentração de recursos como alimento (babaçu), frutos atraentes para caça (como o tucumã, cujas frutas atraem antas e cutias), materiais de construção (babaçu), medicamentos, materiais para implementos (bambu), repelentes de insetos e lenha.

Os troncos das árvores das matas alagadas chegam a ficar submersos durante oito meses

MATAS INUNDADAS

O sistema do rio Amazonas é caracterizado por florestas altamente adaptadas a sobreviver por longos períodos de submersão. Alguns rios têm seu nível elevado em 15 m em algumas épocas do ano e a água cobre grandes áreas de florestas por até oito meses. As florestas inundadas são chamadas de **igapós** nos sistemas de água preta pobres em nutrientes e **várzeas** nos sistemas de água branca, ricos em nutrientes.

Os dois tipos de floresta têm os mesmos desafios para manterem-se vivas nas épocas de cheia, quando a água chega a cobrir árvores inteiras. Para prevenir saturações por água, os troncos em geral são envoltos por camadas espessas de cortiça, as folhas são cobertas por cutículas que as impermeabilizam e, em algumas espécies, as raízes são aéreas, o que assegura o suprimento de oxigênio. Quando a copa é submersa, o metabolismo da árvore diminui, mas as folhas permanecem ali e passam a funcionar normalmente logo que o nível da água baixa.

Os ecossistemas de matas inundadas são um dos ambientes ecológicos mais importantes da Amazônia, em função do abrigo e nutrição que oferecem a centenas de espécies, como peixes e aves. Como é mais fácil retirar e transportar toras das áreas inundadas, já que elas ficam aparentes quando o nível da água baixa, essas matas sofrem maior impacto, o que prejudica o equilíbrio da cadeia alimentar.

OS ANIMAIS DA AMAZÔNIA

Primatas: grande diversidade

A Amazônia abriga uma riqueza de fauna sem paralelo: não há outro lugar do mundo que tenha tamanha variedade de peixes, aves, primatas e insetos como esta floresta. Novas espécies de animais são descobertas com freqüência e estima-se que muitas ainda são ignoradas pelo homem. A interdependência entre a fauna e a flora na região é muito estreita: a destruição de uma espécie implica em colocar muitas outras em risco.

MAMÍFEROS

A Amazônia possui mais de 300 espécies de mamíferos, das quais 64 são endêmicas da região. Os grupos mais diversificados são os roedores, morcegos e macacos. Dos grandes mamíferos aquáticos, a Amazônia abriga duas espécies de golfinhos, uma de peixe-boi e pelo menos duas outras de lontras.
Os mamíferos são os animais mais difíceis de serem avistados na floresta, já que a maioria tem hábitos noturnos e, os que podem ser observados de dia, normalmente fogem de qualquer barulho humano. Pegadas, fezes e sons normalmente são os indicadores da presença destes animais. Algumas espécies estão ameaçadas de extinção, em função da degradação do hábitat e da caça predatória, como a onça-pintada e o peixe-boi.

A Amazônia abriga as duas únicas espécies de golfinhos de água doce do planeta

O Galo-da-Serra é uma das inúmeras aves que só existem na Amazônia

AVES

A mais rica concentração de espécies de aves no mundo ocorre nas terras baixas amazônicas: estima-se que mais de mil espécies habitam a área. O número é maior se outras áreas de abrangência da Amazônia nos países vizinhos forem acrescentadas. Estudos demonstraram que, em algumas áreas da Amazônia ocidental, mais de quinhentas espécies de aves podem ser registradas em poucos quilômetros quadrados.

Observação de aves

Observar aves pode ser uma tarefa frustrante na Amazônia: a maior parte é mais escutada do que vista e, se visualizada, normalmente as pobres condições de luz impedem o seu reconhecimento. Apesar disso, se o visitante ficar bastante tempo e realmente tiver interesse na atividade, é possível observar deslocamentos, hábitos alimentares e espécies raras. Algumas agências, em Manaus, oferecem programas de observação (veja em serviços).

PEIXES

Os únicos sistemas na terra com uma diversidade de peixes comparável à da bacia Amazônica são os oceanos. O índice de novas descobertas de espécies a cada ano indica que deve haver ao redor de três mil espécies de peixes nos rios e lagos amazônicos. Em muitos rios, a quantidade de minerais na água é tão pequena que os peixes dependem quase que exclusivamente dos alimentos produzidos na floresta dos arredores.

É na época das cheias, quando os rios transbordam e preenchem a floresta ao

Gigante das águas

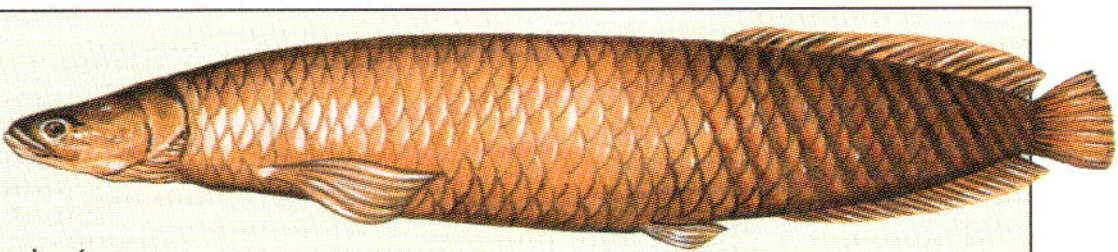

O maior peixe de águas doces do mundo é o pirarucu, que pode chegar a 3 m de comprimento e a pesar 200 kg. Ele é carnívoro e possui um ciclo de vida longo, só se reproduzindo a partir do quinto ano de vida. Sua carne é muito apreciada pelos moradores locais e, em muitas regiões da Amazônia, a pesca da espécie é proibida em função da grande redução no número de pirarucus nos rios da bacia nas últimas décadas. No Museu de Ciências Naturais de Manaus é possível observá-los em aquário.

Algumas espécies de peixes comedores de frutas podem quebrar sementes muito duras

redor, que os peixes encontram a maior parte de sua alimentação. Espécies que comem frutas, como o tambaqui, movem-se pelos principais cursos d'água, entre os galhos das árvores que antes forneciam alimentos para pássaros e mamíferos, para esperar as frutas que caem. O tambaqui tem dentes semelhantes aos molares humanos que, unidos à força dos músculos da cabeça, podem quebrar sementes de seringueira e de outras árvores. Ao mordê-las, eles prejudicam o processo de dispersão das sementes grandes, mas são agentes importantes na multiplicação das árvores com sementes pequenas, já que elas passam intactas pelo seu sistema digestivo. Há espécies carnívoras, também, como o tucunaré. Os peixes são extremamente dependentes das florestas inundadas, suas maiores fornecedoras de alimento. A manutenção da diversidade das espécies, portanto, está diretamente relacionada à conservação dessas áreas.

Migração

Centenas de espécies de peixes amazônicos realizam migrações sazonais. Elas podem ser longitudinais, ao longo dos grandes rios, ou laterais, em direção aos lagos. Os motivos das migrações podem variar de acordo com a espécie, fase da vida e época do ano: enquanto algumas migram para se reproduzir, outras se deslocam para áreas mais abundantes em alimento. Algumas populações de grandes bagres migram por mais de 3.000 km ao longo do rio Amazonas, em trajetos que podem durar até seis meses.

Tucunaré: o preferido dos pescadores esportivos

Os peixes são a base da alimentação dos habitantes da Bacia Amazônica ►

Z-20-22
Z-20.
Z-20-3

Insetos: maioria na floresta

Piranhas

A fúria das piranhas tem sido muito exagerada. Não há dúvida que várias espécies, quando submetidas a certas condições, são capazes de matar mamíferos de grande porte, mas a maior parte delas, em geral, é inofensiva. O comportamento das espécies predatórias parece depender diretamente de seu hábitat. Nos canais principais dos rios e lagos da Amazônia, as piranhas normalmente não molestam os nadadores. No entanto, quando ficam presas em pequenas lagoas isoladas, na época da seca, com pouco alimento disponível, podem ser perigosas. A piranha-preta é a maior delas, mas a que tem a pior reputação é a piranha-vermelha. Várias outras espécies, porém, são inofensivas: alimentam-se das nadadeiras de outros peixes, frutas, sementes, folhas e insetos.

Insetos

Estima-se que dezenas de milhões de espécies existam na Amazônia. Cerca de 80% da biomassa da fauna amazônica é representada por insetos. Acredita-se que um terço seja composto por formigas e cupins: cada 10.000 m^2 de terreno florestal seria ocupado por oito milhões de formigas e um milhão de cupins. Em algumas áreas florestadas, o solo é coberto por um tapete vivo de insetos e ácaros. Pesquisadores atribuem a diversidade e abundância de insetos à diversidade e abundância de plantas. Nesse sentido, os insetos na Amazônia dispõem de condições excelentes para uma diversificação evolutiva, ocupando muitos nichos e desempenhando diferentes papéis ecológicos.

Insetos herbívoros são, em geral, muito especializados e exploram diversas espécies de plantas, nas quais suas folhas,

A secreção expelida pelos sapos venenosos é usada pelos índios para envenenar dardos de caça

As tartarugas da Amazônia

Os ovos e a carne de tartarugas são muito apreciados pelas populações da região amazônica. Historicamente, estes animais sofrem uma pressão de caça muito grande. Praias onde enormes populações costumavam desovar não recebem mais nenhum indivíduo atualmente. Além da ação ameaçadora do homem, os ovos e indivíduos pequenos são alvos de jacarés e serpentes, seus predadores naturais. A espécie mais ameaçada é a tartaruga-da-amazônia, que desova coletivamente, diferentemente de espécies como o tracajá e o mussuã, que não põem seus ovos em grupo. O comércio destes animais é ilegal, mas, mesmo assim, acontece corriqueiramente na região.

Tartarugas-da-Amazônia: ameaçadas

flores e caules são alimentos em potencial. As plantas, para se protegerem dos insetos, defendem-se com espinhos, pêlos, resinas e substâncias venenosas. Apesar dessa aparência conflituosa, muitas espécies de insetos mantêm relações amigáveis com as plantas, ajudando na polinização, dispersão de sementes e proteção de algumas espécies.

ANFÍBIOS

A bacia amazônica, com sua alta umidade e temperaturas elevadas durante quase todo o ano, fornece condições excelentes para anfíbios, cuja temperatura corporal depende diretamente do ambiente ao redor e a pele não é bem protegida contra perda de água. Os sapos são os anfíbios mais abundantes na bacia: mais de trezentas espécies ocorrem na Amazônia e novas espécies são descritas a cada ano. Com uma densidade de mais de 80 espécies de sapos em um espaço de poucos quilômetros quadrados, a Amazônia ocidental tem a mais rica fauna destes animais no mundo.

Sapos

Algumas espécies que merecem destaque na bacia são os sapos venenosos da família Dendrobatidae e as pererecas arborícolas da família Hylidae. Os sapos venenosos são usados para envenenar dardos de caça por índios colombianos. A perereca Phyllomedusa bicolor é chamada de "campu" pelos índios do vale do Javari, que usam sua substância tóxica para combater a preguiça e o azar na caça, chamado por eles de panema.

Cobra-papagaio: funde-se com as árvores

RÉPTEIS

Existem aproximadamente 300 espécies de répteis na floresta amazônica e o grupo mais representativo é o das serpentes, seguido pelos lagartos, tartarugas e jacarés. As florestas de terra firme são o hábitat da maioria desses animais. No entanto, é nos rios e lagos que estão as espécies mais procuradas pelos caçadores, como o jacaretinga, o jacaré-açu e a tartaruga-da-amazônia.

O Homem na Amazônia

ARQUEOLOGIA E OCUPAÇÃO

Vaso da cerâmica tapajônica

A história arqueológica da Amazônia não é unanimidade entre os cientistas: muitas áreas nunca foram pesquisadas e, as que foram, são motivo de debates. Os dados dos sítios arqueológicos já estudados, no entanto, indicam que os primeiros habitantes da região, ancestrais dos índios e caboclos que ocupam a área atualmente, eram caçadores e coletores especializados na exploração de recursos da floresta tropical.
As informações arqueológicas que existem sobre a Amazônia são mais completas quando se referem aos princípios da ocupação humana da região, há cerca de 10.000 anos. A mesma certeza não se tem quanto ao que aconteceu nos cinco ou seis mil anos subseqüentes. É provável que essas lacunas nas pesquisas resultem de problemas relativos à visibilidade dos sítios arqueológicos na área. Muitos desses sítios estariam hoje submersos, em função da elevação do nível do mar há alguns mil anos.
Algumas das evidências mais antigas da ocupação humana da América do Sul vêm da Amazônia. No Brasil, há indícios de ocupações datadas em 10.600 anos a.C. na caverna da Pedra Pintada, localizada no município de Monte Alegre, PA, e de cerâmicas de cerca de 8.000 anos a.C.. Estas datas colocam as cerâmicas encontradas na região como as mais antigas do Continente Americano e do Planeta. As peças da Amazônia parecem ter sido produzidas por grupos que praticavam uma economia voltada para a exploração da fauna aquática dos rios e do litoral atlântico.

O DEBATE

Alguns autores associam o padrão de descentralização demográfica e política na Amazônia, antes da chegada dos europeus, a fatores como a pobreza do solo ou a ocorrência de episódios de seca prolongados no passado. Isto teria impedido um grande crescimento demográfico e a emergência de sociedades muito hierarquizadas e regionalizadas. Não haveria diferenças significativas entre o tamanho da população indígena atual em relação ao de antes da colonização. Em contraste a esta perspectiva, há cientistas que afirmam que os recursos naturais são, pelo contrário, abundantes na Amazônia e que tal abundância seria crucial para o entendimento da arqueologia da região. A área teria sido densamente povoada no início do século 16, com uma população nativa variando entre 5 e 6 milhões de índios. A colonização européia teria provocado uma profunda redução demográfica na região, pela disseminação de doenças,

Achados arqueológicos na Gruta das Caretas (AP)

escravização e, em alguns casos, extermínio dos povos. Acredita-se também que algumas sociedades indígenas da Amazônia pré-colonial tinham um padrão de organização social, política e econômica que foi desestruturado durante o período de ocupação por europeus e outros migrantes. Tal padrão incluiria sociedades politicamente hierarquizadas, organizadas em grupos de tamanho variado, alguns deles bastante grandes, subordinados a comunidades centrais e regionalmente integrados por redes de comércio extensas e da guerra.

PRIMEIRA FASE

A primeira fase de ocupação humana na Amazônia, de 1500 a 1840, foi marcada pelo reconhecimento e ocupação do território, com as primeiras expedições e a presença dos missionários. Fortalezas militares para a defesa da soberania portuguesa e missões religiosas foram construídas. Foi em torno dessas áreas que as primeiras cidades se desenvolveram. O período é
marcado pelo impacto causado nas populações indígenas, que foram escravi-

Expedição Francisco Orellana/ Gaspar de Carvajal

Gonzalo Pizarro, o espanhol governador de Quito, no Equador, em 1540, foi o primeiro europeu a tentar explorar a Amazônia. Na época, a propriedade da costa oeste do continente já estava garantida para a Espanha e o desejo de explorar o desconhecido à leste era imenso. Havia rumores de que a área abrigava riquezas fantásticas, como ouro e especiarias. Francisco Orellana, outro conquistador espanhol, ficou sabendo dos planos do governador e se aprontou para acompanhá-lo. A expedição de Pizarro deixou Quito no fim de fevereiro de 1541 com o objetivo de cruzar os Andes à leste e depois forjar um caminho por florestas ainda impenetradas. Cerca de 280 espanhóis foram acompanhados por 4.000 índios que agiam como guias. Orellana encontrou-se com Pizarro após algumas semanas. Assim que se juntou a eles, foi promovido a segundo-homem na expedição.
No final de 1541, muitos dos indígenas e espanhóis já tinham morrido, a motivação de encontrar riquezas tinha sido substituída pelas necessidades mais básicas de sobrevivência e a equipe não tinha mais estrutura para ir adiante. Foi nesse momento que um barco foi construído e a Orellana foi dado o comando da expedição. Com 57 homens e muitas canoas, ele partiu em busca de comida perto do natal de 1541. Pizarro e cerca de 140 homens famintos foram deixados à beira de um rio.

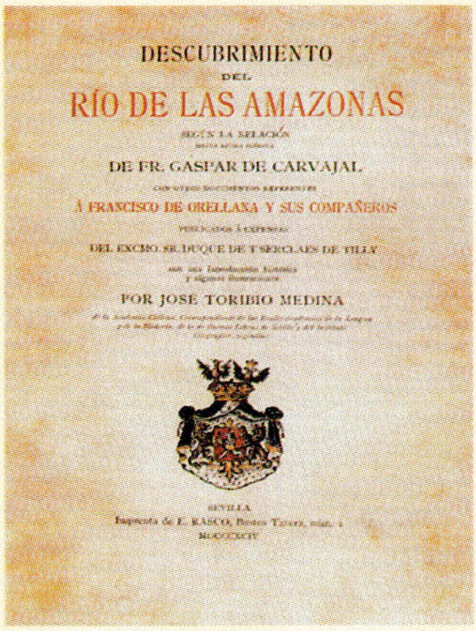
DESCUBRIMIENTO
DEL
RÍO DE LAS AMAZONAS
DE FR. GASPAR DE CARVAJAL
A FRANCISCO DE ORELLANA Y SUS COMPAÑEROS
DEL EXCMO. SR. DUQUE DE T'SERCLAES DE TILLY
POR JOSÉ TORIBIO MEDINA

Livro com o registro da expedição

Orellana moveu-se rapidamente para leste e nunca mais retornou. Sua expedição foi marcada por encontros com tribos de índios que os receberam sem violência no início mas, quanto mais próximos ao oceano Atlântico, mais problemas tiveram com a hospitalidade indígena e a facilidade de encontrar alimento. Apesar disso, nada abalou a chegada deles em 26 de agosto de 1542 no oceano Atlântico, completando a primeira "descida" do Amazonas por europeus. Gaspar de Carvajal foi o cronista desta expedição e, de suas notas, nasceu a lenda "das Amazonas", índias altas e brancas, que lutavam como homens.

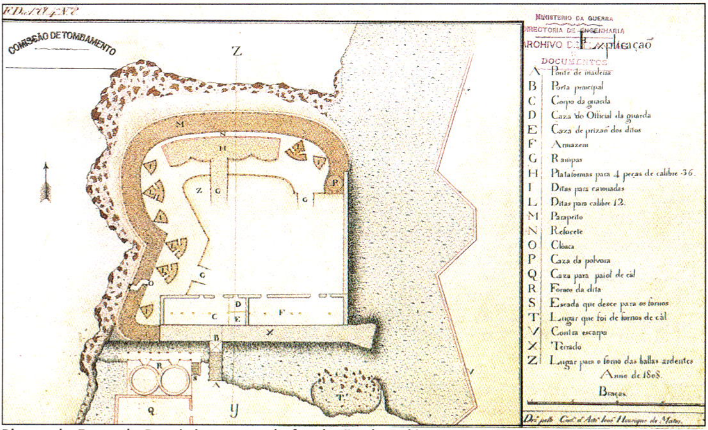

Planta do Forte do Presépio, marco da fundação de Belém

zadas, contaminadas por doenças e tiveram sua cultura alterada ou destruída.

Dos Andes ao Atlântico

O rio Amazonas sempre foi a porta de entrada para a floresta, permitindo aos primeiros exploradores europeus a penetração na região. A primeira expedição a navegar o Amazonas, dos Andes ao Oceano Atlântico, foi completada por Francisco Orellana e Gaspar de Carvajal, em agosto de 1542.
Pedro de Teixeira, acompanhado do padre jesuíta espanhol Cristóbal de Acuña, foi o primeiro português que navegou o rio Amazonas, da foz em direção à nascente.

Padre Antônio Vieira: presença jesuítica

A expedição de Teixeira explica parcialmente a posse portuguesa de boa parte da Amazônia já que, por bastante tempo, Portugal não demonstrou interesse na porção da América do Sul recebida no Tratado de Tordesilhas de 1494. No início do século 17, porém, com a Europa em guerra, a Espanha estimulou Portugal a ver-se livre da presença estrangeira em seus territórios na América do Sul. O Forte Presépio foi construído em 1616, onde hoje é Belém, e, antes de 1630, os portugueses já tinham expulsado quase totalmente os outros estrangeiros da Amazônia. Para confirmar o domínio da região, eles decidiram navegar o rio. Pedro Teixeira deixou Belém em outubro de 1637 com 47 canoas, movidas pelo trabalho de 1.200 índios e negros, mais 70 soldados portugueses. Um ano após deixar o Forte Presépio, a expedição chegou em Quito, atual capital do Equador. Dessa maneira, Teixeira garantiu a posse do rio Amazonas para os portugueses com o estabelecimento de pequenos povoamentos ao longo do rio.

Portugueses e Espanhóis

Os missionários seguiram aos primeiros exploradores e alguns, inclusive, chegaram antes ou no mesmo período que eles. É dito que, onde existiram índios, estiveram os missionários determinados a conquistar suas almas. O naturalista francês Castelnau comentou, no meio do século 19, sobre sua viagem à Amazônia: “não receio dizer que aos missionários se deve a quase totalidade das descobertas da geogra-

Alexandre Ferreira: o primeiro naturalista brasileiro na Amazônia e sua tragédia

No Brasil, onde nasceu, e em Portugal, onde estudou, poucos ouviram falar de Alexandre Rodrigues Ferreira, o cientista que chefiou uma excursão de nove anos ao longo de 39 mil km na Amazônia brasileira. Ferreira nasceu em Salvador, Bahia, em 1756. Em 1770 foi enviado pelos pais a Portugal para estudar na Universidade de Coimbra. Cursou direito, matemática e filosofia natural. Formou-se e, depois de dois anos, foi nomeado professor titular da universidade. Em 1778, o Ministro do Ultramar e Marinha, Martinho de Melo e Castro, de acordo com a nova concepção das ciências na época, propôs à rainha Maria I a idéia de organizar uma série de "viagens philosophicas" pelas regiões menos conhecidas do império português. Tais viagens, ou expedições científicas, estudariam detalhadamente a região e preparariam amostras de produtos naturais para o Museu Real. Ferreira, então com 22 anos, foi indicado como a pessoa certa para conduzir a expedição pela Amazônia. Ele tinha 27 anos quando o navio aportou em Belém, em 1783, e, já no ano seguinte, partiu na "viagem philosophica". Durante sua jornada, colheu amostras e mandou desenhar índios, peixes, pássaros, mamíferos, objetos e plantas. Mapeou postos militares, a confluência dos rios e a localização de missões. Além de escrever diários, anotou observações sobre assuntos variados: a pororoca, receitas dos índios, a história das principais povoações por onde passou e as doenças registradas em cada região.

A excursão rendeu milhares de páginas de diários, monografias, relatórios e desenhos, além de amostras da cultura de muitos grupos indígenas, produtos vegetais e documentação científica da fauna da região. Constavam de suas coletas muitas espécies de animais e plantas novas para a ciência. Tudo foi empacotado em inúmeras caixas e despachado rio abaixo em dezenas de remessas. Muito pouco do que foi enviado para Lisboa perdeu-se no caminho. No entanto, depois de chegar em segurança a Portugal, quando todos os perigos pareciam superados, uma série de desastres atingiu a valiosa coleção. Quando os exércitos de Napoleão invadiram Portugal, em 1808, os cientistas franceses levaram muitas das coleções de história natural, incluindo manuscritos e documentos da Viagem Philosophica de Alexandre Ferreira. A maior parte da coleção e das anotações de Ferreira foi devolvida sete anos depois da investida francesa, tempo suficiente para que os naturalistas em Paris "descobrissem" e publicassem dezenas de espécies novas de plantas e animais da Amazônia sem precisar sair de sua cidade. Muitos cientistas consideram este o primeiro caso de biopirataria em solo brasileiro.

Ilustração da expedição de Alexandre Ferreira

fia moderna, porque é bem raro que o mais afoito viajante possa vangloriar-se de não ter sido precedido por estes pioneiros da civilização evangélica: primeiro o padre, depois o naturalista". Os jesuítas foram os primeiros a chegar, seguidos por franciscanos e capucinos. Cada ordem fundou povoamentos e levou o catolicismo para os indígenas. Os missionários espanhóis desciam de Quito e os portugueses subiam pela foz do Amazonas, estabelecendo missões nas margens dos rios com o objetivo de catequizar os índios e induzi-los a trabalhar da maneira que os europeus entendiam o conceito de trabalho. Os jesuítas foram expulsos de território português em 1757.

Defumação: técnica ultrapassada

Em busca de conhecimento

Uma nova aproximação para as investigações científicas iniciou por volta da metade do século 18. A Amazônia deixou de ser um inferno verde e passou a ser um paraíso para os naturalistas. Essa nova aproximação fez nascer a geração dos exploradores-cientistas. A primeira grande colaboração na divulgação dos recursos naturais amazônicos foi feita pelo astrônomo francês Charles Marie de La Condamine, que esteve na região entre 1736 e 1744. Devem-se a ele os primeiros dados científicos sobre a utilidade da seringueira. Depois de La Condamine, a primeira grande viagem científica organizada para estudar os recursos naturais da Amazônia foi feita pelo naturalista brasileiro Alexandre Rodrigues Ferreira, que percorreu várias localidades amazônicas colhendo material científico, durante nove anos, entre 1783 e 1792. Também esteve na Amazônia o botânico inglês Richard Spruce que, entre 1855 e 1878, conseguiu reunir uma das maiores e mais importantes coleções de plantas amazônicas. Ele é lembrado por ter acabado com o monopólio brasileiro da quinina, droga antimalária que foi levada pela primeira vez, por ele, para fora do Brasil. Alfred Wallace, contemporâneo de Darwin e co-descobridor dos princípios que geraram a teoria da evolução, passou quatro anos na área do rio Negro. Henry Walter Bates chegou ao Brasil em 1848 e fez extensa pesquisa na fauna e flora da região. Publicou o *The Naturalist on the River Amazon*, em 1863, considerado um dos melhores livros sobre a história natural da Amazônia. Vários outros exploradores seguiram esses passos e contribuíram para a coleta de informação sobre a floresta.

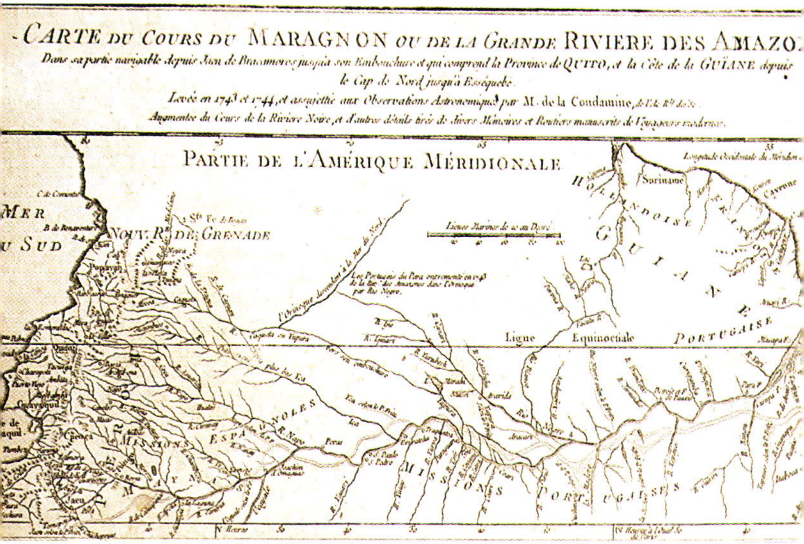

Mapa do curso do rio Amazonas, feito por Condamine, em 1743

Colheita de látex, principal produto na fabricação da borracha ►

Os seringueiros usam os animais para transportar o látex

SEGUNDA FASE

A segunda fase de ocupação na Amazônia, de 1840 a 1945, compreende um período de exploração ou extrativismo de produtos florestais. Este ciclo incluiu o extrativismo de inúmeros produtos, como o cacau, cravo, juta, canela, sementes oleaginosas, madeira e, principalmente, a borracha.

Castanha-do-Pará

Ciclo da borracha

Em 1839, Charles Goodyear fez uma descoberta que mudou o rumo da região amazônica. Até então, a borracha extraída da seringueira tinha um uso limitado em várias partes do mundo: sem tratamento, seus produtos ficavam pegajosos no verão e quebradiços no inverno. Goodyear percebeu que o cozimento da borracha com enxofre tornava o material resistente ao frio e ao calor, sem perder a elasticidade, dando origem ao processo de vulcanização.
A partir disso, o processo de industrialização e procura pelo produto foi impulsionado e a economia mundial passou a demandar muita borracha. Na Amazônia, faltava mão-de-obra para extrair o leite das seringueiras. Nessa época, acontece uma grande migração de nordestinos para trabalhar na extração e o número de pessoas na região aumenta rapidamente. A população, estimada em 137 mil, em 1820, cresceu para 695 mil, em 1900 e, em 1910, já era de 1.217.000 habitantes. Estima-se que mais de 300 mil imigrantes vieram do Nordeste em um intervalo de poucos anos.
Em 1900, o Brasil forneceu 97% da borracha comercializada no mundo. O auge da exploração aconteceu por volta de 1910, com um total de 42 mil toneladas exportadas.O monopólio trouxe

tanta riqueza e prosperidade ao Norte do país que Manaus foi a segunda cidade brasileira a ter energia elétrica, depois da então capital, Rio de Janeiro. Sem nenhuma organização social, no entanto, os seringueiros eram praticamente escravizados pelos chamados patrões, que davam-lhes bens de consumo a preços superfaturados, como sal e remédio, em troca da borracha.

A decadência da extração começou com o sucesso das plantações de seringueiras na Ásia. Em 1871, as sementes da árvore foram levadas pelo botânico inglês Henry Wickham para o Kew Gardens, jardim botânico de Londres. De lá, elas foram para a Malásia e, em 1905, já competiam com as árvores brasileiras. Os trabalhadores asiáticos colhiam o leite das seringueiras que se alinhavam de cinco em cinco metros, enquanto que, na floresta amazônica, os seringueiros caminhavam de vinte a trinta quilômetros por dia para coletá-lo. A produtividade era muito maior e os seringais estavam mais perto do porto, o que facilitava o escoamento e reduzia bastante o preço do produto.

Colonização japonesa e a juta

A colonização japonesa na Amazônia começou em 1929, quando 189 imigrantes se mudaram para Tomé-Açu, a 150 km de Belém. Esta colônia logo se destacou pela produção de pimenta-do-reino. No Amazonas, a maioria dos imigrantes nipônicos se fixaram na Colônia de Vila Amazônia, próxima a Parintins, atraídos pela concessão de terras que incluía áreas dos atuais municípios de Itacoatiara, Urucará, Urucurituba, Barreirinha e Parintins. Um dos mais importantes produtos plantados por eles foi a juta. Na década de 30, mais de 100 famílias japonesas cultivavam a planta nas várzeas do baixo e médio Amazonas, aproveitando-se de uma região que se parecia muito com a dos rios indianos, de onde a juta era nativa. Depois do algodão e do cânhamo, a juta é uma das plantas têxteis mais importantes, sendo utilizada para fazer sacos de estopa e outros tecidos rústicos.

O resultado do crescimento das primeiras sementes trazidas do Paquistão e Formosa não foi satisfatório, pois a planta atingiu apenas 1,5 m. No entanto, em 1939, outras espécies trazidas da Índia alcançaram 4 m. Essa espécie tinha boa qualidade e alta produtividade e rapidamente tornou-se um dos principais produtos agrícolas do Amazonas. A produção se consolidou por alguns anos, só estagnando um pouco durante a Segunda Guerra, quando o Japão e Brasil romperam relações diplomáticas e grandes empresas agrícolas mantidas por imigrantes foram fechadas.

Em 1964, havia 360 km² de várzeas plantadas no Pará e Amazonas.

Na década de 70, no entanto, com o surgimento dos tecidos sintéticos, que eram vendidos a preços mais competitivos e tinham o material mais resistente, a juta deixou de ser viável economicamente. A maior parte dos imigrantes e caboclos, que tinham sua subsistência baseada no cultivo, mudou de atividade. Hoje a produção se mantém, em proporções muito menores, em algumas regiões do estado do Amazonas.

O cultivo da juta é feito nas várzeas, como na Índia, de onde ela é nativa

TERCEIRA FASE

Até a década de 60, a maior parte da região amazônica só era alcançada por barco ou avião. Em 1956, Juscelino Kubitschek assumiu a presidência com o lema de fazer o Brasil crescer 50 anos em cinco e, entre 1955 e 1961, mais de 13 mil km de rodovias foram construídos no país. A primeira estrada a ser construída foi a Belém-Brasília, com mais de 2.000 km. A obra possibilitou o acesso por terra à região e estimulou o fluxo de imigrantes. Com a chegada dos militares ao poder, em 1964, e a imposição da doutrina de segurança nacional, a atenção foi voltada para as enormes fronteiras "vazias" do Norte. Novas estradas e núcleos de ocupação na Amazônia começaram a ser planejados com o objetivo de colonizar as áreas que estariam suscetíveis a ataques estrangeiros.

Transamazônica: derrotada pela selva

Depois de 30 anos, a Transamazônica permanece inacabada

A Transamazônica (BR-230) começou a ser construída em 1970, como parte do projeto de integração nacional promovido pelo governo militar, que buscava "integrar para não entregar" o território brasileiro. O objetivo inicial era construir uma estrada de 5,6 mil km que ligasse a cidade de João Pessoa, no Atlântico, a Boqueirão da Esperança, na fronteira com o Peru. Da rodovia principal sairiam outras estradas vicinais que teriam agrovilas implantadas ao longo de sua extensão. Apenas 2,5 mil km foram construídos, até o município de Lábrea (AM). Hoje, mais da metade da rodovia é intransitável, principalmente na época das chuvas.

A floresta invadiu boa parte da estrada. Alguns dos trechos que ainda são "rodáveis" podem levar dias para serem percorridos. Uma viagem de ônibus entre Marabá (PA) e Itaiuba (PA), que leva aproximadamente 30 horas no verão, demora mais de uma semana no inverno.

Hoje, estima-se que haja um milhão de pessoas vivendo ao longo da estrada, que não recebe qualquer manutenção do governo federal.

Esses agricultores vivem basicamente de pequenas produções de pimenta-do-reino, urucum, café e cacau.

O desmatamento ainda é uma prática constante na região

Essa colonização dirigida e a construção das estradas principais, como a Transamazônica, no início da década de 70, e a Cuiabá - Porto Velho, trouxeram uma nova fase de desenvolvimento à região. Incentivos fiscais facilitaram a implementação de inúmeros projetos agrícolas. Em 20 anos, a população da Amazônia aumentou para cerca de 17 milhões de habitantes.

O período de integração da região amazônica ao resto do país é muito criticado, principalmente pelo seu elevado custo ambiental, para um ganho social muito reduzido. Os planos desenvolvimentistas não teriam sido baseados em conhecimentos efetivos sobre a realidade física, ecológica e social da Amazônia brasileira. Projetos agropecuários foram estabelecidos em regiões de solos de pouca fertilidade e milhares de hectares de floresta foram desmatados para serem transformados em propriedades agrícolas improdutivas. Estradas atravessaram aldeias indígenas e alteraram seus hábitos para sempre; algumas hidrelétricas ergueram-se e trouxeram mais impactos ambientais do que energia.

HOJE E AMANHÃ

Hoje, a Amazônia é uma das últimas regiões do planeta cujos habitantes e governantes ainda podem optar por um desenvolvimento que não resulte, no futuro, em um esgotamento de seus recursos naturais, escapando do destino de destruição que teve a Mata Atlântica e outras regiões tropicais do mundo. Baseado no que for decidido hoje, suas matas continuarão em pé ou não.

Após três décadas pautadas pela derrubada intensa da floresta em nome do progresso, o amazônida continua pobre. A distribuição de renda da região ainda é uma das piores do país. Um futuro voltado para o desenvolvimento da vocação florestal da região talvez seja a forma acertada de se distribuir renda e melhorar a qualidade de vida da população. E já não há como pensar em alternativas de desenvolvimento sem que elas estejam diretamente relacionadas à conservação e manejo dos recursos naturais locais.

O grande desafio no planejamento da ocupação e desenvolvimento da Amazônia é utilizar a floresta de maneira sustentável, de forma a gerar recursos para as suas populações, com o mínimo possível de impactos ambientais.

Atualmente, as principais atividades econômicas da região amazônica incluem as indústrias madeireiras, a exploração mineral, a agricultura e pecuária, pesca, garimpagem do ouro e pedras preciosas, além das atividades industriais de alta tecnologia, concentradas na zona franca de Manaus. Atividades ilegais, como contrabando e tráfico de drogas, também passaram a fazer parte da dinâmica financeira regional.

AS ALTERNATIVAS

Apesar do ritmo ainda intenso de destruição da floresta, algumas soluções apontadas para o desenvolvimento sustentável da região têm envolvido a uti-

O rio desempenha papel fundamental no escoamento da borracha

◄ O transporte em búfalos é comum na Ilha de Marajó, no Pará

O palmito da pupunha é uma alternativa ao juçara, que implica no corte da árvore

lização dos recursos florestais através de técnicas de manejo, combinado com a intensificação da agricultura em áreas já devastadas e o ecoturismo.

Entre os projetos que utilizam as fontes de riqueza da floresta, uma das estratégias que vem sendo considerada como parte das soluções para a utilização destes recursos é o modelo de exploração de madeira de baixo impacto, que inclui a certificação florestal fornecida pelo FSC, Conselho Internacional de Manejo Florestal, uma agência internacional independente que fornece o "selo verde". O selo garante que a madeira e seus produtos comercializados provenham de uma exploração manejada em que o estrago à vegetação, normalmente produzido pela sua retirada, é reduzido em mais da metade. A certificação florestal permite que sejam feitos vários ciclos de corte com intervalos médios de 30 anos, associados a técnicas de minimização de impactos na retirada das árvores. Hoje 90% da madeira na região é extraída de forma ilegal.

Outra estratégia é o manejo integrado da floresta, como o dos sistemas agroflorestais, com a produção de frutos como a pupunha, o cupuaçu e o açaí, e o extrativismo, que viabiliza a extração de certos produtos, como a castanha e o látex, de maneira sustentável e de forma a aumentar o valor agregado do produto e o lucro do produtor. Uma das questões cruciais no desenvolvimento da região, no entanto, é a de que algumas espécies apresentam baixa densidade na floresta. Se a demanda é muito alta, corre-se o risco de extinguir o recurso ou torná-lo economicamente inviável por aumentar sua raridade. O novo desafio é agregar valor à floresta e explorar seus recursos de forma sustentável.

As alternativas à exploração predatória da madeira e o manejo florestal, que possibilita a exploração da floresta sem esgotar seus recursos, são soluções que ainda enfrentam muitos obstáculos. O custo muito elevado para elaborar um

Transporte ilegal de madeira

plano de manejo, e cumpri-lo, não é economicamente atraente para os madeireiros, que competem com a madeira ilegal. O interesse em explorar a floresta é brecado pelo risco iminente de fogo acidental nas matas, cada vez mais presente na região, em função do ciclo de desmatamento e das mudanças climáticas, como o fenômeno *El Niño*, que resseca as matas e as tornam susceptíveis aos incêndios. Apesar disso, há várias iniciativas locais que demonstram o sucesso do aproveitamento sustentável dos recursos naturais. A reserva de Iratapuru no Amapá, que produz biscoitos de castanha, por exemplo, hoje dá um rendimento quase cinco vezes maior para os produtores que antes só vendiam as frutas não beneficiadas. Os índios Baniwa do alto rio Negro, com a ajuda de algumas instituições, estão descobrindo outras formas de vender e distribuir o seu artesanato e lucrar com isso. Vários outros projetos de reservas extrativistas, produção de óleo e essências, fabricação de móveis a partir de troncos de árvores mortas, produção de couro vegetal, artesanato indígena e ecoturismo, organizados por organizações não-governamentais e pelas comunidades locais, demonstram que a utilização racional da floresta pode gerar renda ao povo da região.

IMPACTOS AMBIENTAIS

Os maiores problemas ambientais na Amazônia são decorrentes de atividades humanas recentes, principalmente nos últimos 25 anos. As questões mais críticas estão relacionadas às altas taxas de desmatamento, que chegam a quase 20.000 km^2 por ano, o equivalente à área de Sergipe, à contaminação das águas por mercúrio, à perda da biodiversidade, à falta de incentivos a modelos econômicos viáveis baseados no manejo sustentável dos recursos naturais e à preservação das comunidades tradicionais e culturas indígenas. O desmatamento e seus impactos constituem-se em um fenômeno razoavelmente recente na floresta amazônica e, ainda assim, de proporções alarmantes. Apenas 1% da floresta havia sido perdida entre de 1500 a 1975. A colonização intensiva e os incentivos desenvolvimentistas para a região, com a construção das grandes rodovias que cortaram a Amazônia brasileira, de leste a oeste e do sul a norte, foram desastrosos para a floresta e trouxeram poucos benefícios para as pessoas que ali viviam ou que para lá foram levadas. Em 1991, a área desmatada já alcançava

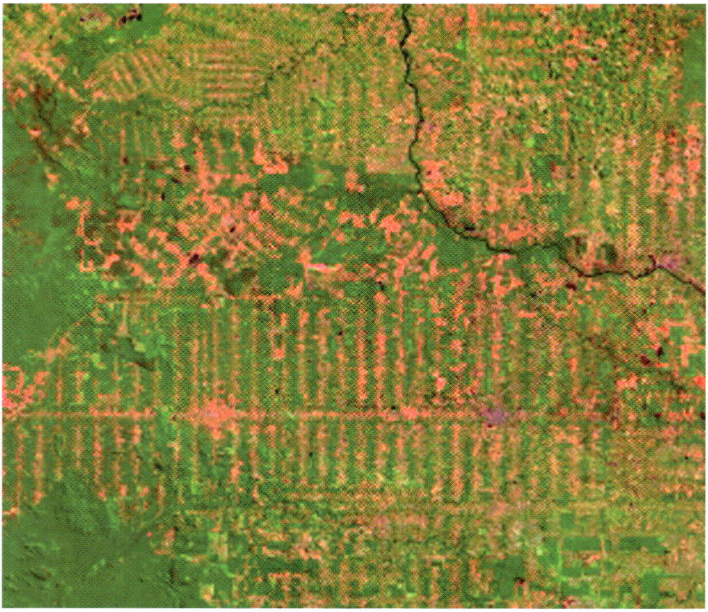

Embrapa

Imagem de satélite das áreas de desmatamento em Rondônia, conhecida como "espinha-de-peixe"

420.000 km², o equivalente a 8,5% da área da região. Em 2001, os dados existentes demonstram que cerca de 11 a 12% das áreas originalmente cobertas por florestas já foram substituídas por pastagens, campos de produção de agricultura, ou então se transformaram em áreas degradadas. Se levarmos em conta regiões já alteradas, que sofreram retirada de madeira ou mesmo desmatamentos e incêndios de pequena escala – que não aparecem nas imagens de satélites – esta porcentagem pode se elevar para até 15%. A floresta está desaparecendo em um ritmo de 2% ao ano.

Em geral, as ameaças à Amazônia têm escalas diferentes: pequenos proprietários rurais, ribeirinhos e caboclos têm um impacto pequeno sobre o desmatamento da região, quando comparados a grandes proprietários, empresas multinacionais de grãos e políticas de incentivos públicos ao desenvolvimento tradicional da região.

As florestas tropicais que são queimadas ou desmatadas recuperam-se com dificuldade, e o tempo para sua recuperação é muito variável, dependendo da freqüência e intensidade do uso que teve seu solo. Se as áreas destruídas não forem muito grandes, uma floresta secundária pode crescer, porém, com flora diferente e mais pobre do que a floresta original. O desmatamento em grande escala implica em uma mudança climática regional, com reflexos sobre as condições meteorológicas das áreas aos arredores, na perda de biodiversidade e no conseqüente aniquilamento de inúmeras espécies dos ecossistemas terrestres e aquáticos.

Os minerais e o garimpo

Os olhos das grandes empresas nacionais e estrangeiras voltaram-se para a Amazônia nas décadas de 60 e 70, em função da independência de muitos países africanos fornecedores de minerais e da necessidade de se descobrir novas fontes de matéria-prima. Em 1967, geólogos descobriram uma das maiores minas de ferro do mundo, a da serra dos Carajás, com uma reserva de aproximadamente 18 bilhões de toneladas do minério. Nesse mesmo ano uma empresa canadense descobriu uma reserva de quase dois bilhões de toneladas de bauxita, o minério do alumínio, no rio Trombetas, também no Pará.

Na década de 70, começou a ser realizado o projeto Radam Brasil, que permitiu um mapeamento da região amazônica, localizando outros depósitos de minerais, como nas serras ao norte da Amazônia, em Roraima e Amapá. Na mesma época, foi descoberta uma das maiores concentrações de ouro encontradas até então, a serra Pelada, no Pará. O garimpo no local foi um fenômeno que chegou a concentrar 50 mil pessoas em um buraco de 1 km de diâmetro.

Garimpo no Rio Tapajós, Pará

A extração de minerais na região amazônica ocorreu de maneira tão descontrolada durante algumas décadas que algumas reservas foram exauridas. Na serra do Navio, no Amapá, o manganês explorado por uma empresa americana acabou em menos de 50 anos e deixou no local uma cidade deserta.

O garimpo na Amazônia, no entanto, é antigo. Em Roraima, a extração de diamantes existe desde o século passado. Mas foi só com o uso do avião mono e bimotor, nos meados da década de 70, que se descobriu a possibilidade de chegar aos lugares mais remotos com um custo pequeno. Isso facilitou a migração de milhares de garimpeiros em busca do lucro rápido para a região. O garimpo, em sua maior parte, gerou muito dinheiro que não rendia impostos para o país, além de impactar severamente as tribos indígenas e poluir rios.

OS PRODUTOS DA FLORESTA

Cupuaçu: endêmico da região

Na Amazônia, oitenta por cento das árvores são endêmicas da região, isto é, só ocorrem lá. Muitas dessas espécies oferecem produtos que há milhares de anos são consumidos e utilizados pelos habitantes da região e há poucas décadas começaram a estar presentes no cotidiano dos brasileiros do resto do país. Exemplos destes produtos são:

Cupuaçu

Este parente próximo do cacau é usado na fabricação de sucos, doces e sorvetes e é comercializado nos mercados do sul do Brasil e exterior. Existem alguns locais onde se está produzindo, a partir do óleo de suas sementes, o cupulate, semelhante ao chocolate e base para alguns cosméticos.

Castanha

A castanha é conhecida internacionalmente pelo sabor e valor nutritivo. Muitas comunidades têm boa parte de sua renda comprometida na extração do produto. As castanhas são comidas puras e da sua fruta são feitos óleo e biscoitos. O óleo, anteriormente só beneficiado no exterior, começa a ser pro-

Beneficiamento de castanhas no Amapá

O guaraná é a fruta mais popular da Amazônia

duzido em algumas reservas extrativistas do Amapá e por índios Kayapó no Pará, que o vendem ao mercado estrangeiro para a fabricação de cosméticos. A castanha possui um micro-nutriente essencial ao homem, o selênio, que é um importante antioxidante. Também é rica no aminoácido essencial Metionina, importante para a síntese de proteínas.

Guaraná
Popular no país e no exterior, o guaraná é uma planta nativa da Amazônia, em forma de arbusto ou cipó lenhoso, da qual se faz o famoso refrigerante e o estimulante. Os índios Sateré-Mawé foram os descobridores das virtudes fitoterápicas da planta e são os detentores da "tecnologia" do cultivo (coleta e transplante das mudas, cuidados na torrefação em fornos de barro, etc). Desde 1995 existe na área indígena Andirá-Marau - com 8.000 km^2 , que reúne 70 aldeias com 7.000 pessoas na fronteira dos estados do Amazonas e Pará - o Projeto Guaraná, que busca proteger o único banco genético da planta existente no mundo. O guaraná é vendido para o mercado europeu e os recursos gerados retornam para os Sateré-Mawé. Hoje, seis toneladas de guaraná em pó e em barras são exportadas anualmente pelo projeto a US$ 35-40 o quilo. Na região, além da venda do guaraná, estão em desenvolvimento projetos de coleta diferenciada de lixo, criação de abelhas nativas e agroturismo ecológico, que vai possibilitar às pessoas que queiram conhecer o processo de cultivo do planta, fazê-lo nos próximos anos.

Açaí
O fruto nativo da Amazônia sempre foi consumido pelas populações nas margens dos rios e agora ganhou o mercado no sul do Brasil e norte-americano como produto energético. É rico em vitamina B1, magnésio e ferro. A palmeira do açaí também produz palmito, mais aceito pela população pela semelhança de gosto com o palmito juçara, do sul do País, e suas sementes são muito utilizadas no artesanato local.

Camu-camu
Esta fruta pequena e azeda tem quatro vezes mais vitamina C do que a acerola e 30 vezes mais que a laranja. É um fruto de planta nativa da Amazônia e se encontra disperso pela região. Seus frutos são pequenas esferas do tamanho de cerejas, de casca mais resistente do que a acerola, lembrando a jabuticaba. Apresenta uma cor avermelhada que, à medida que amadurece, passa a um roxo

A pupunha é rica em vitamina A e carboidrato

enegrecido. A Amazônia peruana já a consome em refrescos, sorvetes, picolés e tortas. A casca é acrescentada à polpa, pois é o que contém a maior parte dos teores nutritivos. No Brasil, algumas reservas, como a de Iratapuru no Amapá, já estão beneficiando a polpa.

Açaí: energético natural

Pupunha
Fornece frutos que alimentam o homem e animais e palmito, que cresce e rebrota em touceiras e não exige o sacrifício de uma planta inteira para fornecer um único palmito, como o que acontece com o da espécie juçara, da Mata Atlântica. O fruto, cozido em água, rico em carboidratos e vitamina A, é muito apreciado. A pupunha contém mais proteínas do que a mandioca, pode ser transformada em farinha e de suas raízes se retira um medicamento para controle de verminoses. Dos frutos cozidos da palmeira faz-se uma bebida que, misturada à banana ou à mandioca, é deixada a fermentar por alguns dias, transformando-se em uma bebida alcoólica. Suas folhas são utilizadas como palha e fibra vegetal para a construção e artesanato e seu caule pode ser usado para a fabricação de móveis .

ÓLEOS E ESSÊNCIAS

Há mais de dois séculos, o pau-rosa é uma das espécies mais exploradas para a extração do óleo essencial na região amazônica. Como a extração da essência implica no corte da árvore, a espécie é considerada em perigo e atualmente a exploração está sendo regulamentada pelo Ibama, que determina que todos os produtores de óleo essencial de pau-rosa devem repor 80 mudas para cada tonel (180 kg) produzido. Algumas instituições estão desenvolvendo uma forma de tirar o óleo do pau-rosa dos galhos e folhas, para impedir a destruição de toda a árvore. Outras espécies, como o puxuri, do qual a essência é extraída das folhas e galhos, o cumaru e andiroba, cujos óleos são extraídos da semente, são espécies aromáticas significativas na região e têm seus óleos essenciais vendidos para o Brasil e exterior para a produção de cosméticos. A copaíba é outra espécie importante e seu óleo é tirado do tronco, dos galhos e das folhas. Esta resina oleosa é usada como componente para verniz, cosméticos e na indústria farmacêutica. Muitas vezes substitui o óleo de linhaça em tintas, como secante. Algumas comunidades em Silves, no estado do Amazonas, e no Amapá, têm explorado de forma sustentável estas espécies para a fabricação de produtos naturais.

PLANTAS MEDICINAIS

O conhecimento sobre as plantas medicinais e suas propriedades na floresta amazônica é grandioso. Até hoje, muitas comunidades têm seus tratamentos baseados na ciência tradicional. O jatobá, por exemplo, é usado para combater a anemia, o pau-d'arco amarelo e roxo tem suas cascas utilizadas na prevenção de doenças cardíacas, o xixuá é usado contra o reumatismo, a carapanaúba, contra a malária e outras febres da floresta. Uma das plantas preferidas pelos caboclos da floresta é a saracura-mirá, uma espécie de cipó que cortado em pedaços tem sua casca raspada em uma cuia com água e dela resulta uma bebida amarga - que lembra a cerveja - que serve no combate ao reumatismo e no restabelecimento de energias.

ALUCINÓGENOS

A flora amazônica é muito rica em alucinógenos, dos quais a ayahuasca e o paricá são os mais conhecidos. Em alguns locais, a ayahuasca, que já tinha um valor religioso entre os povos indígenas, assumiu um papel importante entre os seringueiros e povos da floresta. Comunidades foram fundadas na Amazônia e se espalharam pelo Brasil, tendo suas regras sociais baseadas em critérios espirituais, formando duas grandes correntes: a da União do Vegetal (UDV) e a do Santo Daime, além de outras, como a Barquinha. O chá preparado com o cipó mariri ou jagube e com a folha da chacrona ou rainha é conhecido como vegetal, hoasca ou Santo Daime e, de acordo com seus usuários, é um veículo de iluminação.

Do guaraná se faz refrigerantes e estimulantes

E2J
DONA

A CULTURA DO CABOCLO

O caboclo é um dos grupos étnicos mais tradicionais da Amazônia, descendente do índio e do europeu. Conhecidos também como ribeirinhos, os caboclos herdaram práticas de subsistência dos antepassados que podem ser observadas até os dias atuais. A definição de caboclo, no entanto, pode variar de acordo com a época e o lugar que a explica. Segundo os relatos históricos, o termo inicialmente referia-se ao índio destribalizado que surgiu no final do século 17 e início do 18 em função de uma aculturação gradativa. Primeiramente eles foram utilizados como escravos na extração de produtos naturais da floresta, que eram enviados a Portugal, e posteriormente tornaram-se mais aculturados em função do contato com os jesuítas.

O uso do termo caboclo, no entanto, com o decorrer do tempo, passou a valer como referência aos descendentes de indígenas e portugueses. Hoje, migrantes de outras regiões do Brasil, particularmente do Nordeste, que buscam abrigo na Amazônia quando expulsos pelas secas e crises econômicas, têm assumido a identidade de caboclo, que se refere, em especial, às populações ribeirinhas da Amazônia.

CONHECIMENTO DA FLORESTA

A adaptação dessas populações à região é notável. Além de conhecerem os rios, furos e igarapés como quem conhece uma cidade, e acharem referências invisíveis nestes locais para locomoverem-se durante a noite, o conhecimento sobre a fauna, a flora e os produtos que a floresta oferece para a sua subsistência é impressionante.

Apesar de existirem muitas diferenças entre o caboclo e os diversos gru-

A pesca é a principal atividade econômica do caboclo

◄ Gaiolas são barcos de dois andares que transportam pessoas e mercadorias

Ilha de casas no meio do rio, em Manaus

pos indígenas, é possível perceber semelhanças entre os grupos étnicos, regiões geográficas e épocas históricas, no que se refere ao modo de ocupação e de uso dos recursos da região. Uma comparação com os relatos históricos e as práticas atuais mostra semelhanças muito claras, como a predominância da agricultura de corte-e-queima com base no cultivo da mandioca, uma dieta baseada principalmente em proteína fornecida por animais silvestres, como peixe, caça, insetos, e uma cultura de tecnologia material simples, que inclui ferramentas e utensílios construídos de fibras vegetais, pedra e subprodutos da fauna.

Adaptação à floresta

Poucos desses hábitos foram alterados e, ainda hoje, é possível observar nas milhares de comunidades ribeirinhas o conhecimento sólido sobre os recursos da floresta: os caboclos sabem quais os melhores meses para a pesca de determinadas espécies de peixes, quais as melhores palhas para a construção, quais os medicamentos que a mata oferece e muito mais. Em alguns lagos de várzea, por exemplo, ainda existe a figura do curador de cobras, o homem que conhece os segredos naturais para evitar que a pessoa morra quando é picada. Para se locomover, o caboclo da Amazônia usa a canoa que o índio sempre usou, um instrumento leve, capaz de se embrenhar pelos troncos das florestas alagadas sem espantar os peixes. Em algumas comunidades ribeirinhas,

Moradores da reserva de Mamirauá (AM)

Casa típica das populações ribeirinhas

os moradores dependem inteiramente do rio e das áreas inundadas. Quase nunca, ou muito raramente, têm acesso a uma comunidade extensa de terra firme. Nesses lugares, como a Comunidade Nova Esperança, a cerca de quatro horas ao sul de Manaus, a vida gira em função da água. As crianças nadam no rio várias vezes por dia, enquanto os adultos também vão para dentro da água na hora de preparar os peixes, lavar a panelas ou banhar-se. Os moradores compram os mantimentos de barcos que passam nas casas três vezes por semana, oferecendo produtos vindos de Manaus; as crianças são levadas de canoa para a escola municipal; a água de beber e de lavar vêm dos rios, assim como a maior parte dos alimentos.
Muitas dessas comunidades têm casas bem distantes umas das outras, mas os vizinhos encontram maneiras de se encontrarem e ter uma vida social: divertem-se em festas mensais e visitas, além de ajudarem-se freqüentemente. Quase todas as casas têm uma horta flutuante e um roçado, que normalmente é iniciado quando as águas das terras alagadas se retiram e os caboclos plantam ali as culturas, aproveitando o adubo que os rios de água branca deixaram.
Alguns ribeirinhos têm criação de gado e utilizam o sistema de maromba, que são currais elevados construídos sobre palafitas para abrigar o gado. Nas épocas de seca, o gado é criado em campos naturais e, quando a água começa a subir, ele é levado para a maromba, quando começa um trabalho grandioso: chegam a cortar duas toneladas de capim por dia para dar de comer aos animais. Só depois de seis meses é que o gado volta ao chão. Apesar destas condições adversas, existe cerca de meio milhão de cabeças de gado na região de Manaus/Careiro.

O barco serve como moradia e estabelecimento comercial flutuantes

Cerca de 20% de toda água doce do mundo está na bacia do rio Amazonas ►

OS POVOS INDÍGENAS

A riqueza da Amazônia também é cultural. A maior parte das terras indígenas brasileiras está na região, onde moram aproximadamente 200 mil índios. A área concentra a grande maioria das 180 línguas indígenas faladas por 206 etnias no Brasil. Estes idiomas representam metade de todos os empregados por populações indígenas nas Américas, embora viva no Brasil no máximo 1% do total de índios do continente. Os números revelam também o grau de fragilidade destas culturas: além de 80 etnias terem desaparecido só nos últimos 100 anos, das 206 sobreviventes, 110 contam com menos de 400 indivíduos falantes de sua língua.

A população indígena da Amazônia consiste hoje do que restou de um número que se aproximava dos seis milhões, em 1500, antes da chegada dos europeus. Desde então, os índios na região têm diminuído de forma drástica, especialmente no século 20. Existiam 230 grupos tribais na Amazônia brasileira em 1900. Em 1947, só sobraram 143. Embora a população de muitas tribos tenha se estabilizado, várias correm risco de extinção. Os Uru Eu Wau Wau de Rondônia, por exemplo, foram reduzidos à metade desde o primeiro contato com o homem branco em 1981. O número dos Waimiri-Atroari, da Amazônia central brasileira, diminuiu de 3.500 para 374 entre 1974 e 1986, tendo um leve aumento de população nos últimos cinco anos. Em pleno ano 2000, 3% da população Araweté morreu em conseqüência de um surto de catapora, enquanto outros 12 povos encontram-se na linha vermelha de extinção demográfica, indicador usado para exprimir o risco iminente de desaparecimento completo de uma etnia.

Muitas tribos foram aniquiladas, outras foram escravizadas, algumas sofreram com as doenças introduzidas na região, como tuberculose, gripe, doenças venéreas, catapora e sarampo.

As populações pré-1500 eram mais densas ao longo do rio Amazonas. Tribos como os Omagua e Tapajós eram muito adaptadas ao local. Durante a estação seca cultivavam milho e mandioca e também pescavam. O peixe era seco e preservado em óleo de ovos de tartaruga. Com os mantimentos guardados na estação seca, era possível sobreviver na

Índios Gavião, no parque do Xingu

Índios da tribo Xeroene

época de cheias. No entanto, como os colonizadores da região também preferiam as áreas ao longo do rio, esses grupos logo foram extintos.
As tribos indígenas possuem um conhecimento sofisticado dos ecossistemas e sobre a agricultura. Várias espécies, alimentícias ou não, que ainda são usadas hoje, foram domesticadas pelas populações da Amazônia. Vivendo tanto na região de florestas alagadas como na terra firme, os índios conhecem e utilizam uma grande variedade de plantas, como tubérculos, bulbos, sementes, frutas, castanhas e outros produtos vegetais. Das sementes de urucum e jenipapo retiram a matéria-prima para pintura do corpo; usando exclusivamente a casca do jatobá, os índios do Xingu constroem suas canoas, depois que a casca é pacientemente despregada do tronco; com a fibra vegetal do arumã tecem balaios, peneiras e jarros de esmero e funções indispensáveis para o processamento da mandioca. A vegetação também fornece venenos para a caça, além de produtos medicinais e drogas utilizadas na cura de doenças e nos rituais religiosos.
Foram os Sateré-mawé, por exemplo, a primeira tribo a descobrir empiricamente as virtudes fitoterápicas do guaraná. Considerados os guardiões das terras ancestrais de onde a planta é nativa, desenvolveram as formas ritualizadas de produção, como a coleta e transplante das mudas, os cuidados especiais da torrefação em forno de barro, o uso do fogo de lenha aromática, entre outras técnicas.

OS ÍNDIOS HOJE

As tribos que restaram vivem, em sua maioria, nas partes mais remotas da Amazônia, longe das margens dos rios. O maior grupo de índios que ainda permanecem próximos ao rio Amazonas são os índios Tikuna, que vivem na região de fronteira do Peru, Colômbia e Brasil.
Muitas tribos ficam em grandes reservas indígenas, das quais a mais conhecida é o Parque Nacional do Xingu, ao norte do Mato Grosso. As terras indígenas atuais representam quase 20% da área total da

Apesar da união de muitas etnias, o risco de extinção é iminente

Moradia típica da etnia Iekjana

Amazônia Legal Brasileira, sendo que as reservas biológicas compreendem somente 4% deste total. Já o tradicional conflito entre terras indígenas e unidades de conservação, aparece hoje em 117.724 km² desses dois tipos de terras sobrepostas. Só em 18 de junho de 2000 criou-se a lei que prevê o gerenciamento das unidades de conservação de acordo com políticas indigenistas e ambientais, garantindo-se a sobrevivência física e cultural das comunidades que habitam essas áreas, caso do Pico da Neblina ou do Cabo Orange.

OS GRUPOS LINGUÍSTICOS

Os grupos de línguas indígenas mais importantes são o Arawak, Je, Carib, Pano,

A mandioca

Os diferentes grupos étnicos da América do Sul domesticaram alguns dos vegetais mais utilizados pela humanidade, tais como a batata, o milho, o cacau, o tomate, amendoim e alguns feijões. A domesticação da mandioca e a tecnologia para retirada do ácido tóxico que algumas espécies possuem é um exemplo dos processos tecnológicos desenvolvidos pelos índios. A mandioca apresenta duas variedades: uma tóxica, "brava", e outra "doce" que pode ser consumida após o cozimento. Um pedaço de mandioca brava possui toxinas para matar muitas pessoas, no entanto, esta variedade é utilizada na alimentação diária. Primeiro os tubérculos são descascados e imersos na água corrente por uma noite, em seguida são ralados e prensados e a água misturada com o ácido é extraída. O sólido que sobra, ainda impróprio para alimentação, é aquecido em um tacho para extrair o restante das toxinas. Neste ponto ela está pronta para o consumo.

Preparação da mandioca: tarefa feminina

Rituais, cerimônias e lutas

Quarup, cerimônia do Parque do Xingu

Quarup
É uma cerimônia sócio-religiosa de Mavotsinin, o grande herói das nove tribos do Xingu, um deus que não exige adoração, não pune ninguém, apenas propõe e lembra que existir é uma graça infinita e que a morte é a continuação natural da felicidade de viver. São três dias da cerimônia de homenagem aos mortos. Há períodos de vários anos sem que haja um Quarup, já que este só se justifica quando morre um grande "capitão". É um espetáculo curioso e bonito que tem por fundo o choro permanente de mulheres carpideiras, que ensaiam no interior das malocas antes dos três dias, a grande dor que durante o Quarup revelarão aos mortos homenageados. Depois do choro aos mortos, durante a cerimônia, tem início a luta Hu-ka Hu-ka, em que os grandes capitães se apresentam pintados com óleo de piqui e tinta de jenipapo e lutam por frações de segundos, com as tribos ao redor - chegam a participar mais de 500 índios- torcendo e gritando. Toda vez que o lutador ganha, ele vai logo depois pedir desculpas ao vencido. O Quarup ocorre na confluência dos rios Kuluene, Ronuro e Batovi, formadores do rio Xingu, na região conhecida por Morena, ao norte do Mato Grosso.

Guerra Simbólica
É uma violenta disputa entre duas aldeias do Parque Indígena do Xingu. Apesar do tratamento esportivo que dão ao encontro, o Javari mais parece uma guerra simbólica entre elas. Os adversários se postam a cerca de 3 m um do outro. Cada um lança com um propulsor um dardo com a ponta coberta de cera, que esconde uma pedra no interior. Quem está na vez de receber o arremesso pode se proteger com um feixe de varas, mas não pode arredar um centímetro de seu lugar. A cerimônia se encerra quando um índio é atingido pelo adversário. Não é somente ele quem perde, mas toda a sua aldeia, que em lamentação quebra as flechas e chora.

Tupi e Xiriana. Embora existam muitas tribos com dialetos diferentes, todos têm alguma derivação dos grupos acima. O Pano é encontrado na margem ocidental da floresta Amazônica. As tribos que falam Tupi estão no sudeste da floresta, o Carib no nordeste, os Arawaks na parte ocidental ao sul do rio Negro e à oeste do rio Madeira. Os Xiriana estão na fronteira Brazil-Venezuela.

ALIMENTAÇÃO

O produto alimentício principal dos índios é a mandioca, da qual é feita farinha, beiju, tucupi, mingaus e o caxiri, que é uma bebida fermentada. Algumas espécies de mandioca são extremamente venenosas e o consumo sem o preparo adequado pode levar rapidamente à morte. O fato de uma planta com estas características ter sido domesticada e se transformado na base da alimentação de metade de um continente atesta o profundo conhecimento botânico dos índios da Amazônia e do norte da América do Sul. Outros produtos incluem batata doce, inhame, milho e abacaxi.

Parque Indígena do Xingu

No Xingu, a maior parte das aldeias fica próxima dos rios

Criado oficialmente em 1961, abrange uma área de 28.000 km^2, o equivalente à área da Bélgica, ao norte do Mato Grosso, em uma região de terras baixas que faz a transição entre o cerrado e a floresta amazônica. Os rios Kuluene, Ronuro e Batovi são os formadores do principal rio que corta o Parque: o Xingu. A iniciativa de criação do Parque partiu do indigenista Orlando Vilas Bôas, cujo objetivo era proteger diferentes grupos indígenas da região, principalmente aqueles que haviam perdido suas terras. Hoje, o Xingu reúne 14 etnias com aproximadamente quatro mil indivíduos, agrupados em cerca de 37 aldeias diferentes. Três grupos lingüísticos podem ser encontrados na área: o Karib, representado pelos Kuikuro, Kalapálo, Matipúhi e Nahukuá; o Tupi, pelos Kamaiurá e Awetí e o Aruak, falado pelos Waurá, Yawalapiti e Mehinaku. Quase todas as aldeias ficam próximas a cursos d'água e as casas são de palha, sempre dispostas em círculos. Há uma grande casa chamada de "casa dos homens", onde eles se reúnem para conversar e tomar decisões. Vinte e oito aldeias do Parque têm escolas, onde as crianças são alfabetizadas com ênfase na valorização da cultura indígena. Todas as aldeias possuem postos de saúde. Uma das principais entidades indígenas do local é a ATIX (Associação Terra Indígena Xingu) que, entre outras atribuições, organiza a vigilância dos 900 km de fronteira da área e coibe a invasão de pescadores e madeireiros.

A produção agrícola vem das roças plantadas pelos índios, o restante da alimentação é por conta da caça e da pesca.

O local abriga animais como onças, lontras, ariranhas, antas, veados, porcos-do-mato e várias espécies de macacos. Peixes como tucunarés, matrinxãs, pacus e traíras fazem parte da dieta diária dos índios. Chove muito de outubro a abril. É administrado pela Funai e uma das principais cidades de apoio é Canarana (MT). A entrada só é permitida com autorização. Informações: ATIX. Fones: (61) 321-3166 ou (65) 478-1948.

OS YANOMAMI

Caçadores e agricultores, habitam há séculos o norte da floresta amazônica, nas cabeceiras dos rios Negro e Branco, no Brasil, e na Venezuela, na região do Alto Orinoco. Yanomami significa "seres humanos". Têm hoje uma população estimada em 26 mil índios, dos quais 11.700 vivem em solo brasileiro. Contatados pelo homem branco apenas no início do século 20, mantiveram seus costumes relativamente bem preservados. Segundo acreditam, seu povo teria origem no cruzamento de Omama, um semideus, com a filha de Tëpërësiki, um monstro que mora no fundo das águas. Urihi, a "terra-floresta", é também o território Yanomami, ou a mata que Omama deu para seu povo viver.
As terras Yanomami, hoje delimitadas, têm cerca de 192.000 km², incluindo partes do Brasil e da Venezuela.
No Brasil, a área é de 96.650 km², a maior terra indígena do país. No final da década de 80, mais de 2.000 Yanomami morreram em função do encontro com garimpeiros, que invadiram suas terras trazendo violência, doenças e alcoolismo. O caso da aldeia Haximu, próxima da fronteira da Venezuela com Roraima, ficou conhecido pela brutalidade do massacre de 16 índios, assassinados por garimpeiros. Há registros de que mais de 30 mil garimpeiros invadiram terras Yanomami nas últimas três décadas.

Yanomami navegam no rio Negro

Os enfeites de madeira são comuns em quase todas as etnias

GLOSSÁRIO

Acará – designação genérica de grande família de peixes da Amazônia. Alguns deles, como o acará-disco e o bandeira, são peixes de aquário muito valorizados.

Aluá – refrigerante feito de farinha de arroz ou milho torrado, fermentado em potes de barro.

Amapá – árvore de cuja casca se extrai um leite com propriedades medicinais, usado no tratamento contra asma, bronquite e outras infecções pulmonares. Também acelera a cicatrização dos ferimentos.

Arrastão – rede que vai até o fundo do rio, puxada por um barco, usada para capturar peixes.

Arribação – diz-se do peixe que sobe o rio para desovar; piracema.

Arumã – planta cujas fibras são ótimas para fazer trabalhos de cestaria, muito procurada pelos índios e artesãos.

Banzeiro – movimento das águas do rio provocado por vento, passagem de barcos ou pela pororoca.

Barcos de recreio – embarcação comercial utilizada para transporte de carga e de passageiros.

Barracão – refere-se ao armazém onde o seringalista guarda a mercadoria vinda da cidade, que vende ou troca com o seringueiro.

Beiju – espécie de bolo arredondado e achatado, de massa de mandioca ralada ou de seu amido, feito no próprio forno ainda quente da farinhada, ou em frigideira, no fogão.

Beiradão – palavra usada pelos ribeirinhos para designar as ribanceiras, partes altas das margens dos grandes rios amazônicos, onde constroem suas casas.

Bicho–folha e Bicho-pau – insetos que parecem gravetos ou folhas e usam do mimetismo para imitar características gerais de seu hábitat e proteger-se de predadores.

Bodó – peixe de escamas cor de cobre; vive grudado em pedras ou madeiras nos rios. É base de um caldo na culinária tradicional amazônica.

Boiúna – ser mitológico com chifres e olhos de fogo que mora no fundo dos rios da Amazônia e afunda os barcos de pescadores.

Brincante – pessoa que brinca num boi-bumbá.

Bumbódromo – local onde se realiza a "Festa do Boi" de Parintins; é dividido nos setores azul, onde ficam os simpatizantes do Boi Caprichoso, e o vermelho, onde ficam os torcedores do bloco do Boi Garantido.

Cachoeira – na Amazônia, o termo é freqüentemente usado para denominar corredeiras.

Cabeceira – lugar onde nasce um rio ou riacho, nascente.

Canarana – gramínea que cresce às margens dos rios, lagos e paranás; desenvolve-se de tal forma, nas águas barrentas, que chega a obstruir as passagens das bocas de lagos e paranás, dificultando a navegação.

Capoeira – vegetação de áreas em regeneração onde a floresta original foi derrubada. É normalmente dominada por espécies pioneiras, como a embaúba e o lacre. Muitas vezes chamada também de floresta secundária.

Caraíba – palavra indígena para homem branco.

Caraná – palha para fazer telhados.

Carapanã – espécie de mosquito de picada irritante; muriçoca. É também o nome de uma tribo de índios Tukano.

Casco – canoa feita de um só tronco de árvore escavado a machado e alargado ao calor do fogo.

Caxiri – bebida alcoólica feita a partir da mandioca fermentada.

Cipó-titica – espécie de cipó usado para cestaria.

Colocação – área escolhida pelo seringueiro, dentro da mata, para fazer sua casa. Não deve ser muito distante das seringueiras onde ele habitualmente coleta látex.

Cobra-grande – cobra legendária, gigantesca, que habita os grandes rios amazônicos.

Contrário – o boi adversário da "Festa do Boi" de Parintins; os brincantes, em razão da rivalidade, recusam-se a chamar o adversário pelo nome, tratando-o apenas por "contrário".

Cuia – fruto da cuieira. Faz-se um vaso - espécie de tigela - do fruto sem o miolo, onde é servido o tacacá.

Cunhã– mulher, em Tupi.

Cunhã-poranga – mulher bonita, em Tupi.

Curare – veneno utilizado pelos indígenas nas pontas de flecha. Usado para abater animais.

De bubuia – flutuando na água, boiando.

Defumação – processo feito para tirar a umidade do látex e matar os fungos, hoje substituído por outras técnicas. O seringueiro fazia uma bola de látex, com o auxílio de uma vara, e deixava-a próxima ao fogo para defumar.

Endêmica – espécies que têm uma distribuição limitada a uma determinada região ou país.

Epífitas – plantas que vivem sobre outras sem prejudicá-las, usando-as apenas como apoio.

Gaiola – barco de borda baixa e superestrutura alta e avarandada. Típica navegação dos rios amazônicos, famosa pelo grande número de redes estendidas em seu interior, onde os passageiros dormem.

Garimpo – na Amazônia, existem os de terra firme e os de aluvião. Nos de terra firme, encontra-se pepitas de ouro, diamantes, pedras preciosas e minérios. Os de aluvião ocorrem nas margens e leitos dos rios e é onde se busca o ouro em pó, misturado à areia e à lama.

Geleiro – barco de pesca que carrega gelo nos porões para que o peixe não estrague.

Goma – subproduto da mandioca, usado para fazer a tapioca.

Jaçanã – pequena ave que costuma viver sobre plantas aquáticas.

Jambu – erva utilizada na culinária da região amazônica, principalmente no tacacá, conhecida por ter a propriedade de "amortecer" a língua.

Jaraqui – peixe abundante no rio Amazonas, comum na alimentação da população de ribeirinhos. É servido em caldeiradas ou frito.

Jaú – é um dos maiores peixes de couro do Brasil. Um adulto pode chegar a 1,5 m e atingir até 120 kg.

Jusante – o sentido em que correm as águas de uma corrente fluvial.

Juta – planta originária da Índia, tem sua fibra usada para fazer tecidos rústicos e estopa. Já foi um importante produto da economia da região amazônica.

Juteiro – individuo que planta e trabalha a juta, vendida a quilo para as indústrias.

Malhadeira – rede de pesca, que se estende nos locais de passagem dos peixes; o caboclo a tece com linha resistente e malhas largas, para capturar peixes de porte médio.

Maloca – aldeia indígena. Também usada para designar casa de habitação índia, que aloja diversas famílias.

Malva – fibra do tipo da juta, de cor mais clara; tem finalidades medicinais.

Manejo – programa que visa o uso de recursos naturais a longo prazo, de forma sustentável, ou seja, de maneira a representar um menor custo ambiental e um maior ganho social.

Maromba – armação de madeira onde se põe o gado durante as enchentes.

Mateiro – homem que conhece muito bem a região de floresta.

Matrinxã – peixe que mede em torno de 25 cm, de carne saborosa, normalmente consumido assado. Também conhecido como jatuarana.

Mimetismo – capacidade que algumas espécies têm de imitar o ambiente onde vivem, por meio da cor ou da forma do corpo.

Moqueado – defumado; carne deixada para secar sobre fogo lento, que produz fumaça.

Muiraquitãs – artefatos talhados em forma de animais que têm sido encontrados no baixo Amazonas aos quais atribui-se a função de amuleto.

Mujica de peixe - espécie de peixe moqueado, cozido com pimenta e beiju.

Mumbaca – folha de árvore usada como prato para comer.

Murta – pequena árvore da qual se aproveita a madeira e a casca, que serve para a indústria de cosméticos.

Nascente – fonte de um curso da água, também chamada cabeceira.

Pacu – peixe encontrado em quase todas as regiões do Brasil. Prefere frutos, mas come quase tudo. Sua carne é muito apreciada pelos ribeirinhos.

Pajé – curandeiro e "feiticeiro" das tribos indígenas.

Palafita – casa construída sobre estacas altas, nos lagos e nas áreas sujeitas a inundações.

Panema – indivíduo que não tem sucesso na caça, na pesca e em qualquer outra atividade.

Piabeiro – pescador de peixes ornamentais.

Piaçava – palmeira cuja base da folha possui fibras utilizadas para fazer vassouras.

Pequi – fruto oleaginoso e aromático do pequiá, usado na culinária.

Piracema – período em que vários cardumes de diferentes espécies de peixes se agrupam e sobem para as cabeceiras dos rios, durante a desova.

Piracuí – farinha de peixe.

Piraíba – o maior peixe de couro de água doce da Amazônia.

Piramutaba – peixe muito comum nos rios amazônicos, semelhante ao bagre, de carne saborosa.

Pirarara – peixe liso, de couro, tem o dorso escuro com faixas amarelas ao longo do corpo; chega a medir até 1,30 m de comprimento.

Poronga – lamparina feita com folha de ferro estanhado, a querosene, guarnecida de um anteparo que não ofusca o usuário e protege a chama do vento. Usada pelos seringueiros, na cabeça, para recolher o látex.

Quiriri – torpor, tristeza.

Ramal – estrada secundária de terra ou picada que dá acesso às árvores de pau-rosa.

Rebojo – redemoinho fluvial.

Regatão – barco de comércio, também usado para festas.

Remanso – refluxo fluvial.

Ribanceiras – Partes altas das margens dos rios amazônicos.

Ribeirinho – habitantes das ribanceiras dos rios, lagos e paranás amazônicos; vivem em casas de palafitas, em função das cheias dos rios.

Roçado – área de aproximadamente 100m^2, onde o caboclo ou índio faz agricultura de curto ciclo, para sua subsistência, plantando mandioca, cará, batata-doce, melancia, melão, jerimum, maxixe, mamão, milho e banana.

Santo Daime – bebida alucinógena feita com a mistura de dois cipós, utilizada em ritual religioso.

Seringueira – árvore de cujo látex se produz a borracha.

Seringueiro – indivíduo que se dedica à coleta do látex, sangrando a árvore e recolhendo o líquido que serve para fazer a borracha.

Socós – pequena ave que vive perto de rios, lagos ou áreas alagadas.

Surubim – denominação comum a vários peixes que apresentam a cabeça grande e longos barbilhões.

Tacacá – espécie de sopa, feita com papa de goma de tapioca, tucupi, pimenta-de-cheiro, alho, sal, camarão seco e jambu.

Tapioca – massa alimentícia extraída da mandioca, que pode ser transformada em farinha ou polvilho.

Toada – composição musical específica para a apresentação do Boi-Bumbá de Parintins.

Tracajá – pequena tartaruga amazônica que ainda faz parte do cardápio dos ribeirinhos.

Tucumã – grande palmeira, provida de espinhos, que produz um fruto oleoso muito apreciado pelo caboclo.

Tucupi – líquido amarelado que resulta da prensagem da mandioca brava. É tóxico se não for cozinhado por, no mínimo, uma hora. Serve de base para o tacacá.

Tipiti – espécie de cesto cilíndrico usado pelos índios para extrair o sumo da mandioca.

Tuxaua – chefe indígena, cacique.

Urucum – fruto do urucunzeiro, de cujas sementes se extrai um líquido vermelho, muito usado pelos índios para pinturas do corpo nas caçadas ou festividades.

Urutu – cestos, geralmente feito por índios.

Vazante – período em que os rios apresentam menor volume d'água.

Voadeira – bote de fibra ou alumínio pequeno e leve movido a motor de popa.

ACRE

ACRE

Localizado no sudoeste da bacia amazônica, o Estado ocupa uma área de 152 mil km^2, da qual mais de 90% ainda é coberta por floresta tropical, o que lhe assegura a posição de um dos estados com menor índice de desmatamento do país. Além de florestas, das quais extrai-se principalmente látex e castanha desde o início do século 20, o Acre abriga tribos indígenas isoladas, o Parque Nacional da Serra do Divisor e a região do Alto Juruá, famosa pela imensa biodiversidade. Estado brasileiro mais próximo ao Pacífico, a 800 km, é ligado ao resto do país por via aérea, por rios e por uma única estrada asfaltada, a BR-364, que segue por Rondônia até o Centro-oeste. É formado por 22 municípios, todos com poucas estradas de acesso. No começo do século 20, seringueiros brasileiros da região lutaram para que o território em que extraíam borracha, então pertencente à Bolívia, fosse anexado ao Brasil. Após conflitos armados, Bolívia e Brasil assinaram o Tratado de Petrópolis, que previa a compra da região por dois milhões de libras esterlinas e o compromisso brasileiro de construir a Ferrovia Madeira-Mamoré, que escoaria a borracha boliviana.

O Acre ganhou projeção mundial por conta do seringueiro Chico Mendes, assassinado em 22 de dezembro de 1988, cuja luta pela defesa da floresta amazônica e pelo direito dos seringueiros de extrair o látex e a castanha mostrou ao Brasil e ao mundo os graves conflitos de terras e a dura realidade da região na época.

Principais atrações

1. Cruzeiro do Sul
2. Casa de Chico Mendes
3. Tecelagem Kaxinawá

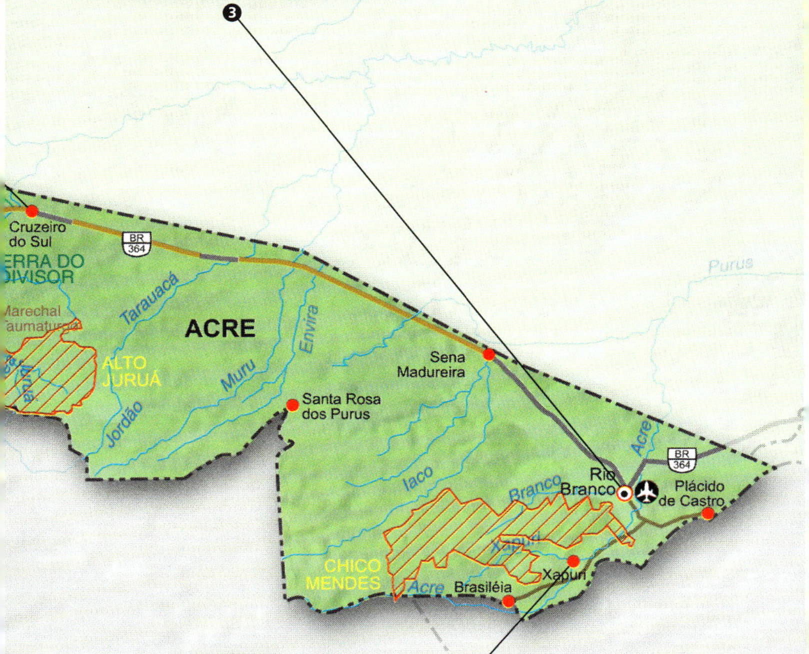

N
O
L
S
0
62
124 km
ESCALA
LEGENDA
Parque Nacional
Reserva Extrativista
Estrada de Asfalto
Estrada de Terra
3
Cruzeiro do Sul
BR 364
ERRA DO DIVISOR
Marechal Taumaturgo
Tarauacá
ACRE
Envira
ALTO JURUÁ
Muru
Jordão
Sena Madureira
Santa Rosa dos Purus
Purus
Acre
BR 364
Iaco
Branco
Rio Branco
Plácido de Castro
Xapuri
CHICO MENDES
Acre
Brasiléia
Xapuri
BOLÍVIA
2

Rio Branco

O rio Acre conecta Porto Velho ao resto da região Amazônica

Porto Velho: 545 km
Xapuri: 190 km
Cruzeiro do Sul: 670 km
Manaus: 1.368 km
228.990
(68)
Secretaria de Turismo,
223-1390 r. 23

A cidade é dividida em dois núcleos - o primeiro e segundo distritos - pelo rio Acre, que sempre foi a principal conexão de Rio Branco com o resto do país. Desde o início do século 20, ele possibilitou o comércio da região com o resto da Amazônia, escoando os produtos até os rios Purus e Amazonas. No período das cheias, o rio Acre é navegável até as fronteiras do Brasil com o Peru e Bolívia.
O centro de Rio Branco concentra atrações como o Museu da Borracha, onde estão as peças arqueológicas e históricas mais importantes do Estado e o imponente Palácio Rio Branco, construído em 1930 e hoje sede do governo estadual. A influência da cozinha paraense pode ser percebida na culinária local, principalmente no tacacá, servido em bancas na praça Plácido de Castro. Rio Branco pode ser acessada por via aérea ou pela BR-364, que liga o Estado ao resto do país.

ATRAÇÕES

Catedral Nossa Senhora de Nazaré

Praça da Catedral, s/n.
Sua construção iniciou-se em 1948 e foi concluída um ano depois. A arquitetura é inspirada no estilo romano-basilical, isto é, na Basílica de São Pedro em Roma. Único templo da região Norte com este estilo, o destaque é

Igreja do centro de Rio Branco

para seu interior, onde estão três naves - espaço interior entre fileiras de colunas que sustentam a abóbada - diferentes, com 36 vitrais coloridos na parte superior e 11 na inferior. A catedral tem ainda um mausoléu que guarda os restos mortais de seus primeiros bispos, Dom Giocondo Maria Grotti e Dom Júlio Mattioli. Ambos vieram da Itália e chegaram ao Acre em 1920.
Um destaque da construção é a "porta santa", feita de cedro rosa - uma madeira nobre que permite um entalhe detalhado -, uma entrada lateral que fica aberta apenas por 12 meses, num período de 25 em 25 anos.

Rainha da Floresta

Av. Getúlio Vargas, 1067.
Fone: 223-5065. Das 8 às 19h.
Fecha aos domingos.
Vende artesanato indígena das tribos Kaxinawá e Apurinã, como colares e pulseiras de sementes de tucumã,

Índias kaxinawá: sustento do artesanato

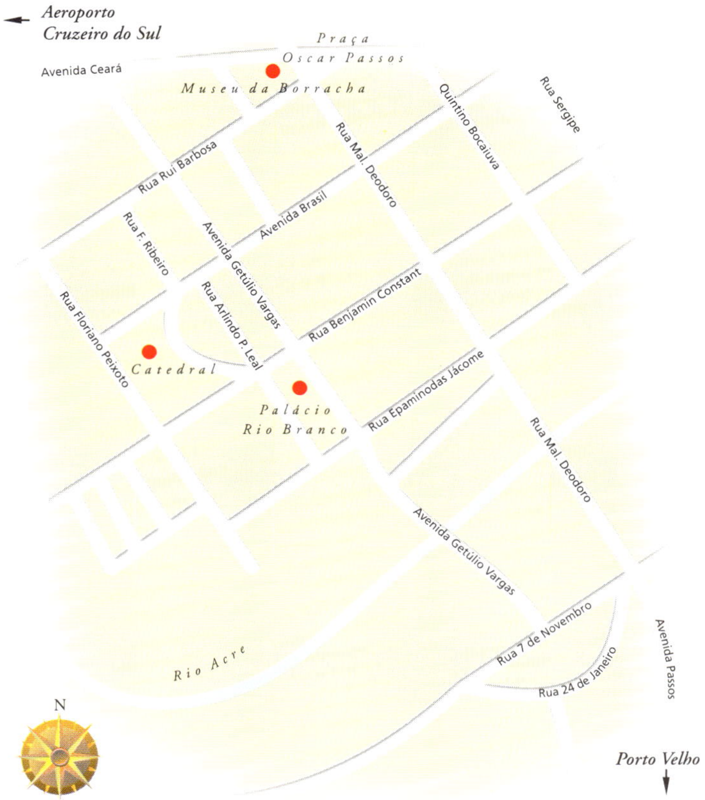

Revolução acreana

Em 1877, começaram a chegar à região migrantes nordestinos à procura de florestas das quais pudessem extrair o látex. Em 1882, o cearense Neutel Maia funda na margem direita do rio Acre, hoje segundo distrito de Rio Branco, em um local onde havia uma grande gameleira, árvore que pode ser vista até hoje, o Seringal Empresa, que prospera rapidamente e transforma-se em um importante povoado.

Em 1899, a região estava sob controle boliviano, que tinha poderes sobre toda a borracha vendida, mas grande parte dos seringalistas no local era formada de brasileiros. Eles não concordavam, entre outras coisas, com o impostos cobrados pela Bolívia. Revoltados, expulsaram o delegado boliviano que vivia na cidade de Puerto Alonso.

Assim, começava a chamada revolução acreana, que resultou na criação do Estado Independente do Acre em 1900. O espanhol Luis Galvez de Arias foi o primeiro governador nesse período, destituído em menos de um ano, quando as tropas bolivianas voltaram a controlar a região. Em 1902, aconteceu outra revolta, mas desta vez os revolucionários contaram com apoio e financiamento do governo do Amazonas. Plácido de Castro, um militar experiente, foi contratado para comandar os seringueiros que entraram na guerra com a esperança de se tornarem donos dessas terras. Sob seu comando, as tropas brasileiras iniciaram a revolução por Xapuri, fechando uma intendência boliviana e depois tomando a cidade de Puerto Alonso.

Oficialmente, o território do Acre só foi reconhecido pelo governo brasileiro em 1904, com a assinatura do Tratado de Petrópolis, quando a Bolívia aceitou a proposta do chanceler brasileiro Barão de Rio Branco e recebeu, pelo território, cerca de 35 milhões de réis. O Brasil comprometeu-se a construir a ferrovia Madeira-Mamoré, que escoaria a borracha da Bolívia.

Em 1904, o antigo povoado do Seringal Empresa foi elevado à categoria de vila e, cinco anos mais tarde, seu nome passou para Penápolis. Em 1913, começa a ser chamada de Rio Branco.

Em 1920, a cidade é elevada à condição de capital do território e depois do Estado.

Madeira-Mamoré, marco histórico

jarina, castanha e guaraná. Tem também produtos agroindustriais, como óleo de copaíba, ervas medicinais, produtos de borracha natural, livros e vídeos.

Espaço Kaxinawá

Av. Ceará, s/n. Das 8 às 22h.
Fecha às segundas.
Inaugurado em 2001, este espaço é destinado a receber os grupos indígenas do Estado e promover shows, apresentação teatrais e mostra de artes plásticas. Aqui são expostas peças indígenas, como cerâmica, bijuterias em semente, cocares e produtos de borracha natural. Desde o ano de 2000, é realizado neste espaço o Encontro de Culturas Indígenas do Acre e Sul do Amazonas. Em 2001, 17 etnias do Estado, somando mais de 200 pessoas, estiveram reunidas para discutir seus problemas comuns.

Igrejinha de Ferro

Rua Colômbia, s/n, Bosque,
4° Batalhão de Infantaria de Selva.
Fones: 224-0510 e 224-4008 r. 111.
Das 9 às 11h30 e das 13h30 às 17h.
Único marco histórico-religioso da Revolução Acreana em Rio Branco, esta capela teria sido idealizada pelo proprietário do Seringal Bom Destino, Joaquim Victor. Diz a história que ele

Pesagem da "pela"; trabalho de uma semana de um seringueiro

fez uma promessa à Nossa Senhora que, em caso de vitória das tropas comandadas por Plácido de Castro sobre os bolivianos, iria construir um monumento duradouro em homenagem à santa.
Com o fim dos conflitos e a anexação do Acre ao Brasil, o seringalista cumpriu a promessa: encomendou chapas galvanizadas pré-fabricadas na Alemanha, trazidas de navio, para construir a capela. O piso original era de ferro, mas hoje é de madeira e, em 1980, a igreja foi transferida do seringal para o atual Batalhão do Exército.

⑪ Museu da Borracha

Av. Ceará, 1441. Fone: 224-6605.
Das 8 às 18h, sábados e domingos das 15 às 19h.

O museu tem um acervo que vai além do ciclo da borracha. Abriga peças de vários períodos históricos que ajudam a contar a história do Acre. Fundado em 1978, foi dividido nos setores histórico, etnográfico, arqueológico e de paleontologia. No histórico, estão peças da época de colonização, tais como armas, mobiliário, principalmente móveis em mogno que estiveram por muito tempo na sede do governo estadual, instrumentos de trabalho do seringueiro, artefatos de borracha, missais e livros de orações em latim. O setor de arqueologia reúne peças inteiras de cerâmica, consideradas muito especiais por arqueólogos, que normalmente só descobrem peças fragmentadas. Encontradas no município de Plácido de Castro, são, na

Museu: história da borracha e do Acre

Carro-de-boi: ainda usado na região para comércio e transporte

maior parte, urnas funerárias em formas de animais ou de pessoas.
Nas salas de Paleontologia, encontram-se fósseis muito antigos, como a parte de um fêmur de preguiça gigante, datado de dois milhões de anos, e uma mandíbula de mastodonte. No setor de Etnografia, podem-se ver armas, cestarias, cerâmicas, adornos e teares que pertenciam aos grupos indígenas Kaxinawá, Ashaninka e Apurinã. Junto a estas exposições estão itens do ciclo da borracha, representados por antigos defumadores, instrumentos de corte e uma série de outros equipamentos.

Palácio Rio Branco

Rua Benjamin Constant, esq. c/ praça Eurico Gaspar Dutra.
Construído em 1930, no governo de Hugo Carneiro, sua arquitetura teve inspiração eclética e art-dêco. Abriga hoje a sede do Governo do Estado e está localizado na praça principal da cidade. Destaca-se por suas quatro colunas frontais e a fachada com revestimento que imita pedras.
O Palácio ocupa uma área de 500 m² e, no ano de 2000, passou por uma grande restauração. Todo o entorno original foi refeito, inclusive com a instalação do chafariz original na praça em frente. No primeiro andar estão o gabinete do governador e o salão nobre. As salas dos andares superiores e algumas no térreo são reservadas para exposições fixas e temporárias.

Parque Ambiental Chico Mendes

Rodovia AC-040, km 03, 9 km.
Fone: 221-1933. Das 7 às 17h30.

Parque Chico Mendes: esporte e espécies nativas

Possui um palco para shows, ciclovia, quadras esportivas e um mini-zôo, onde encontram-se 21 espécies nativas, como cutia, macacos-de-cheiro, zogue-zogue, parauaçu, leãozinho da taboca, cateto, onças pintadas, suçuarana e antas. Outras atrações são a trilha emoldurada por árvores, como a castanheira, cedro-rosa, açaí e paxiúba, um seringal de mais de 200 árvores, réplica de malocas indígenas, esculturas, uma casa típica de seringueiro e um memorial em homenagem a Chico Mendes.

◀ Seringueiro no "ramal" da seringa; pequena rua no meio da floresta

Povo sem fronteiras

Os Ashaninka são conhecidos em várias regiões como o Povo de Arribação, por não respeitar as fronteiras entre Brasil e Peru, caminhando há mais de quatro séculos desde os contrafortes dos Andes até as cabeceiras dos altos rios da Amazônia, principalmente no alto rio Juruá. Os peruanos e brasileiros chamam-lhes de Kampa, mas eles referem-se a si mesmos como Ashaninka, que na sua língua significa "seres humanos" ou "homens verdadeiros". Pertencem ao tronco lingüístico Aruak e sua população nos dois países é estimada em 30 mil pessoas. No Acre, estão pouco mais de 900 indivíduos que ocupam principalmente as cabeceiras dos rios Amônea, Primavera, Envira e Tarauacá. Eles vivem em casas rústicas de madeira e suas roupas são de grossos panos de algodão, tecidos por eles mesmos, que lembram muitas tribos andinas. Esses índios provavelmente migraram da área do rio Ucayali, no século 19, e, como os demais do seu povo, são nômades. São ótimos tecelões e fazem flautas e outros instrumentos musicais, como tambores, violino e batuta, de origem andina, cestas, esteias, colares, pulseiras, chapéus e malas. Sua principal bebida é o piyarentsi - um líquido fermentado extraído da mandioca - que é consumida em festas, junto com a ayahuasca, para celebrar as dádivas de Pawa, principal divindade dos Ashaninkas.

Parque Nacional da Serra do Divisor

Ibama. Rua Jaminaua, s/n, Rio Branco. Fone: 322-3380. ONG SOS Amazônia. Rua Pará, 51, Rio Branco. Fone: 223-1036.

Criado em 1989 e com uma área de 8.430 km^2, o Parque Nacional da Serra do Divisor é o terceiro maior parque do Brasil. Situado na parte mais ocidental da Amazônia, fica a 90 km de barco de Cruzeiro do Sul e se destaca por unir a alta biodiversidade amazônica com a da região andina, apresentando também uma das maiores taxas de endemismo da área.

O Parque abriga importantes grupos indígenas, como os Kaxinawá, Kulina,

O Parque Nacional da Serra do Divisor abriga grupos indígenas, como os Kaxinawá

Filhote de anta: quando adulta, pode chegar a pesar até 320 quilos

Jaminauá, Katunika, Manchineri, Yawanauá, Nukini e os Ashaninka. A parte norte do Parque é considerada a mais bela, pois abriga o rio do Môa, com muitas cachoeiras e paisagens serranas. Na porção sul, cortada pelo rio Juruá, concentra-se a maior parte da população ribeirinha. A proximidade andina pode ser notada pela existência de três cadeias de montanhas de picos pontiagudos, cobertas por floresta tropical e com rios cristalinos e pequenos, diferentes dos rios largos da Amazônia. Há milhares de riachos e igarapés de águas claras ou escuras que alimentam a bacia do Juruá, o maior rio local.

Grande parte das espécies é típica das florestas tropicais com altitude de até 1.000 m e a região serrana abriga as principais espécies endêmicas. Uma das características do Parque é a grande quantidade de morcegos, com alguns exemplares apresentando envergadura de 1,20 m. É também considerado um dos melhores locais para se observar pássaros, com duas trilhas já definidas. De Cruzeiro do Sul, a principal via de acesso é fluvial, pelos rios do Môa, ao norte, ou Juruá, ao sul. O tempo médio da viagem é de 12 horas em barcos ou sete em voadeira. A infra-estrutura ainda é precária, mas o Ibama iniciou a construção de uma sede e tem projetos de melhorar o acesso para algumas áreas.

Flor da família do maracujá

DICAS

Para chegar a Rio Branco o acesso mais prático é via aérea. A cidade é servida por aeronaves da Varig e Vasp. Um táxi do aeroporto até o centro (cerca de 20 km) não sai por menos de R$ 35. Como opção, pode-se usar a linha de ônibus Custódio Freire, sentido centro, que custa R$ 1,20 e tem o intervalo médio entre um e outro de meia hora. Se puder, procure visitar a cidade entre os meses de maio a outubro, quando chove menos.

Cruzeiro do Sul

A cidade está mais próxima do Oceano Pacífico do que do Atlântico

Rio Branco: 648 km
Manuel Urbano: 440 km
Porto Velho: 1220 km
Xapuri: 830 km
67.386
(68)
Prefeitura
322-5961 e 322-2169

Cruzeiro do Sul é banhada por um dos afluentes da margem direita do Amazonas, o rio Juruá. O potencial econômico da cidade se concentra na área florestal. Sua flora é abundante em espécies de valor comercial, incluindo frutos para alimentação e uso industrial, como açaí, andiroba, camu-camu, castanha, urucum, copaíba, cacau, jarina, bacuri e pupunha. Por Cruzeiro do Sul pode-se chegar ao Parque Nacional da Serra do Divisor, que fica a 90 km.
Ao contrário de outras regiões do Acre, a do alto Juruá nunca se destacou pela grande produção de látex, mas os subsídios do atual governo estadual fizeram com que os seringais voltassem a ser uma opção econômica viável para os seringueiros que lá vivem. Outro produto importante é a mandioca, cuja farinha, feita por empresas familiares, é exportada para outros estados. A maior parte das 10 ton/ano exportadas do produto vai para Manaus, além da borracha, madeira e guaraná.
Isolada, a cidade fica a 648 km de Rio Branco, mas só se pode percorrer a única estrada (BR-364) que a liga à capital na época da seca, de junho a setembro, ainda assim com veículos de tração especial. Com isso, o acesso mais garantido durante o ano todo tem sido por barco e avião.

O rio Juruá, em Cruzeiro do Sul

ATRAÇÕES

Casario histórico

Em um breve passeio pelas ruas do centro, pode-se ver casas antigas, construídas quando ainda se instalavam ali os primeiros seringais. O **fórum** da Comarca do Juruá, em estilo neoclássico, tem a fachada e mobiliário do início do século 20. Outra construção interessante é o **cais do porto**, de 1912, erguido em estilo colonial inglês, com arco moldado em ferro fundido na Inglaterra. Já a **catedral de Nossa Senhora da Glória**, uma obra construída em estilo germânico, tem no interior um painel representando a santa de mesmo nome. Residências particulares, datadas de 1906, também merecem ser vistas.

Igarapé Preto

Km 11, estrada do Aeroporto.
É uma praia de areias claras e águas transparentes. Fica próxima ao aeroporto e chega-se até lá por rodovia pavimentada. Outro local próximo é o Banho da Antártica, um balneário que oferece quadras esportivas.

Igarapé Sacado da Alemanha e Canela Fina

10 km de Cruzeiro do Sul pela estrada do aeroporto velho.
São bons locais para banho, pois formam piscinas naturais no igarapé Sacado, de águas escuras e limpas, com areia preta forrando seu leito. Chega-se de carro aos dois locais.

Palmeiras: fonte de renda para a população

Prédio do mercado e a rádio da cidade

Oficina de Marchetaria

Rua Rui Barbosa, 507.
O artista acreano Maqueson Pereira da Silva aprendeu com os padres alemães a arte da marchetaria, incrustando e embutindo peças de madeira de modo a formar complexos desenhos. Ele trabalha com muita habilidade finas lascas de madeira. Seus trabalhos refletem, sobretudo, os temas regionais, incluindo pássaros, flores e borboletas, que decoram quadros e porta-jóias.

Reserva Extrativista do Alto Juruá

Dois a três dias de barco de Cruzeiro do Sul ou 45 minutos de avião chegando à cidade de Marechal Thaumaturgo, com acesso à Reserva via barco.
Uma pesquisa recente de professores de universidades brasileiras, coordenados pela ONG ambientalista SOS Amazônia, concluiu que este é o local de maior biodiversidade da Amazônia. A extração do látex da seringueira é a principal atividade econômica, mas o couro vegetal também é produzido.

Terra Indígena Kampa do rio Amônia, povo Ashaninka

É a tribo mais ocidental do território brasileiro e mantém uma rica tradição cultural, da qual o belíssimo artesanato é o destaque. O acesso é feito por barco de Cruzeiro do Sul ou de avião até Marechal Thaumaturgo e de lá de barco por 6 horas.

DICAS

Há vôos diários entre Rio Branco e Cruzeiro do Sul, com 50 minutos de duração.

Xapuri

Cidade tranqüila com ruas largas e poucos carros transitando

Rio Branco: 190 km
Assis Brasil: 186 km
Senador Guiomard: 164 km
Capixaba: 126 km
11.952
(68)
Secretaria de Meio Ambiente e Turismo, fone: 542-2278

É uma cidade que parece estar ainda no começo do século 20, não fossem os veículos modernos que circulam pelo centro. Nas ruas largas, ainda se pode ver os tradicionais carros de boi, com rodas de madeira, transportando mercadorias. É possível admirar casarões do período do ciclo da borracha, quando a cidade sediava o comércio dos ricos seringais. A cidade, batizada em função de uma tribo indígena já extinta, é a porta de entrada para uma das mais importantes reservas extrativistas do país: a Chico Mendes, com 10 mil km^2. Xapuri passou a ser conhecida internacionalmente a partir de 1988, quando o líder Chico Mendes foi morto e a luta dos seringueiros ganhou a simpatia da opinião pública.
Até hoje, a principal atividade econômica é o extrativismo do látex e da castanha.

Comércio: casas antigas

Na área urbana, há uma praia fluvial chamada de Zaire, que é utilizada no período das secas e a cerca de 1,5 km, encontra-se outra, de nome Inferno.
A cidade fica na margem direita do rio Acre, exatamente na confluência do rio Xapuri, conectando-se a Rio Branco pela estrada da Borracha (BR-317), em um percurso que não leva mais de duas horas.

ATRAÇÕES

Casa de Chico Mendes

Rua Rio Vazari, 487. Fone: 542-2904. Das 7 às 11h e das 13 às 17h.

A casa onde Chico Mendes morou foi tombada e transformada em um museu. É uma construção simples, típica dos caboclos acreanos, que ainda mantém os móveis da forma em que estavam antes do assassinato do seringueiro e as cartas do baralho que os seguranças e Chico Mendes jogavam.

Casa Chico Mendes: hoje abriga o museu

Na casa estão expostos objetos pessoais, diplomas, medalhas, agendas, roupas e fotos históricas. A poucos metros do local, pode-se visitar também a sede da fundação Chico Mendes, que tem o objetivo de dar apoio aos seringueiros, com a ajuda de um convênio entre o governo do Acre e a associação da classe.

Castanha

Cooperativa Agroextrativista.
Rua 6 de Agosto, s/n. Fone: 542-2142.

Maior produtor de castanha do país, o Acre exportou cerca de 12 mil kg do produto em 2000. Desta produção, cerca de 1,5 mil kg provêm das castanheiras do município e são comercializados pela Cooperativa Agroextrativista de Xapuri. Noventa por cento são exportados para outros estados sem beneficiamento e o restante é beneficiado no local. Para mudar este quadro, foi instalada em Xapuri uma usina de beneficiamento que emprega cerca de 60 pessoas. A usina beneficia em média 600 kg de castanha ao dia, o que dá uma média de 13 ton/mês. O beneficiamento se faz primeiramente separando o caroço da casca, depois é feita a catação, para tirar as que não servem, e a desidratação das amêndoas.
Para finalizar, empacota-se a vácuo. Grande parte da produção de castanha do estado vem da reserva Chico Mendes e a coleta é feita nos meses de dezembro

História recente

A colonização de Xapuri começa no final do século 19, com a demanda crescente da borracha por parte das indústrias automobilísticas norte-americanas e européias. Os primeiros imigrantes à procura do látex vinham do Nordeste, navegando pelos rios Xapuri e Acre. Foi próximo à confluência destes dois rios que, na mesma época, o seringal Porto Manso foi instalado. Por volta de 1900, praticamente só havia brasileiros explorando a borracha, mas quem dava as ordens na região era a Intendência Boliviana, que monopolizava a exploração e cobrava impostos sobre toda a produção comercializada. A situação era tensa entre seringueiros e as tropas bolivianas. Em 1902, ocorreu o primeiro conflito armado, quando as tropas comandadas por Plácido de Castro aproveitaram o fato de que bolivianos comemoravam o aniversário de sua revolução para cercá-los e fazê-los prisioneiros. Começava a Revolução Acreana, que iria durar até janeiro de 1903, quando a cidade boliviana de Puerto Alonso foi dominada. Após a expulsão das tropas bolivianas, o seringal Porto Manso se expandiu e, já em 1905, o povoado era elevado à categoria de cidade, hoje Xapuri.

Chico Mendes e a luta dos seringueiros

Desde o começo da década de 70, a política do governo federal para a região amazônica era no sentido de incrementar a pecuária, a indústria madeireira e as lavouras. Muitos pecuaristas vindos de outros estados chegavam ao Acre e compravam ou se apossavam de grandes extensões de terras, transformando a floresta em pastos. Esta política de ocupação afetava

Chico Mendes e a família

diretamente os seringueiros e outros trabalhadores que viviam das matas, impotentes para alterar a ocupação desenfreada. Eles só conseguiam interromper parcialmente a derrubada de árvores quando reuniam-se para fazer os chamados empates. Os seringueiros e seus familiares, de mãos dadas, formavam correntes para impedir o desmatamento ou cercavam o homem que liderava a derrubada e faziam-no assinar um documento em que se comprometia a cessar a ação. Ao todo, foram 45 empates, muitos deles organizados por Chico Mendes, que adquiria inimigos desta forma, mas também mobilizava apoio internacional para a causa dos povos da floresta. Em 1977, Chico Mendes ajudou a formar o Sindicato de Seringueiros de Xapuri e se tornou uma liderança muito respeitada.
Em abril de 1988, ele comandou um empate no seringal Cachoeira, que pertencia a Darly Alves da Silva. Em 22 de dezembro do mesmo ano, o filho de Darly, Darci Alves Pereira, e seus jagunços, mataram Chico Mendes em sua própria casa.
Era a sétima emboscada sofrida por ele, que assim se juntava a um grupo de 30 seringueiros assassinados. Em 1990, Darcy e seu filho foram condenados pelo crime, mas fugiram em 1993 e só foram recapturados em 1996. A repercussão do assassinato e a pressão de organizações ambientalistas fizeram com que o governo federal mudasse a política de desenvolvimento para a região e reconhecesse como legítimas as lutas dos seringueiros. Em 1990, as reservas extrativistas do Alto Juruá e a Chico Mendes foram legalizadas.

Castanha-do-Pará

a março em árvores com mais de 60 m de altura. Nesta reserva, cada colocação, além das seringueiras, tem em média 250 castanheiras.

Museu Casa Branca

Praça Rodrigues de Carvalho s/n.
Fone: 9988-1165. Das 7 às 18h.
Fecha segunda.

Instalado em um típico sobrado de 1909, onde teria funcionado a Intendência Boliviana, este prédio é todo de madeira. Do pavimento superior, tem-se uma boa visão do rio Acre. Seu acervo reúne peças que fizeram parte da história do Ciclo da Borracha, como moedas, equipamentos de seringueiros, armas como mosquetões, usadas na época da Revolução Acreana, livros de anotações dos primeiros seringais, documentos e tijolos feitos na Itália.

O transporte em animais também faz parte do cotidiano do seringueiro ▶

Pelo rio Acre, os comerciantes escoam toda borracha coletada na região

ARREDORES

Comunidade Fazendinha - Seringal Empresa

Ramal Cachoeira, 32 km (15 km em asfalto e 17 em terra), município de Epitaciolândia.

Na comunidade Fazendinha, é possível ver produtos como o látex, a castanha, o açaí e a copaíba serem extraídos. Uma pessoa acompanha os visitantes até um dos seringais e explica todo o processo de coleta do látex. A comunidade possui estrutura com casas, barracões para reuniões, uma cozinha comunitária e uma pousada improvisada - um galpão onde se dorme em redes -, além de um posto de saúde e escola. Nas imediações moram cerca de 75 famílias, que passam hoje por uma experiência inédita de manejo florestal. Na primeira fase deste manejo, dez famílias foram sorteadas e passaram a ter o direito de cortar árvores de valor comercial. Este manejo define que de quatro árvores, tais como maçaranduba, breu e pau-jacaré, da mesma espécie, apenas uma poderá ser cortada pelas famílias.

Seu mercado são as indústrias moveleiras e de artesanato.

O seringal Empresa, que hoje se chama Projeto de Assentamento Extrativista Cachoeira, está em uma área de 240 km², onde cada seringueiro é responsável por três estradas de seringa, cada uma com cerca de 150 seringueiras que atendem a aproximadamente 400 cooperados.

Cooperativa: progresso

Reserva Extrativista Chico Mendes

Rua 6 de Agosto, s/n. Fone: 542-2518.

Criada em 1990, esta reserva abrange uma área de 9.700 km² e abriga 1.250 moradores, espalhados nos municípios de Rio Branco, Xapuri, Brasiléia,

Da floresta para a indústria

Defumação do látex: processo ultrapassado

A produção anual de borracha do Acre é de aproximadamente 2.800 ton, sendo que Xapuri responde por algo em torno de 211 ton/ano. Desde janeiro de 1999, as cooperativas do Acre passaram a se beneficiar da Lei Chico Mendes que assegura um subsídio de R$ 0,40 por quilo produzido. Hoje, um associado da cooperativa vende o quilo por R$ 1,40, em média, e deste total, R$ 0,40 corresponde ao valor do subsídio. Esta lei, aliada a recuperação do preço nos mercados internacionais e à melhora da qualidade do produto, fez com que o setor retomasse o fôlego nos últimos anos. Cada seringueiro trabalha em uma área chamada de colocação, onde há três estradas de seringueiras. Cada estrada deve ter seringueiras para o trabalho de um dia, algo entre 150 árvores, e estas devem ter no mínimo 20 cm de diâmetro para produzirem adequadamente. O rendimento médio é de seis a dez litros por estrada ao dia, em função da distribuição espaçada das árvores de seringa. Após colhido, o látex é misturado com o ácido acético ou o látex de gameleira (caxinguba), para provocar a coagulação. Hoje, os seringueiros da Amazônia já não costumam fazer as "pelas", ou grandes bolas de borracha defumadas - aplicado em varas que eram giradas na fumaça das fogueiras, o látex ficava sólido e a fumaça o deixava resistente contra fungos -, pois este processo implicava em aspirar fumaça tóxica.

Sena Madureira e Assis Brasil. Nesta extensão estão mais de 79 seringais, sendo 27 deles pertencentes ao município de Xapuri. A vegetação é de floresta de terra firme, onde estão árvores como castanheiras e sumaúmas. Aqui chove muito durante o ano todo, mas o primeiro trimestre do ano é considerado o período mais chuvoso. O período de junho a agosto é o mais seco. Nesta época é feita a colheita do látex. No resto do ano, quando a umidade é grande, o seringueiro costuma interromper o corte e iniciar a coleta de castanha e o plantio das roças. Os outros produtos – frutas, óleos, resinas e palmitos – são colhidos ao longo do ano. A reserva Chico Mendes é abundante em frutas, como o açaí, patoá e bacaba, muito apreciadas pelos seringueiros.

O melhor acesso é de barco, seguindo pelo rio Xapuri.

DICAS

Quem estiver em Rio Branco e quiser ir a Xapuri, o ônibus é uma opção prática. Há dois horários ao dia (7h e 13h45). O tempo do percurso é em média de três horas. Ao chegar próximo de Xapuri, mais precisamente nos últimos 12 km, já é possível perceber a importância da borracha para o município, pois no acostamento do trecho final foram plantadas centenas de seringueiras.

AMAPÁ

AMAPÁ

A maior parte do território do Amapá está situada em planaltos cobertos pela Floresta Tropical. O interior é praticamente desabitado e contrasta com a faixa litorânea, constituída de planícies cortadas por lagos e mangues, onde a população está concentrada. Elevado à condição de Estado somente em 1988, o Amapá tem como marca uma demografia essencialmente jovem, com 45% das pessoas na faixa dos 15 anos de idade. Os 476.000 habitantes distribuem-se ao longo de 143.000 km², limitados por ícones fronteiriços famosos como o rio Oiapoque, no extremo norte, ou a remota serra do Tumucumaque, na divisa com o Suriname e a Guiana Francesa. Macapá, onde vive metade da população do estado, é a ligação entre o Atlântico e a Floresta Amazônica. Abriga uma fortaleza da época colonial, construída para proteger a região das investidas francesas que ocorrem ali desde o século 18. Dependente em grande parte da exploração mineral, principalmente do manganês da Serra do Navio, a partir da década de 50 a economia do Amapá tem sido levada a transformações que ampliaram sua base produtiva. Com enfoque em setores como extrativismo vegetal, pesca e exploração madeireira, há sete anos o Amapá vem se orientando de acordo com princípios de sustentabilidade ambiental e melhoria da qualidade de vida dos povos da floresta. Além das reservas indígenas com população total de 4,5 mil índios, as belezas naturais do Estado são resguardadas em áreas de conservação como o Parque Nacional do Cabo Orange e a Reserva de Desenvolvimento Sustentável de Iratapuru. Com 98% da floresta do território preservada, o Amapá está despertando para o ecoturismo a partir de um cenário diversificado, que vai desde a pororoca no Rio Araguari, às reservas sustentáveis, cachoeiras e danças típicas. É também o primeiro Estado brasileiro a ter todas as terras indígenas demarcadas, somando oito etnias. Todas as crianças indígenas freqüentam escola bilíngüe, onde aprendem sua língua original e o português. Já nas escolas públicas, a segunda língua é o francês, reforçada pelo intercâmbio cultural e econômico entre os amapaenses e a população da Guiana Francesa.

Principais atrações

❶ Macapá
❷ Buritizais
❸ Ilha de Maracá

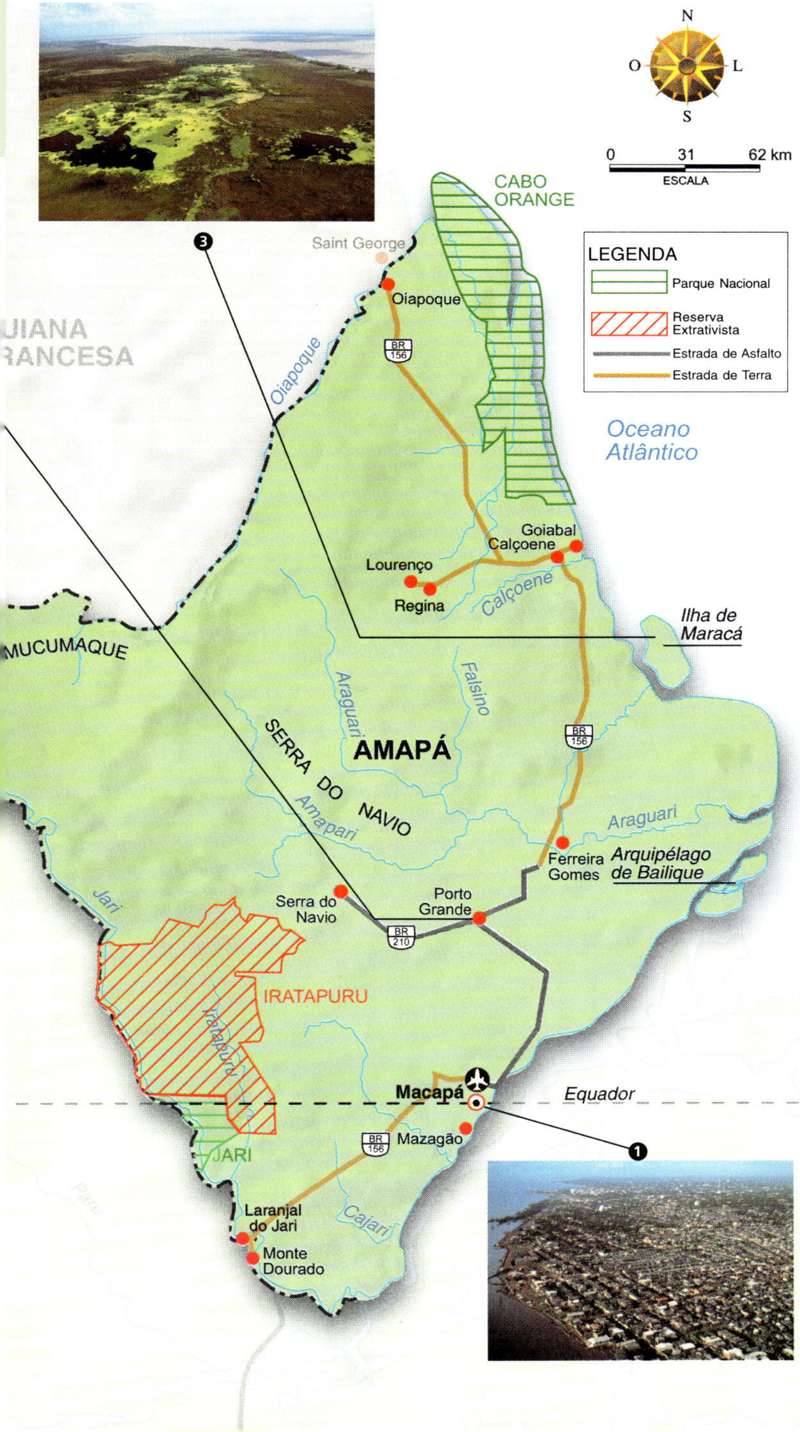
N
O
L
S
0
31
62 km
ESCALA
CABO
ORANGE
LEGENDA
Parque Nacional
Reserva
Extrativista
Estrada de Asfalto
Estrada de Terra
Oceano
Atlântico
3
Saint George
Oiapoque
BR
156
Oiapoque
UIANA
RANCESA
Goiabal
Calçoene
Lourenço
Regina
Calçoene
Ilha de
Maracá
MUCUMAQUE
Araguari
Falsino
SERRA
DO
NAVIO
AMAPÁ
Amapari
Araguari
Ferreira
Gomes
Arquipélago
de Bailique
Jari
Serra do
Navio
Porto
Grande
BR
210
IRATAPURU
Iratapuru
Macapá
Equador
BR
156
Mazagão
1
JARI
Laranjal
do Jari
Cajari
Monte
Dourado

Macapá

Única capital brasileira cortada pela linha do Equador

Belém: 18 h de barco ou 45 min de vôo; **Oiapoque:** 532 km; **Calçoene:** 326 km; **Manaus:** 2 h de vôo
282.745
(96)
Detur,
212-5335

Cidade do Marco Zero e da Fortaleza de São José, Macapá tem história voltada para os tempos coloniais, quando portugueses, holandeses e franceses lutavam para se fixar no território. Foi o primeiro núcleo de colonização portuguesa no extremo norte do Brasil, fundado em 1738. Está localizada na margem esquerda do rio Amazonas. A cidade concentra quase dois terços da população do Estado. É o centro dos projetos de desenvolvimento sustentável do governo estadual, onde são encontrados produtos de castanheiros, coletores de açaí, pescadores e artesãos. Os museus e centros de exposições revelam a riqueza do conhecimento tradicional, refletidos na produção indígena ou na ciência das parteiras da floresta. O nome do município é originado do vocábulo Tupi "Macapaba", que significa estância das bacabas, fruto da bacabeira, a palmeira nativa mais comum na região.

Linha do Equador: latitude zero

ATRAÇÕES

Casa do Artesão e Casa do Índio

Av. Azarias Neto, s/n, centro.
Fone: 212-9156. Abre diariamente, das 8 às 22h. Gratuito.

É o maior centro de exposição e comércio do artesanato amapaense. Os atrativos são os artefatos indígenas dos povos Waiãpi, Karipuna, Palikur, Galibi, Apalaí, Waiana, Tirió e Kaxuiana. As peças são confeccionadas em vime, madeira, argila, fibra vegetal, sementes e penas.

História secular

Em 1713, Portugal e França assinam o Tratado de Utrecht, estabelecendo o rio Oiapoque como limite entre o Brasil e a Guiana Francesa. A disputa pelo território do Amapá, no entanto, durou mais de dois séculos, devido ao interesse pelos recursos – madeiras, resinas, frutos, óleos vegetais, peixes e minérios – da região. Em 1750, Portugal estimula a vinda de migrantes – principalmente açorianos e marroquinos – e inicia a ocupação do território ao fundar as primeiras missões jesuítas e franciscanas. A Fortaleza de São José do Macapá, datada de 1764, é a principal construção daquele período. Em 1841, o Amapá torna-se área neutra para discussões territoriais entre Brasil e França. A descoberta de ouro em 1893 na Bacia do Calçoene aumenta as invasões na região. O governo da Guiana Francesa chegou a desviar a coleta do mineral ao seu território. O Brasil só tomou a posse definitiva do local em 1900, quando a área situada entre o Oiapoque e o Araguari foi incorporada ao que é hoje o Estado do Pará. Em 1943, sob o pretexto de tentar desenvolver a região, o Governo Federal transformou aquelas terras em Território do Amapá, com capital em Macapá. Finalmente, em 1988, a Constituição Federal elevou Amapá à categoria de Estado.

Ribeirinhos no rio Oiapoque

A Fortaleza é um ícone da arquitetura militar e Patrimônio Histórico Nacional

Fortaleza de São José

Av. Beira Rio, centro. De terça a Domingo, das 8 às 18h. Fone: 212-5118. Entrada gratuita.

Patrimônio Histórico Nacional, a Fortaleza de São José do Macapá foi erguida por negros e índios escravos entre 1764 e 1782. É um dos marcos mais importantes da arquitetura militar da América Latina. Embora nunca tenha feito parte de combates, foi construída estrategicamente na foz esquerda do rio Amazonas para abrigar e defender a população e manter a segurança do território, além de permitir o comércio exclusivo de especiarias, como pimenta e canela, do sertão com a metrópole. Está a 18 m acima do nível da água e, em seu interior, encontra-se um paiol de pólvora, hospital, praça de armas, capela, armazéns e casamatas, alojamentos dos soldados. Está em processo de restauração. Possui galeria de arte, restaurante e guias para visitação.

Marco Zero

Rod. Juscelino Kubitschek, km 2, bairro Zerão. Fone: 241-1951. Acesso gratuito.

O monumento do Marco Zero está localizado exatamente sobre o Equador, linha imaginária que divide os hemisférios Norte e Sul da Terra. É o melhor ponto de Macapá para observação do equinócio, fenômeno natural que ocorre nos dias 21 de março e 23 de setembro. Nessas datas, dias e noites têm a mesma duração, pois os raios solares incidem em direção ao Equador e, portanto, a luz é distribuída uniformemente entre as partes norte e sul.

No bairro Zerão há uma curiosidade: a linha de meio campo do estádio de futebol local coincide com o traço imaginário que separa o planeta em dois.

Museu Sacaca de Desenvolvimento Sustentável

Av. Feliciano Coelho, 1509, bairro do Trem. Fone: 212-5342. De segunda à sexta, das 7h30 às 11h30 e das 14h30 às 17h; sábado, das 15 às 18h.

Apresenta, em exposições interativas, os trabalhos realizados pelo Instituto de Pesquisa Científica e Tecnológica do Amapá (Iepa), oferecendo ao visitante a chance de vivenciar as realidades das comunidades tradicionais da Amazônia. Cenários reproduzem as plantas usadas pelas populações locais nos tratamentos de doenças, o processo de produção do açaí, a extração e processamento da castanha e os rituais das parteiras tradicionais que atendem a população do Amapá em locais de difícil acesso.

Na loja do museu, o visitante encontra cosméticos e medicamentos elaborados com produtos da floresta.

Cachoeira de Santo Antônio, no rio Jari, uma das maiores da região ►

Pororoca: águas do mar invadem o rio Araguari

Praia da Fazendinha e Praia de Aturiá

a 16 km e 3 km do centro de Macapá, respectivamente, pela Av. Beira Rio.
Às margens do Rio Amazonas, são as praias mais freqüentadas pelos macapaenses. Fazendinha oferece os variados pratos da culinária regional, baseada em peixes. Aturiá é indicada para a prática do surfe durante todo o ano.

Revoada das andorinhas

R. Cândido Mendes, centro, das 18 às 19h30.
Em janeiro e julho, as andorinhas procuram os lugares mais quentes da Terra, geralmente próximos ao Equador. Nestes meses, as aves são vistas em pleno centro de Macapá.

ARREDORES

APA do Curiaú

Rodovia do Curiaú, a 12 km do centro de Macapá.
A população da Área de Proteção Ambiental, descendente de escravos africanos do século 18, mantém suas tradições

Pororoca: a grande onda que sobe rios

O termo originado do vocábulo Tupi Poróroġ, que significa "estrondar", resume bem o que acontece quando as águas do Oceano Atlântico encontram as do Araguari. O fenômeno é produzido pelo encontro das correntes de maré com as correntes fluviais, durante as luas nova e cheia. Acontece quando as águas da maré crescente tentam invadir o rio, encontrando grande resistência da massa fluvial. Em determinado momento o mar vence, rompendo o equilíbrio, e a onda cresce gigantesca, alimentada pelos ventos, avançando pelo rio. A onda que sobe o rio é tão forte que provoca erosão na sua margem e chega a atingir mais de quatro metros de altura. O fenômeno acontece de 12 em 12 horas nos dias de lua cheia e nova, percorrendo o rio por até 30 km. Apesar de perigosa, a pororoca atrai até surfistas, interessados em praticar o esporte nas ondas que chegam a durar até uma hora e meia, sem interrupção.

Para se observar o fenômeno, é preciso viajar uma hora pela BR-156 até o município de Ferreira Gomes, mais oito horas de barco em direção a foz do Rio Araguari, afluente do Amazonas. A pororoca também acontece no rio Amazonas e em muitos outros de seus afluentes.

O período de maior intensidade do fenômeno é de janeiro a maio e no mês de setembro, sempre nas luas nova e cheia.

culturais, religiosas e econômicas baseada na criação de búfalos em área alagada. As 200 famílias do Curiaú receberam o título definitivo da terra e preservam ali os costumes quilombolas. As casas só podem ser vendidas para pessoas da própria comunidade e grande parte dos nascimentos ainda é realizada em casa, com o auxílio das parteiras. Durante todo o ano realizam-se as festas religiosas de São Sebastião (janeiro), Santa Maria (maio), São Joaquim (agosto), Santa Conceição (dezembro) e a reza da ladainha recitada em latim. Segundo a lenda, o quilombo foi formado há mais de 300 anos por um casal e sete escravos procedentes de Mazagão, no norte da África. Todo fim de tarde, a partir das 17h, assiste-se ao pouso das garças nas árvores e ao transporte de búfalos dentro d'água.

Arquipélago do Bailique

185 km a partir de Macapá em direção à foz do Amazonas (10 horas de barco).

O encontro das águas do Amazonas com o Atlântico forma o Arquipélago do Bailique. São oito ilhas, habitadas por 5 mil pessoas, distribuídas em 38 comunidades. Os moradores vivem da pesca, do extrativismo, da apicultura, da carpintaria naval e da agropecuária. Diversos ecossistemas compõem a paisagem do Bailique: florestas de várzea, campos naturais, igarapés, manguezais e praias. O arquipélago tornou-se atração quando o governo implantou ali a Escola Bosque, cuja arquitetura usa elementos da floresta. O sistema de ensino tem o enfoque nas questões que envolvem o meio ambiente. As crianças vão para a escola de canoa. Os prédios, feitos com madeira da região e palha de palmeiras, abrigam oficinas de carpintaria, artes, confecção de redes de pesca, artesanato e aulas de dança.

Cachoeira de Santo Antônio

213 km de Macapá pela BR-210 até Laranjal do Jari, mais 40 min de barco pelo Rio Jari.

Possui formato semicircular, apresentando duas grandes quedas d'água que chegam a aproximadamente a 30 m de altura. É considerada a mais bela do Amapá devido ao espetáculo criado pelo contraste com a floresta, onde as árvores chegam a 50 m de altura, e a vegetação que nasceu nas pedras por onde cai a água. A beleza é maior no período da cheia, de fevereiro a julho.

Cachoeira Grande

Entre os municípios de Amapá e Calçoene, a 302 km de Macapá pela BR-156.

Segunda mais importante do Estado, depois da cachoeira de Santo Antônio, é formada por corredeiras sobre formações rochosas que culminam numa queda de médio porte em forma de cascata. As águas cristalinas são propícias para banho.

Maruanum

60 km de Macapá pela BR-210 até Laranjal do Jari.

A região é formada por nove comunidades que produzem o artesanato mais original do Estado. As louceiras do Maruanum, como são chamadas as artesãs, fabricam louças rústicas, manualmente, em barro. As bordas das louças são cuidadosamente lapidadas com penas de aves e fungos secos. Os sucos de frutas regionais nas lanchonetes do local são outra atração.

Vista aérea de Laranjal do Jari, às margens do rio Jari

Marabaixo: homenagem ao Espírito Santo

Marabaixo é a mais importante manifestação folclórica, em homenagem ao Divino Espírito Santo, que acontece anualmente no Amapá. Essa cultura foi trazida por escravos negros no século 18, por isso as danças e músicas são fundamentadas nas batidas dos tambores. Nas comunidades de Laguinho, Santa Rita e Curiaú, a 13 km de Macapá, as festas começam cinco semanas após a Páscoa. No Domingo do Mastro, na Quarta-feira da Murta e no Domingo da Santíssima acontece o Marabaixo de rua. Os participantes do ritual seguem dançando e tocando até o local onde vão buscar a murta – arbusto de aroma agradável que serve para afastar maus presságios. Os festeiros empunham as ramagens da planta e carregam as bandeiras do Divino Espírito Santo e da Santíssima Trindade. Por mais 18 dias, a partir deste ritual, são rezadas ladainhas em frente a um altar ornado com fitas, velas e coroas de prata.

Reserva de Iratapuru

Cerca de 37 famílias estão diretamente envolvidas com as atividades da Cooperativa Mista de Extrativistas do Iratapuru, no oeste do Amapá. Ali, a massa da castanha coletada vira biscoito e óleo para exportação em uma fábrica instalada com apoio do governo estadual. Os produtos fazem parte do cotidiano das comunidades: os biscoitos, por exemplo, estão no cardápio da merenda escolar da rede pública. A vila dos castanheiros localiza-se dentro dos limites da Reserva de Desenvolvimento Sustentável do Iratapuru, a uma hora da Cachoeira de Santo Antônio. Para se chegar lá, é necessário seguir de carro - seis horas de viagem - até Laranjal do Jari, que fica a 10 km da cachoeira. De lá, pega-se um batelão -voadeira maior, com casco de madeira -, que leva cerca de uma hora para chegar a São Francisco do Iratapuru.

Castanha-do-Pará: exportada para a França para a produção de óleo

Projeto Jari: o maior e mais polêmico

Vista da fábrica de celulose e da Vila Vitória, do outro lado da margem

Pensando numa possível escassez de papel no futuro, o milionário norte-americano Daniel Ludwig comprou, na década de 70, uma área de 10.000 km^2 nas margens do Rio Jari - 500 km a oeste de Belém - para produzir celulose, caulim e arroz em grande escala. Uma área gigantesca foi desmatada e a fábrica de celulose, junto com a usina termelétrica, vieram navegando do Japão.

Aproximadamente 30 mil empregados foram requisitados para trabalhar na cidade planejada de Monte Dourado e também no município Laranjal do Jari, a 223 km de Macapá. Na época, a cidade de Monte Dourado recebeu escolas, hospitais e estradas.

A gmelina, uma árvore de crescimento muito rápido, foi a principal espécie introduzida. Ela foi atingida por uma praga e não se adaptou aos solos da região, crescendo muito menos do que o que era esperado. Em poucos anos, o Projeto Jari fracassou devido ao insucesso da produção em alta escala da gmelina e à falta de auto-suficiência em matéria-prima da fábrica. É calculado, em valores atuais, que o empresário gastou mais de 20 bilhões de dólares no projeto, que teve prejuízo por mais de 30 anos.

Hoje, a Jari Celulose, pertencente à empresa paulista Grupo Orsa, tenta reerguer o projeto, fazendo o manejo de eucalipto geneticamente melhorado em uma área de 1.500 km^2. Os outros 8.500 km^2 foram repassados ao Estado para criação da Reserva de Desenvolvimento Sustentável de Iratapuru, onde a floresta está preservada.

Monte Dourado

A cidade de Monte Dourado, localizada às margens do rio Jari, na fronteira dos Estados do Pará e Amapá, abriga o Centro de Documentação e Memória, dentro da Fábrica de Celulose do Projeto Jari. A história da cidade é contada na Casa do Jari, residência onde morou o empresário Daniel Ludwig. O local abriga material histórico sobre a história da empresa e peças do artesanato regional. A xiloteca da casa possui uma coleção de 620 espécies com diferentes tipos de fibra, coloração e densidade, um Herbário com 3.513 amostras botânicas e uma coleção de insetos com 2.322 amostras. A atração natural de Monte Dourado fica por conta da Cachoeira de Santo Antônio, com 28 metros de altura. Informações na Prefeitura: (91)3735-3200.

Oiapoque

Colonizada por espanhóis, sofreu influência holandesa, portuguesa e francesa

590 km a norte de **Macapá** pela BR-156.
12,8 mil

Oiapoque, na divisa com a Guiana Francesa, vive da pesca, agricultura e artesanato. E, apesar do ditado "Oiapoque ao Chuí", o município não é o extremo do Brasil. Na verdade, o ponto norte do País é o Monte Caburaí, em Roraima. Entre os atrativos locais estão a **Vila Velha de Cassiporé**, pela BR-156 até o rio Cassiporé, mais 2 h de barco; os passeios de catraia - nome da voadeira local - pelo rio Oiapoque com parada em Saint George, na Guiana Francesa, onde se pode comprar cerâmica típica e produtos franceses e as cachoeiras Gran Roger e Marripá, a 9 km do centro por via fluvial. Outra atração do Oiapoque é a **aldeia Manga**, a 24 km do centro pela BR-156, onde é possível observar como os índios cultivam a mandioca, produzem peças típicas e realizam danças com pinturas e plumagens. Para ir à aldeia é necessária autorização da Fundação Nacional do Índio (Funai), pelo telefone 521-1330. Além da Manga, com 600 habitantes, Oiapoque possui as aldeias **Kumarumã**, a maior, com 1,9 mil índios, a **Kumenê**, com 900, e a **Espírito Santo**, com 400.

O rio Oiapoque

Parque Nacional do Cabo Orange

Criado em 1980, o Parque abrange uma área de 6.190 km^2 no extremo norte do Amapá, próximo à baía do Rio Oiapoque que, neste trecho, separa o Brasil da Guiana Francesa. Situado nos municípios de Calçoene e Oiapoque, tem a vegetação marcada por florestas de terra firme e pela planície flúvio-marinha de Macapá-Oiapoque, com áreas planas de

História do Oiapoque

O primeiro conquistador a chegar na região de Oiapoque foi o navegador espanhol Vicente Yanez Pinzon, em 1500. Mas várias investidas territoriais de ocupação e posse foram promovidas por holandeses, franceses e portugueses. Pinzon revelou os potenciais do local: rico em exuberância natural, posicionamento estratégico e possível existência de jazidas minerais, o que trouxe os exploradores para a região. A descoberta de ouro nas cabeceiras dos rios Cuanarr e Sikini, do lado francês, e do Rio Cassiporé, do lado brasileiro, em meados de 1890, intensificou a entrada de estrangeiros. Com a febre do ouro, os povos indígenas deste lugar foram expulsos ou escravizados, como os da tribo Waiãpi, que deu nome ao município. As invasões atingiram o Rio Araguari, na parte central do Estado, resultando na questão do Contestado, entre Brasil e França. A soberania no extremo Norte só foi conseguida em 1900, incluindo tanto a população civil quanto os povos indígenas Galibi, Karipuna e Palikur, com intensa presença na política local. Em maio de 1945 foi criado o município do Oiapoque.

restingas e grandes manguezais, sujeitos a inundações freqüentes pelas águas do mar.

Tartaruga-da-Amazônia

O Parque abriga o Rio Caciporé que, ao ser invadido pelas águas do oceano, causa o fenômeno da pororoca. Nas partes mais altas do Parque estão grandes campos e, a oeste, áreas de cerrado e matas de galeria. Os mangues ocupam uma faixa de 10 km de largura e apresentam alta taxa de salinidade, onde se pode encontrar plantas como a siriúba, mangue-vermelho e o mangue-amarelo, além de ninhais com aves cada vez mais raras no Brasil, tais como os tuiuiús, marrecas, colhereiros, flamingos e guarás. Os répteis incluem tartarugas e jacarés, principalmente o açu. Nos campos repletos de gramíneas pode-se observar buritis, canaranas e o capim-arroz. Aqui também é um dos poucos lugares do mundo onde se pode encontrar tanto o peixe-boi marinho como o de água doce. Entre os mamíferos, destacam-se as queixadas, catetos, onças-pintadas e suçuarana, além de macacos como o guariba e o macaco-de-cheiro. Chove muito, principalmente entre os meses de março a maio. Próximas ao Parque, ficam as reservas indígenas dos Juminá, Galibi e Uaça.

Cabo Orange: extremo norte do litoral brasileiro

O acesso ao local é a partir de Macapá, tomando a BR-156 até o Rio Caciporé (são quase 500 km), onde pega-se uma voadeira em sentido ao povoado de pescadores de Vila Taperepá, no extremo sul do Parque. Há uma estrutura recente de visitação que inclui a sede do Parque e uma casa para hospedar 15 pessoas. Fones: 214-1116 e 214-1102.

AMAZONAS

AMAZONAS

O Amazonas, maior Estado brasileiro, com 1 milhão e 578 mil km², abriga 25% da população indígena do país e tem a maior parte seu território coberta pela floresta amazônica. É cortado pelo Amazonas, o rio com maior volume de água do planeta, que muda constantemente a paisagem das regiões ribeirinhas com suas enchentes, entre os meses de fevereiro e junho. Outro grande curso de água que corre no Estado é rio Negro, que acolhe dois dos maiores arquipélagos fluviais do mundo, o de Anavihanas e Mariuá.
Ao norte do Estado está localizado o Parque Nacional do Pico da Neblina, onde estão os dois pontos mais altos do país: o Pico da Neblina e o 31 de Março. O Amazonas também é berço de uma das maiores áreas protegidas do mundo, formada pelo Parque Nacional do Jaú e as Reservas de Mamirauá e Amanã.
Também é nesse Estado que acontece uma das maiores festas populares do Brasil, o Festival do Boi de Parintins. Nos últimos três dias de junho, mais de 100 mil pessoas de todo o país vão à cidade assistir à disputa entre os bois Garantido e Caprichoso.
Em torno da natureza local estão projetadas lendas regionais, como, por exemplo, a do boto-cor-de-rosa, que, segundo a tradição popular, engravida as moças solteiras para depois desaparecer, ou a do curupira, habitante das florestas, que protege as árvores e os animais, enganando os caçadores com armadilhas.
A exploração da borracha foi a responsável pela riqueza da região nos primeiros anos do século 20, assim como pela rápida decadência econômica que se seguiu à concorrência internacional dos seringais das colônias inglesas e holandesas no Oriente. O Estado só retomou o crescimento a partir de 1950, por meio de incentivos federais. Com a criação da Zona Franca de Manaus, em 1967, a industrialização chegou ao Amazonas.
O principal meio de transporte do Estado é o barco e uma das únicas estradas rodáveis que abriga é a BR-174, que liga Manaus a Roraima.

Principais atrações

1. Teatro de Manaus
2. Festa do Boi em Parintins
3. São Gabriel da Cachoeira

N
O
L
S
0 112 224 km
ESCALA
LEGENDA
Reserva de Des. Sustentável
Parque Nacional
Estrada de Asfalto
Estrada de Terra
RORAIMA
Pico da Neblina 3.014m
Pico 31 de março 2.992m
Cucuí
BR 307
PICO DA NEBLINA
Morro dos Seis Lagos
São Gabriel da Cachoeira
Santa Isabel do Rio Negro
Barcelos
Negro
Arquipélago de Mariuá
BR 174
Presidente Figueredo
Balbina
Arquipélago de Anavilhanas
Manaus
Amazonas
Silves
Parintins
Itacoatiara
Autazes
Manacapuru
Japurá
AMANÃ
AMIRAUÁ
Tefé
JAÚ
Solimões
Coari
AMAZONAS
Juruá
Purus
Coari
BR 319
Madeira
Jari
Tabapuá
TRANSAMAZÔNICA
Lábrea
RODOVIA
BR 230
Acre
❶
❷
❸

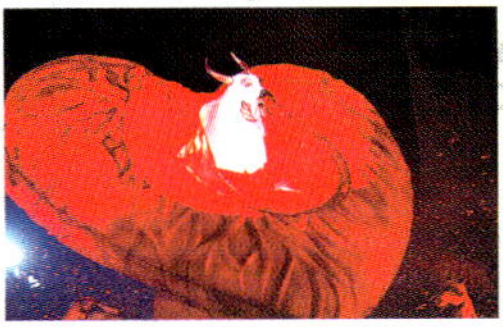

Manaus

Região central de Manaus com o rio Negro ao fundo

Boa Vista: 785 km
Rio Branco: 1.445 km
Porto Velho: 830 km
1.403.796
(92)
Emantur, 633-2850 e 232-4503. Manaustur, 654-3266

É a capital do maior Estado do Brasil e, ao lado de Belém, é o centro econômico e educacional da região Norte. Está situada às margens do rio Negro que, a 10 km de seu porto, une-se ao Solimões e forma o Amazonas. Manaus foi a segunda cidade do Brasil a ter luz elétrica, em função do auge do ciclo da borracha vivido na região no início do século 20, quando era chamada de "A Paris brasileira". A riqueza que o ciclo trouxe ao local ainda pode ser percebida em construções como o Teatro Amazonas, o Prédio da Alfândega e o Mercado Municipal.

Zona Franca: produtos isentos de taxas

Hoje, a cidade oferece ao visitante valiosas oportunidades de expandir o conhecimento sobre a região, por meio de instituições como o INPA, Instituto Nacional de Pesquisas da Amazônia, o Centro Cultural Palácio Rio Negro, que mantém uma vasta exposição de amostras da cultura regional, além de museus e sedes de organizações não-governamentais.
Manaus abriga a Zona Franca, um complexo de indústrias e lojas que fabricam e vendem produtos isentos de taxação fiscal. Grande parte dos aparelhos eletrônicos fabricados no Brasil, como televisões e rádios, é feita no local.
A cidade é o centro do transporte da região, de onde saem barcos e vôos para a maior parte dos municípios da bacia do rio Amazonas. Para quem está no local por poucos dias e não pode se deslocar para os lugares mais isolados da floresta, é possível fazer excursões de curta duração nos arredores da cidade, e conhecer, por exemplo, o Encontro das

Águas e o Parque Ecológico Janauari, que oferecem uma pequena amostra da paisagem natural e humana da floresta.

ATRAÇÕES

Bosque da Ciência do INPA - Instituto de Pesquisas da Amazônia

Rua André Araújo, s/n. Fones: 643-3192 e 643-3293. Terça à sexta, das 6 às 11h e das 14 às 16h; sábado e domingo, das 9 às 16h. R$ 2. E-mail: bosque@inpa.gov.br.
Localizado nas dependências do INPA, o bosque é um pequeno parque, com trilhas entre árvores nativas da região, habitadas por aves, como araras, e mamíferos, como preguiças, cutias e várias espécies de macacos. O Laboratório de Mamíferos Aquáticos do Instituto mantém no local um tanque com peixes-bois em cativeiro. Os animais são trazidos por moradores da região, que geralmente os encontram debilitados ou filhotes, e são reabilitados no local. São desenvolvidas pesquisas sobre a reprodução, alimentação, preferência alimentar e outros aspectos do peixe-boi. Um dos destaques do Bosque é a Casa da Ciência, que tem uma amostra de todas as linhas de pesquisa do INPA: beneficiamento de couro vegetal e outros produtos da floresta, exploração sustentável de madeira, plantas medicinais, entre inúmeros outros projetos. No Bosque, o visitante, em determinados dias e horários da semana, é conduzido por crianças que fazem parte do projeto Pequenos Guias, desenvolvido há mais de dois anos no local. O projeto educa crianças do primeiro grau sobre os aspectos ambientais da região e as habilita para guiar os visitantes em seu passeio. É possível comprar publicações do INPA e artesanatos, que são vendidos em uma pequena loja no Bosque. Afastado do centro da cidade, uma alternativa para chegar ao local é pegar o ônibus 517, do centro da cidade, ou qualquer outro dos inúmeros que passem pelo INPA.

Palácio Rio Negro: sede do governo até 1985, quando foi transformado em Centro Cultural

Herbário do Inpa

Com uma coleção de 200.000 espécies botânicas catalogadas, é considerado um dos maiores acervos de plantas da Amazônia. Criado em 1954, o Herbário tem sua coleção aberta para pesquisadores e, desde que foi fundado, vem contribuindo para pesquisas em ecologia, agronomia, taxonomia e outras áreas. É aberto à visitação.

Centro Cultural Palácio Rio Negro

Av. Sete de Setembro , 1546, centro. Terça à sexta, das 10 às 17h; sábado e domingo, das 16 às 21h. Fone: 633-2850. Gratuito.
Construído para servir de residência ao comerciante alemão Waldemar Scholz, em estilo neo-barroco, foi comprado pelo governo do estado em 1918 e serviu de sede para o executivo até 1985, quando foi transformado em um Centro Cultural. Hoje, o complexo abriga cinco espaços, que oferecem diferentes exposições, peças teatrais, shows e cursos. O **Ercam**, Espaço de Referência Cultural do Amazonas, mantém uma mostra etno-antropológica sobre a região. Em diferentes dias da semana, o espaço faz demonstrações da fabricação da farinha, biju e tucupi, confecção de objetos trançados pelos índios Saterê Mawê, defumação da borracha e outros costumes regionais. Um guia conduz o visitante por um barco da região, exposto em uma varanda fora da água, uma casa de caboclo, uma

Colonização portuguesa

Em 1669, o fortim de São José do Rio Negro foi construído para consolidar a colonização portuguesa ao longo do rio Amazonas. Em 1856, nasceu em torno do local o povoado de Lugar da Barra, que passou a se chamar Manaós, nome da tribo indígena que ocupava a região. Manaós cresceu e deu origem à atual Manaus, que se desenvolveu a partir da riqueza trazida pela exploração do látex entre 1890 e 1910. Nessas duas décadas, a cidade urbanizou-se aceleradamente em função dos investimentos promovidos pelos barões da borracha e pela habilidade administrativa do governador Eduardo Ribeiro, que coordenou obras como a do Teatro Amazonas, das largas avenidas e do sistema de esgoto municipal. Em 1899, Manaus era a primeira cidade brasileira a ter bondes elétricos. A partir de 1910, a produção da borracha entrou em declínio e a cidade, aos poucos, foi empobrecendo e viveu uma estagnação em seu crescimento até 1966, quando a Zona Franca foi criada e deu novo fôlego à economia local. Inúmeras indústrias de equipamentos eletrônicos instalaram-se e, na década posterior à sua implantação, o número de habitantes na cidade dobrou de 250 mil para meio milhão de pessoas. Em 1976, um aeroporto internacional foi inaugurado e o porto, que hoje sustenta uma estrutura de metal flutuante capaz de suportar a variação de até 14 m no nível do rio, foi remodelado.

Teatro Amazonas: exemplo do poderio dos Barões da Borracha ▶

1896
EDUARDO G. RIBEIRO

maloca e uma casa de farinha. A **Pinacoteca** mantém um acervo de mais de 350 obras de artistas brasileiros, especialmente amazonenses, como Manuel Santiago e Hahnemann Bacelar.
O **Centro Cultural** preserva uma exposição permanente de peças de mobiliário e decoração do Palácio Rio Negro, quando sede do governo do Amazonas, exibindo exposições temporárias. Aos sábados e domingos, há sempre peças de teatro e shows gratuitos, entre as 17 e 19h. Todas as terças, quartas e quintas, entre 10 e 14h, acontece uma visita teatralizada ao local, com atores caracterizando os personagens históricos do início do século 20.
O **Museu-Biblioteca da Imagem e do Som** possui um acervo de fotografias, documentários e livros, oferecendo três salas de vídeo e internet que podem ser usadas gratuitamente. O **Museu de Numismática** guarda uma extensa coleção de cédulas e moedas. O complexo cultural conta com guias que conduzem os visitantes em espanhol, português e inglês.

Encontro das águas

Rio Negro e Solimões, 10 km de Manaus.
Os dois principais tipos de água dos rios Amazônicos podem ser observados quando o rio Negro e o Solimões unem-se para formar o Amazonas. O Solimões é um "rio de água branca", lamacento, com muita matéria em suspensão. O rio Negro é mais escuro, lembrando a cor do chá preto. Ambos convergem perto de Manaus e a água é dividida em duas cores por cerca de 10 km. Os dois rios não se misturam por causa de suas diferentes densidades, temperaturas e velocidades. Em um banho no local, é possível perceber a diferença de temperatura de até cinco graus entre a água preta, mais quente, e a barrenta. Não raramente, dezenas de botos nadam e saltam próximos ao encontro das águas. Várias companhias de turismo do centro da cidade organizam passeios para o local.

Complexo Praia da Ponta Negra

Estrada da Ponta Negra, s/n.
Fone: 658-4949.
Distante 13 km do centro de Manaus, o local tem um anfiteatro ao ar livre, para shows, espetáculos de dança, ópera e teatro. Localizado às margens do rio Negro, abriga uma praia muito freqüentada pelos moradores de Manaus, um calçadão com restaurantes, pequenas lojas, bares e casas noturnas. O agito da

As águas correm separadas por 10 km antes de formarem o Amazonas

Praia da Ponta Negra: um dos mais populares pontos de lazer de Manaus

noite da cidade acontece aqui. Um táxi para a praia, a partir do centro, custa em torno de R$ 30. Uma alternativa mais barata é pegar qualquer ônibus que indique "Praia da Ponta Negra".

Museu de Ciências Naturais

Colônia da Cachoeira Grande, estrada do Japonês. Fone: 644-2799. Segunda a sábado, das 9 às 17h. R$ 9, R$ 4,50 para estudantes.

Para todos os gostos

A mandioca e a farinha desempenham um papel vital na região, fazendo parte do cardápio de indígenas, caboclos e moradores das cidades maiores. Não há uma casa de ribeirinhos, à beira dos cursos de água, que não tenha uma plantação de mandioca e uma casa de farinha. Se a família não dispõe de recursos para isso, pelo menos uma das residências do vilarejo tem um forno de torragem e uma prensa, que são usados comunitariamente.

São dois os principais tipos de farinha: a farinha d'água, quando a mandioca é deixada de molho (normalmente já descascada, dentro de canoas nas beiras dos rios) ou a farinha seca, quando o processo anterior não acontece. Primeiramente a mandioca é cevada, depois prensada, peneirada e torrada em grandes panelas de ferro, em cima de um fogão de barro. Quando é prensada, especialmente a espécie brava, faz escorrer um líquido venenoso que, se ingerido, pode matar. Este líquido é fervido por mais de uma hora, transformando-se no tucupi, um caldo amarelo muito utilizado em pratos regionais, como o tacacá. Na produção da farinha, tradicionalmente a mulher raspa e prensa a mandioca e o homem é responsável pela torragem. É possível ver o processo de produção da farinha no Centro Cultural Palácio Rio Negro.

Mandioca: base da culinária

O Museu possui um vasto acervo de insetos regionais, além de mamíferos e aves empalhadas, com referências escritas às características das espécies. O destaque do local é o aquário que abriga vários pirarucus, o maior peixe de água doce do mundo. Há uma loja com artesanato indígena e souvenirs. O Museu foi inaugurado no dia comemorativo aos 80 anos de imigração japonesa e está localizado em uma das três colônias nipônicas em Manaus, em um terreno onde se pretende construir um parque botânico.
Ao lado do Museu está localizada uma escola para filhos de japoneses que estão trabalhando temporariamente em Manaus. Trinta crianças são educadas por professores em seu idioma natal. O local é bastante afastado do centro. Uma alternativa é pegar o ônibus 519 do centro da cidade.

Museu do Índio

Rua Duque de Caxias, 356, centro. Fone: 635-1922. R$ 4. Segunda à sexta, das 8h30 às 11h30 e das 14 às 16h30; sábado, das 8h30 às 11h30.
São seis salas de exposições permanentes de artigos das tribos indígenas do alto rio Negro, como cerâmicas, artigos de pesca, caça e adornos. Algumas das salas possuem representações, em pinturas e esculturas, de malocas e rituais, como o do Pariká, uma droga alucinógena, e o ritual fúnebre de sepultamento dos Tuxauas, líderes das tribos indígenas.

Passeio pelo Centro Histórico

Manaus ainda preserva algumas construções que remetem ao auge do ciclo da borracha vivido pela cidade no início do século 20. A maior parte delas está localizada centralmente e pode ser observada em um passeio a pé. Uma sugestão é começar pelo **Mercado Municipal Adolpho Lisboa**, localizado na rua dos Barés, 46, aberto de segunda a sábado, das 5 às 18h e domingos e feriados das 5 às 12h. Situado à margem do rio Negro, possui uma arquitetura tipo Art Noveau, expressa nas armações de ferro e vitrais importados da França. Foi construído no estilo do já extinto Mercado Le Halle de Paris. Visitá-lo é uma oportunidade de conhecer – e experimentar – a imensa variedade de frutas, ervas, pós e extratos medicinais, vegetais, peixes e farinhas vendidos pela população ribeirinha. O local possui um restaurante, cujos destaques são os peixes, e várias bancas de artesanatos indígena e regional, que vendem artefatos a preços bem mais reduzidos do que os praticados em lojas especializadas.
O Mercado fica ao lado do **Porto de Manaus**, que foi projetado e construído por ingleses e inaugurado em 1902. Dali saem barcos para toda a bacia do rio Amazonas e seus afluentes. Observar o movimento de carga e descarga de alimentos, animais, eletrodomésticos e utilidades em geral, os passageiros que se

Centro histórico: influência da arquitetura francesa

Vitória-régia: pode chegar a 1,2 metro de diâmetro

preparam para a viagem estendendo suas redes no barco, os pilotos tomando banho na beira do rio e a agitação e barulho de um lugar onde centenas de barcos atracam diariamente é um programa que faz parte da visita de quem deseja experimentar o cotidiano da cidade além das atrações turísticas.

Do Porto, são uns poucos quarteirões de caminhada até o **Edifício da Alfândega**, na rua Marquês de Santa Cruz, s/n. A construção, que pode ser visitada das 8 às 13h, é também um dos ícones mais importantes da história do início do século em Manaus. Foi erguida em 1906 e é considerada uma das primeiras obras pré-fabricadas no Brasil, pois seus tijolos e componentes foram importados da Inglaterra. Sua torre, com o farol hoje desativado, servia de orientação para os navios que chegavam e partiam da cidade. Dali, em mais alguns minutos de caminhada, contempla-se o **Palácio da Justiça**, na rua Eduardo Ribeiro, 833, construído em estilo neoclássico e inaugurado em 1900. O prédio já passou por várias reformas, mas todas têm respeitado o estilo inicial de sua construção. Nele está instalado o Tribunal de Justiça do Amazonas, que abriga uma estátua da deusa grega da Justiça que, ao contrário das demais, não possui os olhos vendados.

Perto do Palácio está a **Praça da Matriz**, a principal da cidade. Além de coretos e estátuas, abriga a Catedral de Nossa Senhora da Conceição, padroeira do Amazonas. Se você quiser caminhar mais um pouco, uma alternativa é seguir andando pela rua 7 de Setembro, em direção à prefeitura e ao prédio da Manaustur. Em frente ao local, há uma série de casas antigas bem preservadas.

Reserva de January: acesso pelo rio Negro

Parque Ecológico do January

Rio Negro, 45 min de barco de Manaus.

Destino popular para visitantes que ficam poucos dias em Manaus, abrange uma área de 90 km² com igapós e matas de terra firme. Várias agências de turismo da cidade organizam passeios, que incluem canoagem pelas árvores da região, observação da vitória-régia, abundante em um lago do Parque, e da fauna local. Neste passeio, assim como outros também bastante procurados na região, é comum que crianças se aproximem dos barcos segurando cobras,

Sauim-de-coleira: ameaçado de extinção

jacarés, preguiças e outros animais, pedindo dinheiro para serem fotografadas. Contribuir com a atividade é uma forma de incentivar o deslocamento dos animais de seus ambientes naturais, sem que isso signifique um ganho social efetivo para as populações ribeirinhas.

Parque do Mindú

Rua Perimetral s/n, Parque 10. Terça a domingo, das 8 às 18h. Fone: 236-7702.
Localizado no perímetro urbano de Manaus, foi criado em 1992 com o objetivo de preservar o hábitat do sauim-de-coleira, mico ameaçado de extinção que só existe nos arredores do município. Possui uma área de 330.000 m^2 que abriga trilhas nas matas, biblioteca, centro de informações sobre meio ambiente, anfiteatro e canteiros de ervas com propriedades medicinais e aromáticas, além de um orquidário.

Reserva Florestal Adolpho Ducke e Jardim Botânico

Rua Uirapuru, s/n. Fone: 642-1010, ramal 218. Trilhas ecológicas, de terças a domingos, das 8h30 às 12h e das 14h30 às 16h.
A Reserva estende-se por 100 km^2 à leste de Manaus e abriga espécies de fauna e flora típicas da Floresta Amazônica. Recentemente, criou-se um Jardim Botânico que ocupa 5% da área e oferece 3 km de trilhas - que podem ser percorridas pelo visitante -, além de uma biblioteca, espaço para exposições e eventos e produção de mudas. A área costumava ser uma Reserva contínua e distante da cidade, mas, nos últimos dez anos, está mais próxima a Manaus e suas bordas vêm sendo perturbadas. Para proteger essa porção mais vulnerável próxima à cidade, recentemente criou-se um Jardim Botânico, que ocupa 5% da área e oferece 3 km de trilhas - que podem ser percorridas pelo visitante -, além de uma biblioteca, espaço para exposições e eventos e produção de mudas.

Arquipélago de Anavilhanas, no centro do rio Negro

Teatro Amazonas: construído no final do século 19 e restaurado várias vezes

Teatro Amazonas

Praça São Sebastião s/n, centro.
Fones: 234-0508 e 622-2480. Segunda a sábado, das 9 às 16h. R$ 5. E-mail: teatroamazonas@visitamazonas.com.br.

O teatro é um ícone da riqueza e refinamento trazidos pelos barões da borracha no final do século 19 e início do 20. Sua construção começou em 1896 e todo o material utilizado na obra foi trazido da Europa, com exceção da madeira, retirada da floresta.

O ambiente principal abriga o palco e os camarotes, com capacidade para 681 pessoas, ostentando uma cortina de madeira de 15 m, pintada com a paisagem do rio Negro e Solimões. A peça teve que ser trazida da Europa em um grande navio para que coubesse inteira. A curiosidade é que a cortina não dobra ao ser erguida para as apresentações. Os camarotes são sustentados em 12 mil peças de madeiras nobres, como pau-brasil, jacarandá e carvalho, todas encaixadas sem cola. As colunas de ferro que sustentam o salão foram trazidas da Escócia e são pintadas imitando o mármore. O piso superior, que era o antigo salão nobre, apresenta o teto pintado em perspectiva pelo italiano Domenico D'Angelis. O anjo desenhado ao centro dá a impressão de que está acompanhando o visitante com o olhar, independentemente de onde ele estiver.

O estilo arquitetônico do prédio é eclético, mas a predominância do neoclássico é perceptível. Muitos dos objetos mantidos no local são originais. Desde sua inauguração, foram realizadas cinco reformas. O Teatro tem um calendário com diversas atrações, como peças de teatro e espetáculos de dança, que normalmente acontecem à noite. De junho a dezembro, todas as atividades que acontecem às segundas são gratuitas e, entre abril e maio, realiza-se o Festival de Ópera, com apresentações de orquestras e cantores. O local oferece guias bilíngües para conduzir os visitantes.

ARREDORES

Anavilhanas

Um dos maiores arquipélagos fluviais da Amazônia, lembra um labirinto de aproximadamente 400 ilhas no rio Negro, próximo a cidade de Novo Airão, entre os afluentes Apuaú e Cueiras. O arquipélago fica no nordeste da Amazônia e engloba uma área de 3.500 km² que se estende por 90 km ao longo do rio. Transformado em Estação Ecológica em 1981, abriga centenas de lagos, enseadas, paranás, rios e igapós, que predominam nas ilhas. No local podem-se encontrar palmeiras como jauaris, buritis e bacabas. Os répteis incluem jacaretingas, jacaré-açu, jibóias e iguanas. O peixe-boi, antes muito caçado, é protegido na Estação. O mesmo ocorre com os botos vermelhos, tucuxis, macacos-de-cheiro e macacos-barrigudos. No arquipélago é encontrada ainda uma rica variedade de peixes, incluindo surubins, matrinxãs, pacus e pirarucus. A menor incidência de chuva na região ocorre de junho a outubro, quando as águas podem baixar mais de 10 m, provocando grandes mudanças na paisagem. Nessa época, centenas de praias fluviais surgem ao longo do rio. Como se trata de uma Estação Ecológica, apenas pesquisadores autorizados são admitidos na área. Informações no Ibama. Fone: 613-3277.

Hotel de Selva Juma

80 km a sudeste de Manaus, nas margens do rio Juma. Fone 11. 3872.0362.
Construído sobre palafitas no meio da mata, o hotel possibilita uma imersão na cultura ribeirinha e na paisagem da floresta amazônica: oferece canoagem pelos igapós, na época de cheias, trilhas e pernoite na floresta, focagem de jacarés, visita a casas de ribeirinhos, passeio de barco e observação de aves.

Hotel Ariaú Towers

60 km a nordeste de Manaus, nas margens do rio Ariaú. Fone: (92) 622-5000. Internet: www.ariautowers.com.br.
Próximo ao arquipélago de Anavilhanas, é o maior complexo hoteleiro de selva da região, com 271 apartamentos interligados por passarelas. Possui três piscinas, duas torres de observação e um auditório com estrutura para receber 600 pessoas. Uma praia fluvial se forma de agosto a novembro. Oferece serviços de guias em várias línguas e programas de observação de animais, trilhas e canoagem.

Ilha de Silves: proteção ambiental

Silves

300 km a leste de Manaus.
A cidade de Silves localiza-se na ilha de mesmo nome, entre os lagos de Saracá, Canaçari e Mirituba, rodeada pelos rios Urubu e Itapani. Há 20 anos, a comunidade local vem buscando meios para a defesa de seus recursos pesqueiros e da pesca artesanal, ameaçados pela comercial. Foi criada a Reserva Municipal de Proteção Ambiental, que possibilitou o zoneamento e controle dos lagos da região, e a Associação de Silves pela Preservação Ambi-

Lagos de Silves: manejo controlado pelo município

Mamirauá: maior área de várzea protegida da Amazônia

ental e Cultural (ASPAC), que se uniu ao movimento das comunidades ribeirinhas para voluntariamente fiscalizar e manejar os lagos da reserva. A ASPAC organiza um projeto comunitário de ecoturismo, que oferece aos visitantes trilhas e pernoite na selva, visitas às casas dos ribeirinhos e aos santuários ecológicos dos lagos Paramirim e Purema, organizados pela Pousada Aldeia dos Lagos, que é gerenciada pela própria comunidade. Vinte por cento do lucro líquido da operação do ecoturismo da ASPAC e seus parceiros são investidos no manejo e fiscalização da reserva; o restante é investido na criação de um fundo para a operação da pousada e para dar continuidade às atividades de envolvimento das comunidades ribeirinhas no ecoturismo. É possível ficar em dois hotéis em Silves: a pousada Aldeia dos Lagos (da ASPAC) e Guanavenas Pousada Hotel. Fones: 656-3658 e 656-1500.

Tefé e Reserva de Desenvolvimento Sustentável Mamirauá

516 km a oeste de Manaus. Fone: 343-4160. Email: ecomami@pop-tefe.rnp.br.

É uma cidade que abriga ruínas de missões religiosas do século 19, localizadas na vila de Missões, um pouco afastada do centro, castanhais nativos e o lago de Tefé. Fundada em 1686, é um dos municípios mais antigos do Estado do Amazonas, onde o naturalista Henry Bates, que escreveu "Um Naturalista na Amazônia", passou anos coletando material no local para o Museu de História Natural de Londres. Tefé é o ponto de partida para a Reserva de Desenvolvimento Sustentável Mamirauá, a uma hora e meia de barco de distância.

A Reserva é uma Unidade de Conservação Estadual, possui 11. 240 km^2 e situa-se na confluência dos rios Solimões, Japurá e Auati-paraná. Criada em 1992, foi a primeira reserva desta categoria criada no Brasil e tem como objetivo conciliar a conservação da natureza com o desenvolvimento sustentável de comunidades tradicionais da região. A reserva estabeleceu uma zona de manejo especial para o ecoturismo, localizada no lago Mamirauá, que contribui para sua sustentabilidade econômica. Mamirauá significa, na língua indígena, filhote de peixe-boi. É considerada a maior área de várzea protegida do Brasil e abriga espécies endêmicas como o macaco uacari-branco, o guariba, macaco-prego, macaco-de-cheiro, além de preguiças, jacarés, botos e outras espécies da região. Cerca de 400 espécies de pássaros foram identificadas no local. A reserva possui estrutura de hospedagem - pousada flutuante Uacari, com energia solar, ventilação natural e guias locais. Há vôos diários de Manaus para Tefé e, da cidade até Mamirauá, o transporte é fluvial.

Parque Nacional do Jaú

Situado às margens do rio Negro, entre os municípios de Novo Airão e Barcelos, é o Parque mais extenso do Brasil, abrangendo uma área de 22.720 km^2. Atravessa a área central do estado, chegando próximo ao rio Solimões. Junto com as reservas de Amanã e de Mamirauá, forma um

dos maiores corredores biológicos de Floresta Tropical preservados do mundo, com mais de 67.000 km^2.
A maior parte da área do Parque é composta de matas de terra firme, que ocupam os terrenos mais altos, não atingidos pela inundação dos rios. Nessas matas ocorrem árvores de grande porte, como castanheiras, angelins, maçarandubas e sucupiras. Nas matas de igapós pode-se encontrar diferentes palmeiras, como açaís, jauaris e outras espécies de plantas, como macucus e macacaricuias. Além destes tipos de vegetação, são encontradas no Parque áreas encharcadas de buritizais, campinas e campinaranas.
Os peixes na área são fartos: no rio Jaú foram encontradas quase 300 espécies das cerca de 500 registradas na bacia do rio Negro. São grandes pirarucus, tucunarés, piraíbas, pacus e pirararas. Os jacarés são representados por quatro espécies, incluindo o jacaré-açu, que atinge mais de 5 m. Foram registradas 11 espécies diferentes de quelônios e 460 espécies de aves.
O Parque abriga pouco mais de 900 pessoas, a maioria delas concentrada em comunidades ao longo dos rios Unini e Paunini. Fragmentos de cerâmica e petroglifos encontrados na área foram datados de pelo menos 800 anos, o que mostra que a ocupação humana na região é muito antiga. Sua estrutura de visitas inclui casas flutuantes e um centro de visitantes com alojamentos na entrada do Parque. Os principais pontos de visitação são as cachoeiras do Carabinani, as ruínas de Velho Airão, as praias do rio Negro, cachoeiras do igarapé Preto, as matas alagadas de igapó e as matas de campina e campinarana, além das comunidades ribeirinhas do rio Unini. O acesso ao local só é feito por via fluvial ou aérea. De Manaus até a entrada do Parque, na foz do rio Jaú, gasta-se cerca de sete horas de voadeira. Informações: Ibama. Fones: 613-3277 e 613-9094 r. 229.

➲ Reserva de Desenvolvimento Sustentável Lago do Piranha/ Manacupuru

110 km de Manaus e 25 km de Manacapuru. Fone: 361-2306
www.reservapiranhaam.gov.br
Está situada na margem esquerda do rio Solimões, próximo à foz do rio Manacapuru. Foi criada com o objetivo de proteger o ecossistema de várzea, promover o desenvolvimento sustentável e melhorar a qualidade de vida das populações locais. Possui um hotel flutuante, que trata a água e o esgoto. A Reserva é rota migratória de

Ribeirinhos na Comunidade do Tambor, um dos povoamentos do Parque Nacional do Jaú

aves como a garça branca, jaçanã e o jaburu. É possível fazer a observação de aves, pesca esportiva e trilhas.

DICAS

- Manaus é uma cidade muito espalhada e algumas de suas atrações são afastadas do centro. Andar de táxi o tempo todo pode ser uma opção cara. Uma alternativa é se locomover de ônibus, abundantes para todos os locais da cidade e muito mais baratos. A Secretaria de Turismo e os moradores da cidade são bastante prestativos e ajudam a indicar direções para o visitante. Se o ônibus, mais demorado, for inconveniente, uma terceira alternativa é contratar o serviço de vans, oferecido pelas agências de turismo, que circulam durante todo o dia pelas principais atrações da cidade.
- Ao chegar no aeroporto ou porto, algumas pessoas, principalmente estrangeiras, podem se sentir ameaçadas pela grande quantidade de representantes de hotéis e agências que abordam os recém-chegados para vender pacotes. A maioria deles não representa nenhuma ameaça além do incômodo da aproximação, mas os pacotes que oferecem costumam ser mais caros do que os vendidos no centro da cidade. Procure fazer sua reserva com antecedência, por telefone, ou, melhor ainda, vá até o local para fazê-la. A rede hoteleira de Manaus, com exceção dos hotéis de selva afastados da cidade, raramente fica muito cheia. A Secretaria de Turismo mantém no aeroporto um balcão com a listagem de todos os hotéis, com preços, endereços e direções.
- O táxi do aeroporto para o centro de Manaus custa R$ 35, mas pode ser negociado por R$ 20. Do centro, saem ônibus de meia em meia hora que vão até o aeroporto e custam menos de R$ 2. O percurso demora em torno de uma hora. Se você for pegar vôos regionais, como para Boa Vista, Parintins ou São Gabriel da Cachoeira, o aeroporto correto é o "Eduardinho" - não esqueça de avisar o motorista de táxi ou de ônibus, porque a distância entre os dois aeroportos é grande demais.
- A rodoviária, de onde saem ônibus para Presidente Figueiredo, Boa Vista ou Manacapuru, fica bem afastada do centro da cidade (cerca de meia hora de táxi ou uma de ônibus), portanto conte com este tempo ao planejar seu horário de saída.

Manacapuru: às margens do Solimões

- Se você for a Manaus sem um pacote turístico pré-determinado, pode encontrar um pouco de dificuldade para decidir para onde e com quem ir, dada a grande oferta de operadoras e guias. Ao escolher, certifique-se de que a empresa é filiada a Embratur e faça uma série de perguntas para se assegurar da qualidade do serviço: o guia que acompanha é registrado? Fala outra língua, no caso de estrangeiros? O preço do passeio inclui alimentação e água? O barco tem equipamento de segurança, como salva-vidas? Se uma noite na floresta estiver incluída, o que é necessário levar? Uma boa idéia é procurar outros viajantes que já tenham utilizado os serviços da empresa para se certificar da qualidade.
- Se você for ficar pouco tempo na cidade e tiver que escolher atrações para visitar, o Centro Cultural Palácio Rio Negro é um ótimo lugar para entender melhor as manifestações culturais da região, o Teatro Amazonas é uma das melhores estruturas para se visualizar a importância do ciclo da borracha na região e o Mercado Municipal é um excelente destino para ver as pessoas da cidade.
- Os restaurantes e bares de Manaus, com exceção dos localizados na praia da Ponta Negra, fecham muito cedo. Não espere encontrar muitas opções abertas se sair para jantar depois das 20h.

Cestaria dos Munducuru, da região no Alto rio Negro ►

Barcelos

Fica na margem direita do rio Negro e abriga um dos maiores arquipélagos fluviais do mundo

Manaus: 400 km; **São Gabriel da Cachoeira:** 400 km; **Santa Isabel do Rio Negro:** 250 km; **Boa Vista:** 450 km

24.121

(92)

Secretaria de Turismo e Meio Ambiente, 321-1484

Barcelos é um lugar de superlativos: sua área de 122 mil km² confere-lhe o título de um dos municípios mais extensos do país. Seu entorno abriga um dos maiores arquipélagos fluviais do mundo, o de Mariuá, que em Tupi significa "o braço grande do rio Negro" e lembra um labirinto de centenas de ilhas, espalhadas por 1.400 km².

A cidade fica na margem direita do rio Negro, cujas águas escuras contrastam com as praias de areia branca que atraem muitos banhistas para o local nos meses de setembro a março.

Uma das principais atividades econômicas de Barcelos é a coleta da piaçava, a matéria-prima usada na fabricação da vassoura, junto com o comércio de peixes ornamentais, uma atividade que acabou projetando o nome da cidade em todo o país.

Barcelos é acessada por via aérea - aproximadamente 50 min de vôo - ou via barco, pelo rio Negro, cerca de três dias de Manaus.

Peixes ornamentais: exportação

Igreja Nossa Senhora da Conceição e o centro histórico de Barcelos

Piaçava: rendendo divisas

Usada na fabricação de vassouras

Depois da exportação de peixes ornamentais, a coleta da fibra de piaçava é a principal atividade econômica do município e envolve mais de 600 pessoas em toda a área do rio Negro. A produção anual dessa fibra, que ocorre na base das folhas e é usada para fazer vassouras, geralmente varia de 700 a mil toneladas ao ano. O trabalho de corte da piaçava é árduo, pois requer dias de caminhada na selva fechada, por vezes transportando fardos de até 60 kg. Muitas vezes, o ribeirinho intercala a coleta de peixes ornamentais com a coleta da piaçava, mas em ambos os casos é comum adotar o antigo sistema econômico de aviamento. Neste arcaico sistema, o aviador é o patrão que trata basicamente de adiantar produtos de primeira necessidade - alimentos principalmente - ao empregado e, meses depois, receber a piaçava em troca. Se a quantidade coletada for baixa, pode ocorrer uma troca pura e simples de alimentos pela piaçava, não havendo sequer pagamento em espécie. Ou seja, todo o salário é gasto apenas com a alimentação. A piaçava é beneficiada na própria cidade e segue de barco para Manaus, onde é exportada para outros estados. O preço de uma tonelada, dependendo da quantidade de impurezas, varia entre R$ 500 e R$ 1.000.

Arquipélago de Mariuá com as praias que aparecem na época da seca

Dos trópicos para o mundo

Mais de 700 espécies de peixes conhecidas

Pesquisadores afirmam que a área do baixo Rio Negro é uma das mais ricas em diversidade de espécies de peixes nos trópicos, com mais de 700 conhecidas até agora. O Amazonas exporta em torno de 20 milhões de peixes vivos anualmente, num comércio que chega a movimentar quase três milhões de dólares e tem em Barcelos um dos principais postos de comercialização. Nos vários rios e igapós da região, mais de mil pessoas, diretamente ou indiretamente, trabalham no ramo.
Estima-se que haja 27 espécies diferentes de peixes com valor comercial nas águas do rio Negro, mas os mais procurados são os acarás, acarás-disco, rodóstomos, bodós e cardinais que, sozinhos, respondem por quase 80% das exportações. Os coletores de peixe, geralmente ribeirinhos ou indígenas que moram perto da área pesqueira produtiva, são conhecidos como piabeiros. Eles vão até os riachos e igapós já conhecidos e usam uma armadilha conhecida como cacuri, uma rede fina em forma de funil, para aprisionar peixes como cardinais que, atraídos pela isca, acabam sendo capturados. Outro objeto engenhoso é o rapiché, uma grande peneira usada também para pegar peixes de menor tamanho. Uma caixa de transporte leva entre 800 a mil exemplares, por isso a taxa de mortalidade é alta. Além disso, as grandes distâncias dificultam o transporte - os pontos de captura geralmente ficam a dois ou três dias de barco da cidade. Neste processo há muitos atravessadores e, dependendo da espécie, tamanho e época do ano, um piabeiro pode receber entre R$ 5 a R$ 10 a cada mil unidades do cardinal. Este preço pode subir tanto que, no fim da cadeia, o consumidor pague até US$ 2 por um único peixe. Este mercado milionário tem compradores no Japão, Alemanha, Cingapura e EUA.

"Terra" dos peixes

Um dos primeiros relatos sobre essa região foi feito pelo cronista espanhol Frei Gaspar de Carvajal, em 1542, que escreveu notas impressionadas sobre a abundância de peixes no local. Nos séculos 16 e 17, nas tentativas do governo português de ampliar suas fronteiras nas colônias com a ajuda do exército, estavam incluídas expedições para aprisionar índios. Nesse período, estima-se que existiram mais de 20 mil índios escravos ao longo do rio Negro.

Os missionários eram responsáveis por muitos aldeamentos na beira dos rios. Entre eles, estavam os da missão de Nossa Senhora da Conceição de Mariuá, liderada pelos carmelitas. Construída em 1728, abrigava principalmente os índios Baré, Manao e Baniwa. Em 1755, a Capitania do Rio Negro é criada e três anos depois o povoado é elevado à condição de capital. O nome adotado foi uma homenagem à cidade de Barcelos, que fica na região portuguesa do Minho.

Em 1788, durante a administração de Manoel da Gama Lobo d'Almada, a sede da Capitania do Rio Negro é transferida de Barcelos para o Lugar da Barra, que mais tarde seria a cidade de Manaus. Barcelos fica isolada e, apenas por volta de 1890, quando a região começa a viver o ciclo da borracha, torna-se um centro regional importante. Foi só em 1938 que o povoamento recebeu o título de cidade.

ATRAÇÕES

Artesanato da Jane

Av. Ajuricaba, 134. Fone: 321-1454.
Uma das artesãs mais conhecidas de Barcelos é a simpática Jane Gadelha. Dos índios Baniwa ela aprendeu a técnica de trançar as palhas de arumã e a fazer cestos, tapetes, tipitis, instrumentos de palha usados para tirar a goma da mandioca, peneiras e leques que custam em média R$ 4. Jane costuma tingir o arumã e outras palhas com o cumati, de cor preta, e a goiaba-de-anta, para conseguir o vermelho. Confira os cinzeiros do ouriço da castanha.

Aquário do Projeto Piaba

Av. Ajuricaba, s/n. Fone: 321-1544. Terça à sexta das 9 às 12h e das 14 às 17h, sábado e domingo das 9 às 12h. Ingresso R$ 5.
O aquário é uma mistura de museu e centro de pesquisa, onde se pode conhecer as principais espécies de peixes ornamentais que vivem nos rios da região e ver os utensílios usados pelos piabeiros, os coletores de peixe, na captura. Localizado no antigo hospital da cidade, o lugar é também sede para palestras que divulgam pesquisas e informações sobre gerenciamento de pesca e aspectos sócio-culturais da atividade.

O artesanato é herança dos Baniwa

Centro histórico

Para se conhecer os edifícios históricos da cidade bastam algumas horas de caminhada na rua principal, que segue o curso do rio. A **Igreja Nossa Senhora da Conceição**, construída em 1939, já passou por reformas que a descaracterizaram de seu formato inicial. Ao seu lado, fica o cemitério onde estão enterrados moradores do século 19. Na mesma quadra está um antigo prédio da **Missão Religiosa Salesiana** do ínicio do século 20. Em algumas das salas desta edificação funcionam um albergue, a sede do projeto Piaba e a farmácia popular. A cidade já teve edifícios maiores que

Farmácia de plantas medicinais; são mais de 65 espécies diferentes de ervas

foram destruídos. É dito que, em 1816, o capitão José Joaquim Vitório da Costa, cumprindo ordens do governador da Capitania do Rio Negro, mandou demolir quase todos os edifícios da cidade. No entanto, há a versão mais sensata de que foi o desmoronamento das barrancas do rio que causaram a destruição.

Farmácia Popular Ternura da Natureza

Barcelos dispõe de uma farmácia comunitária, criada em 1995, que já cadastrou mais de 65 tipos diferentes de ervas com propriedades medicinais. Com a sistematização das informações, hoje é possível atender populações pobres que não têm acesso ao sistema de saúde tradicional. As ervas, ou mesmo produtos já em forma de xaropes ou elixires, são doados pela farmácia à população que, em troca, fornece ervas e raízes para o estabelecimento renovar o estoque. Os cinco funcionários do lugar trabalham voluntariamente e muitas vezes são chamados para dar palestras em outros estados.

Das ervas são feitas tinturas, elixires contra diversos males, pomadas e xaropes. A carapanaúba, por exemplo, é usada contra a malária e outras infecções. A sucuba ajuda na recuperação de ossos fraturados e funciona como antiinflamatório; a corama, ou folha da fortuna, serve para fazer xarope contra infecções pulmonares e a pirapara é usada nos casos de picadas de cobra.

Festival do Peixe Ornamental

No mês de janeiro, geralmente no último final de semana, pessoas de todo o

Ajuricaba, o herói dos Manao

Por volta de 1720, cerca de 20 mil índios foram escravizados na região do alto rio Negro. Eles eram levados à força para trabalhar em Belém e São Luís. Os índios Manao eram uma das poucas tribos que se rebelavam contra as tropas portuguesas, chegando a formar grupos armados para resistir. Nessa época, o principal líder da tribo era o cacique Ajuricaba, que conseguiu reunir cerca de 30 tribos da região para combater o inimigo português que invadia suas terras. Eles recebiam armas de fogo e pólvora das Guianas e dos holandeses. Primeiro, Ajuricaba e seus seguidores destruíram os poucos povoados portugueses do médio rio Negro. Em represália, a coroa portuguesa foi impiedosa: uma esquadra destruiu todos os acampamentos indígenas. Preso, Ajuricaba deveria ser levado para Belém mas, próximo do porto, mesmo acorrentado, atirou-se nas águas do rio e, segundo se conta, seu corpo nunca foi encontrado.

O paraíso da pesca esportiva

As estrelas das águas do rio Negro são os grandes peixes que, chamados de esportivos por pescadores experientes, dão muito trabalho ao serem tirados das águas. Muitos chegam a dar saltos espetaculares e são responsáveis pela existência de várias agências de turismo especializadas no Estado. Esse setor atrai perto de dois mil estrangeiros e mil brasileiros ao ano apenas no Amazonas. Felizmente, a consciência ecológica faz com que a maior parte dos pescadores use anzóis sem farpas, soltando os peixes depois de pescados. A principal estrela do setor é o tucunaré - na região já foram fisgados exemplares de números recordes, pesando mais de 12 kg. Durante a temporada de pesca, que vai de agosto a abril, pessoas navegam em barcos adaptados com estrutura para passar dias pescando e conhecendo os meandros desses cursos d'água.
O risco nesse ambiente quase intocado fica por conta dos grandes pesqueiros comerciais, chamados de geladoras. Muitos destes barcos vêm de Manaus e, por vezes, chegam a fechar com suas enormes redes a boca dos rios estreitos. Nesse processo, são capturados peixes de todos os tamanhos, muitos sem valor comercial, que simplesmente são jogados no rio, diminuindo as chances de algumas espécies sobreviverem. Por este motivo, cogita-se a proibição da pesca comercial com grandes redes em determinadas áreas. A idéia do governo é fazer uma espécie de zoneamento, deixando os rios mais piscosos exclusivamente para a pesca esportiva.

O tucunaré é o mais procurado

Estado chegam a Barcelos para ver uma das festas amazônicas mais representativas. De dia, todos aproveitam as praias e o rio e, à noite, em uma passarela conhecida como Piábodromo, o programa é torcer durante o desfile dos dois blocos rivais: Cardinal e Acará-disco, nomes de duas espécies de peixes ornamentais da região. O desafio destes blocos é usar do bailado, das alegorias e da música - um misto de carimbó, ciranda e forró - para contar a saga do piabeiro, que é o personagem mais representativo da cidade. Os blocos, chamados de Peixes, costumam também contar lendas amazônicas, quase sempre envolvendo rainhas, palácios e índios guerreiros. Os ensaios começam geralmente em outubro.
A apresentação começa com uma espécie de mestre-sala, que é o responsável pela apresentação do bloco, seguido pelo caboclo e a cabocla. A porta-bandeira deve ser acompanhada do mestre piabeiro, seguida pelos demais integrantes. Estes, chamados de Cardume, compõem a ala mais numerosa e se apresentam com fantasias de acordo com o tema escolhido. Deve haver ainda uma ala representando a fauna e a flora, outra com índios e outra que represente grupos folclóricos.

DICAS

- Barcelos deve ser visitada de preferência nos meses de setembro a março, quando as praias fluviais estão expostas. A única empresa aérea que serve a cidade é a Rico e há vôos diários, (com exceção de domingos), para Manaus que duram pouco mais de 50 minutos e custam R$ 250. Uma alternativa é chegar de avião e depois, calmamente, descer o rio Negro para, em três dias, chegar a Manaus. Nesses barcos, deve-se dormir em redes e disputar o espaço com outros passageiros. Os barcos para Manaus saem às quartas, quintas e sextas e o trajeto é feito em 36 horas, custando R$ 40 por pessoa.

Parintins

Parintins fica na ilha de Tupinambarana, no rio Amazonas

Manaus: 26h de barco ou 45 min de avião; **Santarém:** 20h de barco ou 1h de avião; **Belém:** 60h de barco
90.045
(92)
Secretaria de Turismo
533-1801

Parintins fica na ilha de Tupinambarana, à margem direita do rio Amazonas, e abriga o maior evento folclórico da Amazônia, o Festival do Boi de Parintins, nos três últimos dias do mês de junho. A cultura que envolve a festa pode ser observada o ano todo, nas pinturas das paredes de prédios públicos, nos muros das praças, no artesanato inspirado nos bois-bumbás, assim como nas toadas (músicas do festival), que começam a tocar nas rádios a partir de abril.

Bumbódromo: palco de disputa dos "bois"

Saindo do centro urbano, a paisagem da ilha é marcada por lagos e igarapés com árvores centenárias, como castanheiras e canaranas, e por fazendas de búfalos, que são o principal sustento da economia local. No período da seca, de julho a dezembro, é mais fácil ver as praias e belezas naturais do entorno de Parintins. A cidade só é alcançada por via aérea, com vôos diretos de Manaus, e fluvial, pelo rio Amazonas.

ATRAÇÕES

Bumbódromo

Entre a Av. das Nações e a rua Paraíba, no centro da cidade.
Construído em 1988, o Centro Cultural e Esportivo de Parintins é chamado de "Bumbódromo" por ser o local onde os bois Garantido e Caprichoso se apresentam nas três últimas noites de junho. É usado o ano todo para eventos socio-

Bloco do "Garantido": dança para provocar o rival "Caprichoso"

culturais e, durante a festa, chega a receber 60 mil pessoas por noite. Seu formato é o do boi: a cabeça representada pela tribuna, os chifres pelos acessos laterais e o contorno do animal pela arquibancada. As torcidas ficam separadas em uma arquibancada vermelha e outra azul.

Curral do Boi Caprichoso

Rua Gomes de Castro, s/n, centro.
Simbolicamente, o curral é onde o boi permanece fora da época do festival. No folclore, ele foge para este local no fim da festa, no dia 19 de julho, e só retorna no dia 20 de abril, com a "Alvorada", movimento que percorre as ruas do seu reduto - área da cidade onde estão os adeptos do boi - durante a madrugada. A partir de 26 de abril, os ensaios, abertos a visitantes, começam a ser realizados no curral. O território do Caprichoso está localizado no lado esquerdo da catedral de Nossa Senhora do Carmo. Nesta região vive a maioria dos brincantes do boi, em casas pintadas em tons de azul.

"Caprichoso": aceita a provocação

Curral do Boi Garantido

Rod. Odovaldo Novo, km 1.
O calendário dos ensaios do Garantido começa com uma alvorada festiva, no dia 31 de abril, quando os brincantes saem às ruas acordando a cidade ao rufar de tambores. Voltado para o rio Amazonas, o curral deste boi fica na parte "vermelha" da cidade. Se o Garantido vence o festival, é feita uma festa que começa no dia primeiro de julho e vai até o dia 17 do mesmo mês. É tradição jogar fora todas as fantasias e alegorias no final das festividades.

Feira do Produtor

Todos os domingos, na rua
Rui Barbosa, centro.
Reúne habitantes de comunidades da área rural de Parintins que vêm vender na cidade os produtos extraídos e fabricados a partir do conhecimento tradicional. Na feira, encontram-se espécies de ingás, beribás, pupunhas, além de grande diversidade de farinhas, variações do guaraná e plantas medicinais.

Pesca e mandioca

A ocupação da ilha de Tupinambarana teve início em 1796 pelo capitão de milícias José Pedro Cordovil, que ali se instalou para desenvolver a pesca do pirarucu e o plantio de mandioca, cacau e tabaco. Ao deixar a ilha, Cordovil ofereceu-a para D. Maria I e o pequeno povoado foi elevado à categoria de Missão com o nome de Vila Nova da Rainha, passando a ser dirigida pelo Frei José das Chagas. Devido ao grande progresso da Missão, em 1833 ela passou a ser Freguesia de Nossa Senhora do Carmo de Tupinambarana. Mudou de nome novamente, em 1848, quando uma lei provincial do Pará desmembrou-a de Maués e deu-lhe a categoria de vila - a Vila Bela da Imperatriz. A homenagem aos seus mais antigos habitantes, os índios Parintintins, ocorreu em 1880, quando o povoamento recebeu foros de cidade e passou a chamar-se Parintins. A primeira eleição realizada na ilha data de julho de 1893 e teve a participação de 498 cidadãos, que elegeram superintendente da cidade o coronel José Furtado Belém, fundador oficial do Boi Caprichoso.

Igreja de Nossa Senhora do Carmo

Lago do Macuricanã

45 km atravessando o rio Amazonas e ramais menores na margem oposta.

Santuário ecológico da região, o lago do Macuricanã possui duas paisagens distintas: na época da seca, entre julho e dezembro, é entrecortado por furos e igarapés e serve de hábitat para araras e papagaios, animais mais presentes nestes meses. Nos troncos das árvores observam-se orquídeas e bromélias e a marca da água deixada na última cheia. De fevereiro a junho, um grande lago é formado e outras espécies de aves aquáticas, como as gaivotas, vêm se alimentar.

Lago de Muricanã: reduto de garças e outras aves

Bumbódromo: a festa acontece nas três últimas noites de junho ►

Gaiola: principal meio de transporte

Praias de Uaicurapé

45 km descendo o rio Amazonas, entrada no paraná do Ramos.

As praias são banhadas pela água de rios menores que formam lagoas naturais onde estão localizadas diversas "ilhotas", cercadas de areia por todos os lados, algumas podendo ser contornadas a pé. As mais famosas são a praia da ilha do Papagaio, que serve de dormitório para esta ave, e a praia de Itaracoera, com areias brancas e vegetação nativa, de onde se tem um panorama das outras ilhas. A melhor época para visitá-las é entre julho e setembro.

Só a praia de Itaracoera é bastante visitada; na maior parte das outras ilhas é possível ficar sozinho durante o dia todo.

Ruínas da Vila Amazônica

6 km descendo o rio Amazonas de barco.

São as estruturas da vila construída por japoneses no início dos anos 30. Em suas edificações estão traços da cultura da juta na Amazônia: um pagode, casa típica japonesa de barro com chão de madeira, armazéns e as prensas utiliza-

Mitologia e carnaval

Festa: herança indígena

Misturando mitologia, adereços alegóricos e batidas de tambor na disputa entre os bois Garantido e Caprichoso, o Festival do Boi de Parintins já é reconhecido internacionalmente por sua dimensão e originalidade. Em cada grupo apresentam-se cerca de 3.500 pessoas, chamadas de brincantes, acompanhados por carros alegóricos que chegam a 15 metros de altura. A festa é uma manifestação de herança indígena na qual se representam lendas da floresta e histórias da resistência cultural na Amazônia. Como num ritual xamânico, as dançarinas encenam episódios inspirados no Quarup (leia mais no capítulo Povos Indígenas), na saga dos Tupinambás, na chegada dos portugueses e em eventos históricos selecionados anualmente pela diretoria de arte dos bois. Figuram indígenas como o pajé ou a cunhã-poranga e personagens folclóricos do boi-bumbá maranhense, representados pelo grupo da vaqueirada, pela sinhazinha da fazenda, pai-francisco e mãe-catirina. Uma das histórias conta que os bois nasceram de uma disputa amorosa, no início do século 20, entre o maranhense Lindolfo Monteverde e seu primo, Luiz Gonzaga, por uma moça de Parintins conhecida como Dona Isolina. A disputa deu origem à competição entre os bois, depois que Lindolfo saiu do Galante (hoje Caprichoso) e fundou o Garantido. A cada ano, os dois buscariam incrementar as apresentações com beleza e novos elementos folclóricos como uma forma de conquistar o coração da moça. Com a projeção da festa, Parintins chega a receber até 100 mil visitantes nos três últimos dias de junho.

Peixes, tacacá e frutas típicas

O sabor dos peixes oferecidos pelos rios que banham a ilha de Tupinambarana e a carne de búfalo dos rebanhos locais destacam-se na cozinha parintiense. Pode-se degustar pratos como o tambaqui moqueado, antigamente enrolado pelos indígenas em folhas de guarumã e defumado em um buraco na areia, a caldeirada de tucunaré com pirão escaldado, o pirarucu assado, o bodó ao tucupi, um peixe cozido com o líquido amarelado proveniente do sumo da mandioca ralada, e os bolinhos de piracuí, outro pescado regional. As especialidades são servidas em restaurantes da cidade, mas também pode-se provar comidas típicas em banquinhas de rua, como as das tatacazeiras, que servem o tacacá, um prato tradicionalmente tomado no fim da tarde, contendo goma,extraída da mandioca, jambu, uma folha que deixa a boca "dormente", camarões e tucupi. Ao lado do porto, no mercado central, vendem-se frutas típicas, como mari-mari, biribá, jenipapo, pupunha e tucumã. Os moradores têm o hábito de comer sanduíche com a polpa do tucumã no café da manhã.

Tacacá: camarão, tucupi, jambu e goma

das na época. À frente do conjunto estão uma igreja e um casarão azulejado da década de 40 que foram deixados pelos portugueses após a segunda guerra. Perto das ruínas há um estreitamento do rio Amazonas que acumula pedras, permitindo aos pescadores nativos realizar a pescaria de arribação, que acontece quando os cardumes de jaraquis, curimatãs e pacus sobem o rio e podem ser capturados sem grande esforço entre os meses de abril e maio.

Rios Parananema e Macurany

8 km pela estrada Odovaldo Novo e ramais, ou 15 km de barco, descendo o rio Amazonas e contornando a ilha.

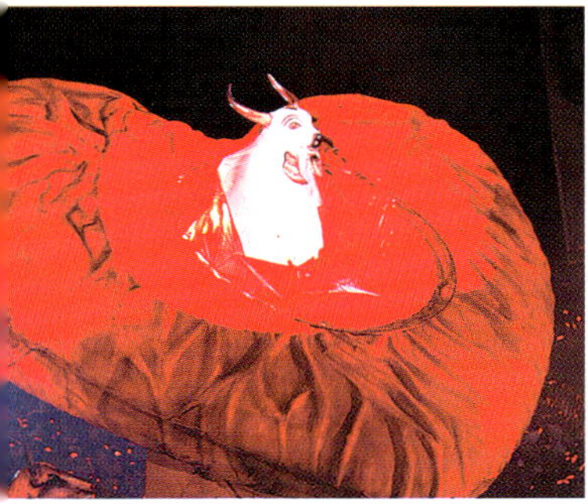

"Garantido": ensaios animados

Circundam a ilha Tupinambarana, na margem oposta à cidade de Parintins. Uma imensa variedade de aves nativas voa às suas margens e, não raramente, botos desfilam pelo curso de água. Os rios podem ser contemplados em um passeio de ônibus pelo entorno da ilha ou em uma volta de barco, na qual o visitante tem a oportunidade de ver o castanhal nativo da região de Itaúna, com árvores de mais de 30 metros, além de conhecer a fabricação de farinha de mandioca nos minifúndios locais. Barcos para o passeio podem ser alugados no porto da cidade.

Serra de Parintins e Lago da Valéria

50 km descendo o rio Amazonas e ramais menores.

Única elevação considerável em todo o município, a serra de Parintins possui 152 metros de altitude e é recoberta por espessa vegetação de floresta nativa. Ribeirinhos que habitam a comunidade de Santa Rita da Valéria, no lago na beira da serra, têm descoberto cerâmicas arqueológicas que reforçam a história de que ali viveu a tribo Parintintin, responsável pelo nome do município. Na comunidade local, observa-se o casario de palafitas, típico da várzea amazônica, e pode-se ouvir lendas como a do mosteiro do século 17 que estaria enterrado na serra junto com um sino de ouro.

Presidente Figueiredo

Cachoeira do Santuário: três quedas, sendo a maior com 15 metros de altura

Manaus: 140 km; **Boa Vista:** 677 km;
Itacoatiara: 300 km
19.094
(92)
Central de Atendimento ao Turista,
324-1158 e 324-1445

A cidade está assentada sobre rochas areníticas, tem uma topografia ondulada e está situada muito próxima ao planalto das Guianas. Essas particularidades geológicas explicam a presença de muitos rios de águas negras, cachoeiras abundantes, corredeiras, cavernas e grutas. As mais de 40 cachoeiras são o cartão-postal de Presidente Figueiredo e atraem inúmeros visitantes, principalmente moradores de Manaus que escapam do centro urbano no final de semana para banhar-se na cidade que fica a menos de duas horas de distância. Presidente Figueiredo abriga duas grandes vilas: Pitinga e Balbina. A primeira é a base de uma mineradora que explora reservas de cassiterita, estanho e outros minerais; a segunda é a sede dos funcionários da usina hidrelétrica de Balbina, que fornece 50% da energia de Manaus.

Índio Waimiri-Atroari

Ao longo da BR-174, nos arredores de Presidente Figueiredo, fica a Reserva Indígena Waimiri-Atroari. A região também abriga várias áreas de proteção ambiental, como a Reserva Biológica do Uatumã, próxima ao lago de Balbina, e a do Parque do Urubuí. A BR-174, que liga Manaus a Boa Vista, é o principal acesso rodoviário à cidade.

ATRAÇÕES

Balneário e corredeira do Parque Urubuí

Km 107 da BR-174 para Boa Vista, 1 km. Este balneário fica no principal rio que corta a cidade: o Urubuí. Sua estrutura inclui restaurantes, lanchonetes, loja de artesanato, anfiteatro, piscina natural e loja de produtos agroindustriais. Ele está situado em uma área de proteção ambiental, com 366 km², e, nos domingos, costuma receber centenas de visitantes, a maioria vinda em ônibus de excursões de Manaus. O grande número de freqüentadores nos finais de semana faz com que o espaço seja disputado. Durante a Festa do Cupuaçu, que acontece no mês de março, os principais eventos, como shows musicais, feira de artesanato e produtos agroindustriais, acontecem no anfiteatro do Parque.

Cachoeira da Iracema

Fazenda Iracema, km 115 da BR-174 para Boa Vista. Fones: 324-1186 e 234-5500. Das 8 às 16h. Ingresso R$ 3.
Área particular com boa estrutura de visitação. Aqui, após caminhar por uma trilha bem sinalizada, pode-se conhecer várias das quedas d'água do rio Urubuí. O percurso é feito em meio à vegetação de campinarana, comum em solos arenosos, cobertos por camadas úmidas de

História

Lago de Balbina: formado em 1981

A ocupação dos primeiros núcleos populacionais que deram origem ao município de Presidente Figueiredo deu-se ao redor do atual km 107 da BR-174, nos primeiros anos da década de 80, quando a usina de Balbina estava sendo construída. O nome adotado foi uma homenagem ao primeiro presidente da Província do Amazonas, João Batista de Figueiredo Aranha. A área atual da cidade é de 25.420 km², extensão que foi desmembrada em 1982 dos municípios vizinhos de Itapiranga, Novo Airão, Silves e Urucará.

Cachoeira Iracema: várias quedas d'água e trilhas pela floresta

Cachoeira do Santuário: com estrutura de hospedagem e alimentação

folhas e árvores de pequeno porte. Após andar cerca de 300 m, já é possível ver a primeira queda; cerca de 100 m mais adiante, avista-se a segunda e, caminhando mais 500 m, a terceira, que é a maior e a mais bonita. Durante o trajeto, três grutas são avistadas: a do Galo da Serra, da Onça - que tem um sítio arqueológico-, e a da Catedral. Margeando o rio, seguindo mais 1 km, avista-se a cachoeira das Araras, que não é abrigo para as aves que lhe dão nome, mas impressiona pela queda de 7 m de altura e 15 de largura. Como a correnteza é grande, há poucos locais para banho. A área da fazenda tem estrutura de acomodação.

Cachoeira do Santuário

Fazenda Riacho Doce, km 12 da AM-240 para Balbina, 20 km. Fone: 648-0321. Ingresso R$ 2.

Localizada em uma área particular, é um complexo que conta com trilhas, lago para pesca, restaurante e estacionamento. São três quedas próximas do igarapé Santuário, a maior delas com 15 m de altura e bons pontos para banho. É um

Pontes: locais de observação da fauna e flora

dos poucos locais próximos da cidade onde ainda se pode observar bromélias e orquídeas nativas nas árvores.
O local tem chalés de alvenaria para receber hóspedes. Para ter acesso às cachoeiras, basta deixar o carro no estacionamento da fazenda e caminhar por cinco minutos por uma passarela de troncos de 400 m de extensão.

Cachoeira da Pedra Furada

Km 57 da AM-240 para Balbina, 61 km.
Para chegar até esta cachoeira, basta deixar o veículo na estrada e seguir a pé por uma trilha pela mata. Após 30 minutos de caminhada, da qual fazem parte alguns pontos de descida bem escorregadios, pode-se ver uma queda d'água que lembra um grande chuveiro. A água despenca por dois furos nas rochas e forma uma pequena piscina onde é possível banhar-se.

Cachoeira das Orquídeas

Ramal do cemitério, km 06 da estrada de terra para Balbina, 6 km.
Aqui também se deve deixar o carro na estrada de terra e seguir pela trilha de quase 2 km na mata nativa. Durante o trajeto, é possível perceber três tipos de vegetação: floresta, campinarana, com solo arenoso e árvores pequenas, e campina aberta, que quase não tem árvores.
A queda de 6 m tem formato de um véu, mas, contrariamente ao que seu nome afirma, encontrar orquídeas por aqui é uma raridade. A maior parte foi roubada das árvores. Pela proximidade com Presidente Figueiredo, a cachoeira é uma das mais procuradas aos domingos para piqueniques.

Cachoeira do Arco: visita só com autorização da Secretaria de Turismo

Festa do Cupuaçu

A polpa do cupuaçu serve para fazer doces, geléias e sucos, sendo o principal produto agrícola da cidade. Com uma produção de 30 mil toneladas de polpa ao ano, Presidente Figueiredo ocupa o posto de segundo maior produtor do estado.

A Festa do Cupuaçu acontece durante três dias, na última quinzena de março ou primeira de abril, data variável em função das chuvas e da colheita. O evento atrai mais de 30 mil pessoas, principalmente moradores de Manaus, que são motivados pelas atrações que incluem feira de artesanato e de produtos agrícolas, como licores, frutas cristalizadas e doces. Há também apresentação de grupos musicais.

Cupuaçu: produção de polpa gera divisas

Cachoeira da Asframa

Km 95 da BR-174 para Manaus, 11 km.
Entrada R$ 5 por carro.

A única localizada na rodovia que vai no sentido de Manaus, é de fácil acesso, pois fica muito próxima da estrada. A cachoeira é uma queda de quase 5 m, bastante procurada nos finais de semana para excursões e piqueniques. A área pertence a um sindicato, a Associação dos Servidores da Suframa, e conta com uma estrutura que inclui passarelas e lanchonete.

Na seca, caminha-se pelo leito dos rios

Cachoeira da Neblina

Km 51 da AM-240 para Balbina, 55 km.

É considerada uma das cachoeiras mais bonitas da região, em função do volume de água acima da média e de seus 22 m de altura e 26 m de largura. A trilha de 3 km até a cachoeira é feita pela mata fechada. A beleza do lugar convida o visitante a passar pelo menos uma noite acampado. É possível fazer rapel nos paredões de pedras das quedas d'água. Para chegar à cachoeira é preciso pedir autorização com antecedência na Secretaria de Turismo de Presidente Figueiredo.

Cachoeira do Arco

Km 110 da BR-174 para Boa Vista, 3 km.

O formato da cachoeira lembra um semi-arco que, ao cair, forma uma piscina natural. A trilha na mata até as quedas é de 500 m. O local fica em área particular e a visitação requer a autorização prévia da Secretaria de Turismo. Esta permissão deve ser solicitada com antecedência de dois dias.

Cachoeira dos Lajes

BR-174 para Boa Vista, 3 km.
Ingresso R$ 2.

Fica numa área particular, bem próxima da cidade e com razoável estrutura para a visitação. Nesta propriedade, caminha-se por cerca de 2 km, seguindo o leito do rio e conhecendo quatro diferentes corredeiras que impressionam pela velocidade das águas. A primeira delas chama atenção por atravessar um túnel de pedras.

Caverna do Maruaga: rio subterrâneo e paredes sem estalactites

Caverna Refúgio Maruaga

Km 06 da AM-240 para Balbina. Ingresso R$ 2.

Situada em uma área estadual de proteção ambiental de 2.562 km^2. Para conhecê-la, deixa-se o carro na estrada para descer por uma escada de degraus de pedra de 80 m. Até a entrada da caverna são quase 700 m de caminhada, na qual pode-se observar animais como cutias e ouvir o capitão-do-mato, um pássaro conhecido por dar o sinal de alerta quando alguém entra na floresta. No interior da caverna corre um rio raso, por isso, ao percorrer seus 450 m, é impossível não molhar os pés. Suas paredes são areníticas e não há formação de estalactites.

Nas proximidades da caverna havia pássaros raros, como o galo-da-serra, mas atualmente os ninhos estão abandonados, sinal de que a presença humana espantou esta população. Hoje, os moradores locais em maior número são os morcegos.

O nome Maruaga é uma homenagem a um dos principais líderes indígenas Waimiri-Atroari, que teria lutado contra os brancos durante a construção da BR-174. Como há diferentes trilhas e picadas na mata, é indicado a companhia de um guia. É aconselhável andar de botas impermeáveis ou trazer um par extra de calçados para a troca. A lanterna é indispensável: a escuridão é total nesta caverna cuja boca tem 18 m de altura.

Centro de Preservação e Pesquisa de Mamíferos Aquáticos (CPPMA)

Rua Jaú, 19, Vila de Balbina. Fone: 312-1202. Das 8 às 11h e das 14 às 16h.

O Centro nasceu de um acordo feito em 1992 entre a Eletronorte, Ibama e a Fundação Mamíferos Marinhos, com o objetivo de ser um local de estudo e recuperação de mamíferos aquáticos. Além de pesquisadores, há veterinários que cuidam dos animais e estagiários que acompanham os visitantes.

O Centro de Preservação tem três grandes tanques que abrigam peixes-bois e botos, oito tanques para filhotes e três recintos para ariranhas ou lontras. Atualmente, o

Peixes-boi no tanque

Corredeiras em Presidente Figueiredo: ponto de encontro dos moradores locais

lugar hospeda 17 peixes-bois, alguns deles com 400 kg e mais de 3 m. O local também possui um laboratório, sala de exposição e ala de visitantes. Ao lado, pode-se conhecer o setor de proteção às tartarugas e tracajás (Centro de Pesquisa e Proteção aos Quelônios Aquáticos).

Museu do Centro de Proteção Ambiental

Rua Rio Negro s/n. Fone: 312-1206. Das 8 às 12h e das 13h30 às 17h30, domingo das 8 às 12h30.

O lugar abriga exposições de animais embalsamados, amostras de 180 madeiras da região e de objetos da tribo Waimiri-Atroari, como cerâmica, canoa, cestaria e utensílios usados pelos índios. O prédio do museu é construído com madeira das florestas dos arredores.

Usina de Balbina

AM-240, 74 km. Fone: 312-1154.

A construção da usina iniciou-se em 1981, mas o atraso no cronograma fez com que ela só fosse entregue em 1989. Neste ano, a energia produzida pela usina supria cerca de 80% do que era consumido em Manaus. Em 2000, só supria 50%. A quantidade de energia gerada é considerada desproporcional à extensão de área inundada e dos impactos ambientais causados pela construção. A obra implicou no represamento das águas do rio Uatumã, inundando uma área de 2.360 km^2, o que acarretou na destruição do hábitat de dezenas de espécies de animais e plantas. Afluente esquerdo do Amazonas, o Uatumã é um rio de águas negras e seus principais formadores são os igarapés Santo Antônio do Abonari e o Taquari.

Cerâmica em formato de peixe-boi encontrada nos sítios arqueológicos no lago de Balbina

Algumas tentativas foram feitas para compensar o impacto ambiental. Uma delas foi a criação, em 1990, da Reserva Biológica do Uatumã, com 5.600 km². Localizada na margem esquerda do reservatório, esta reserva engloba três municípios: Presidente Figueiredo, São Sebastião do Utamã e Urucará. A área é destinada para estudos científicos e o acesso é restrito a pesquisadores.

Reserva Waimiri-Atroari

Oficializada em 1987, a reserva dos índios Waimiri-Atroari ocupa uma área de 2.585 km², que inclui parte do estado de Roraima. São cerca de 877 índios morando em 18 aldeias próximas dos rios Camanaú, Curiaú, Alalaú, Jauaperi e também ao longo da BR-174. A história destes índios durante os anos de 1969 a 1973 teve momentos difíceis, pois o contato com o branco que rasgava suas terras para a construção da BR-174 gerou conflitos sangrentos. Muitos índios foram assassinados, outros contraíram doenças contra as quais não tinham anticorpos e acabaram morrendo. Em 1980, parte de seu território foi ocupado por uma empresa de mineração e, em 1987, outros 300 km² foram alagados para a construção da usina de Balbina. Um programa estabelecido entre a Eletronorte e a Funai resultou na adoção de ações básicas na área de saúde, educação, agricultura e, principalmente, na delimitação da área da reserva dos Waimiri. Foram instaladas guaritas na rodovia BR-174 e, nos 125 km da estrada que atravessa a área da reserva (do km 208 ao 326), o tráfego de carros e caminhões só é permitido das 6 às 18h.
Os Waimiri-Atroari pertencem ao grupo lingüístico Karib e costumam referir a si mesmos como kinjas. Eles cultivam roças coletivas, onde plantam mandioca, banana, abacaxi e pupunha, caçam, pescam e fazem coletas de frutos que são trazidos em cestos chamados de jamaxi. Sua festa principal é o maryba, quando os meninos de várias aldeias são submetidos a rituais de iniciação que duram três dias. Após passar pelos rituais, eles estão prontos para casar e constituir família.
Excelentes artesões, os homens fazem peneiras, tapetes, abanos, ornamentos corporais e armas, como arcos e flechas com pontas de madeira, osso ou mesmo ferro que aprenderam a fundir. Cabe às mulheres a produção de redes de fibra de buriti e panelas de barro.
Não é permitido visitar as aldeias e as peças de seu artesanato podem ser encontradas em lojas de Manaus.

Mandioca: base alimentar dos Waimiri-Atroari

DICAS

- As cachoeiras citadas no guia são apenas as de fácil acesso e as com possibilidade de serem visitadas. Há algumas que estão situadas em áreas particulares e não podem ser vistas e outras, mais distantes, cujo acesso só é feito de barco. Para alcançá-las, é necessário navegar por rios de forte correnteza e corredeiras, demandando assim um planejamento detalhado e gastos maiores, que incluem despesas com gasolina, piloteiro e guias experientes.
A ajuda de um guia para visitar as cachoeiras é importante. A maior parte das atrações é gratuita e apenas aquelas em áreas particulares costumam cobrar a entrada (cerca de R$ 2 por pessoa). Já os guias, credenciados pela prefeitura, cobram cerca de R$ 25 ao dia para acompanhar visitantes.
- O acesso de Manaus para Presidente Figueiredo pode ser feito de ônibus. Diariamente são seis horários, partindo de Manaus, completados num tempo médio de 1h40 e custando por volta de R$ 10,00. Muitas pousadas ficam próximas da rodoviária, o que facilita para quem vai de ônibus. Chegando na cidade, uma opção é alugar um táxi para conhecer as cachoeiras próximas. O passeio mais longo é até Balbina, onde se pode conhecer as cachoeiras da Pedra Furada e Santuário. O custo aproximado é de R$ 100. Informações fone: 324-1236, Sindicato dos Taxistas.

São Gabriel da Cachoeira

A cidade vista do rio Negro com a torre da igreja Salesiana

Manaus: 900 km; **Barcelos:** 400 km;
Santa Isabel do Rio Negro: 250 km;
Boa Vista: 450 km
29.951
(92)
Secretaria de Turismo,
471-1003

Pico da Neblina: 3.014 metros de altura

Situada próxima das fronteiras da Colômbia e Venezuela, São Gabriel da Cachoeira é o principal acesso ao Pico da Neblina, o ponto mais alto do Brasil.
A cidade é emoldurada por serras imponentes, como a da Bela Adormecida, pelas grandes corredeiras do rio Negro e por praias fluviais de areias brancas.
Cerca de 90% da população local é composta por índios e descendentes. A maior parte do município é formada por terras indígenas, só acessadas com autorização da FOIRN (Federação das Organizações Indígenas do Alto Rio Negro).
A região de São Gabriel, ao longo do médio e alto rio Negro, reúne 430 povoados que abrigam cerca de 35 mil índios de 23 grupos distintos. Juntos, eles representam 10% da população indígena brasileira. A economia de São Gabriel da Cachoeira é baseada na agricultura de subsistência - mandioca, abacaxi, abacate, banana e limão - e no extrativismo, principalmente do cipó-titica, piaçava, látex e madeiras nobres, como cedro, louro e pau-brasil. O Exército é o maior empregador na região, com um contingente de 1.200 pessoas, formado na maior parte por índios, cujo principal papel é a fiscalização de uma área fronteiriça de 260 mil km^2. O solo da região não é muito propício à agricultura, mas possui jazidas de ouro, nióbio e outros minerais ainda não explorados. O acesso mais prático à cidade é via aérea, aproximadamente duas horas de vôo, mas também pode ser feito de barco, percurso que leva de três a quatro dias, ambos saindo de Manaus.

À procura do El Dorado

Os primeiros relatos de viajantes na bacia do rio Negro datam do século 16, quando os viajantes Philip Von Hutten e Herman Perez de Quesada (1538-1541) navegavam pelo rio Orinoco, na Venezuela, à procura do mítico El Dorado. Uma outra expedição, chefiada pelo português Pedro Teixeira, acompanhado do padre jesuíta Cristóbal de Acuña, navegou pelo rio em 1639.

Expedições acompanhadas de índios

Os primeiros contatos entre índios e europeus na região começam no século 17. Os portugueses faziam expedições partindo do Pará para capturar índios nos arredores da bacia do Rio Negro, que seriam utilizados como mão-de-obra escrava. Em 1763, dois fortes já haviam sido construídos - o de São Gabriel e São José de Marabitanas. Por volta de 1833, a comunidade ao redor do forte São Gabriel já se torna conhecida como o povoado do mesmo nome e, em 1891, ao ser desmembrada de Barcelos, é elevada à categoria de cidade. Em 1968, São Gabriel passa a ser considerada área de segurança nacional e o número de unidades militares no município e na região da fronteira aumentam exponencialmente. Em 1995, 34 mil km^2 de áreas indígenas do alto e médio rio Negro foram demarcadas e, em 2001, mais de 110.000 km^2 da região são de terras homologadas.

ATRAÇÕES

Caminhada na cidade

Num rápido passeio a pé é possível conhecer os principais prédios de São Gabriel: a sede da FOIRN, onde se pode comprar artesanato indígena, consultar publicações dos povos indígenas e ver fotos históricas, a igreja principal e o colégio São Gabriel, de onde se tem uma boa visão do rio. Para finalizar o passeio, uma boa dica é conhecer – e banhar-se – nas praias fluviais do Mussum Cuara, na área da cidade. De lá se pode ver algumas ilhas, corredeiras, principalmente durante a época das cheias, e a cadeia de montanhas e serras, com a Bela Adormecida ao fundo.

Ao longo do rio Negro, vivem mais de 35 mil índios de 23 grupos étnicos

Rio Negro e sua água escura: os índios o chamam de Panamá Assú

Famílias lingüísticas

A região do alto e médio rio Negro concentra vários grupos indígenas, oriundos de regiões diferentes e falantes de muitos idiomas distintos. Divididas em quatro grandes famílias lingüísticas - Tukano Oriental, Aruak, Maku e Yanomami - elas totalizam mais de duas dezenas de línguas. A família mais numerosa é a dos Tukano Oriental, que tem pelo menos dezesseis línguas diferentes, que são adotadas principalmente pelos povos que habitam o noroeste do Amazonas e o Estado colombiano de Vaupés. Nesta família, a língua mais representativa é a Tukano, que além de ser usada diariamente por cerca de 20 mil pessoas, faz parte do currículo das escolas públicas de São Gabriel. Outra família importante é a dos Aruak, cujos principais representantes são os grupos Baniwa, Kuripako, Baré, Werekena e Tariana, que ocupam sobretudo os rios Içana, Aiari, Cuiari e Xié e por isso são chamados de "povos do rio". A família Maku é representada pelas línguas Hupda, Yuhupde, Dow, Nadöb, Kakwa e Nukak, que ocupam a área do alto rio Negro e bacia do rio Uapés, onde vivem da caça e da coleta de frutos. Já os Yanomami vivem na região norte do rio Negro, próximos a fronteira com a Venezuela, ocupando parte da área do Parque Nacional do Pico da Neblina.

Yanomami: no Parque da Neblina

Morro dos Seis Lagos

Km 85 da estrada para Cucuí, acesso pela ponte Iá Mirim.

Situado ao norte do município, sentido Venezuela, o morro dos Seis Lagos fica numa área de reserva biológica estadual de 369 km² e sua principal característica é possuir seis lagos de cores diferentes. Os tons das águas variam entre azul turquesa, verde, dourado e cinza, em função do reflexo dos diferentes minerais no solo, que emprestam suas cores às algas existentes nos lagos. No local, foram detectadas valiosas reservas de nióbio, um material usado em ligas de alta tecnologia, tantalita e cassiterita.

A flora do Morro restringe-se a pequenas árvores e a animais como onças e jaguatiricas, entre outros. O pássaro mais comum é o capitão-do-mato, uma espécie de sentinela da floresta cujo assobio é como um alerta geral. Há pouca caça e água potável, a dos lagos é imprópria para se beber, sendo indicada apenas para banhos.

Para se chegar até a ponte do rio Iá Mirim pode-se, às quartas e sábados, tomar o ônibus que segue para Cucuí. Ele parte às 9h (Viação Uaupés, fone: 471-1321) de São Gabriel da Cachoeira. Mais prático é alugar um carro com tração nas quatro rodas e seguir pela BR-307 para Cucuí. Chegando na ponte é necessário subir o rio – cerca de duas horas de voadeira – e depois mais três horas de caminhada até os dois primeiros lagos, o Azul e o do Dragão. As despesas com barco, motor e gasolina podem chegar a R$ 260 (este valor não inclui o transporte até a ponte). Como não há estrutura de apoio, sempre é aconselhável levar comida e água e a ajuda de guias é fundamental. Uma indicação é o experiente Valdir Xurimã (fone: 471-1617), que também fala inglês e conhece bem outros pontos como o Pico da Neblina, Pedra de Cucuí e o Casiquiari.

Lago do Dragão: um dos seis

Parque Nacional do Pico da Neblina

Abriga as duas montanhas mais altas do Brasil, o Pico da Neblina, com 3.014 m, e o 31 de Março, com 2.992 m. É o se-

São Gabriel da Cachoeira: maioria indígena

Língua Geral

Forma simplificada de Tupi antigo, esta língua foi sistematizada pelos jesuítas nos primeiros séculos da colonização portuguesa. Também conhecida como Nheengatú, era falada em toda a Amazônia no século 17. Em 1870, sua utilização foi proibida, mas os índios e missionários do alto rio Negro continuaram a usá-la. Até hoje, a língua geral é falada na região, inclusive por tribos da Colômbia e Venezuela e, juntamente com a Tukano, teve seu estudo inserido no currículo das escolas públicas como forma de valorizar a cultura indígena, que sempre a utilizou como uma segunda língua. A maioria das tribos rompe a barreira da língua própria adotando uma segunda, que é falada por várias outras tribos. Sua adoção facilitou o comércio entre os diferentes grupos indígenas e ainda hoje ela é falada por alguns moradores da cidade.
O Tupi e suas variantes, como o Nheengatú, deram grande contribuição ao português. Calcula-se que existam mais de 10 mil topônimos de origem Tupi, designando principalmente animais e plantas.

Chefe Yanomami, em Maturacá

gundo maior Parque em extensão do país e, junto com a área protegida adjacente da Venezuela, forma uma das maiores áreas contínuas de terra protegida no mundo: 22 mil km² no Brasil e 13.600 km² na Venezuela. O Parque abriga um número muito grande de endemismos - espécies que só ocorrem ali - e é uma das áreas de acesso mais difícil da Amazônia.
Estendendo-se da fronteira da Venezuela até o Rio Negro, que forma a sua fronteira ao sul, o Parque Nacional Pico da Neblina abriga um único povoado, a Missão dos Padres Salesianos de Maturacá, às margens do rios Cauaburi, onde há uma

Aldeia Yanomami dentro do Parque Nacional do Pico da Neblina

Pico da Neblina: sempre coberto de nuvens

pista de pouso e um pelotão do Exército. No local encontram-se também espécies ameaçadas de animais, como a onça-pintada, o tamanduá-bandeira e algumas aves, como o gavião-pega-macaco, gavião-de-pé-macho e o galo-da-serra. A lontra gigante, uma espécie que está em extinção em outras partes da Amazônia, também é encontrada no Parque.

Após anos de protestos e reivindicações pela legalização das diversas terras indígenas da região - nos anos 80 foram criadas várias reservas, espalhadas e de tamanho restrito- , nos anos 90, os índios tiveram suas terras demarcadas. A Terra Indígena Yanomami se sobrepõe ao Parque e as Terras Indígenas do Rio Negro fazem divisa com este.

O acesso ao Pico da Neblina leva cerca de 10 dias e os custos variam de R$ 1.500 a R$ 2.000, incluindo gasolina e provisões. O acesso não é fácil e muitas pessoas costumam desistir vencidas pelo cansaço.

Informações no Ibama (fone: 471-1617) que, além de indicar os guias credenciados, explica os trâmites legais para se ter acesso às áreas indígenas, incluindo a autorização da Funai. Chove durante todo o ano.

Saúde sem limites

Uma das entidades que desenvolve um trabalho importante na área de saúde na região de São Gabriel de Cachoeira é a Associação Saúde Sem Limites. Criada em 1994 para atender comunidades indígenas e seringueiros do Acre, a organização ampliou suas atividades em 1996, quando fez um acordo de parceria com a Federação das Organizações Indígenas do Rio Negro (FOIRN). Com isso, seus agentes, que incluem médicos, enfermeiros, antropólogos e dentistas, fazem visitas periódicas a cerca de 200 aldeias, atendendo mais de 8 mil índios. Além da atuação direta, a Associação treinou 40 agentes indígenas de saúde que atuam em vários povoados, promovendo a medicina preventiva. Nos casos de remoção de pacientes, é comum os familiares acompanharem o doente e se hospedarem na Casa do Índio, em São Gabriel da Cachoeira. Este alojamento funciona como se fosse um hotel, com alojamentos de alvenaria e uma grande maloca, onde podem ser estendidas redes para todos os acompanhantes. Mesmo com a prevenção, quando o rio baixa e se formam lagos, os casos de malária são comuns.

Arredores de Cucuí

ARREDORES

Pedra de Cucuí

206 km de São Gabriel, distrito de Cucuí (lado Venezuelano).

A pedra é uma elevação de 462 m e uma espécie de mirante natural que, diferentemente de outros pontos da região, como o Pico da Neblina, tem um acesso relativamente fácil. Do alto da pedra a visão é ampla, com paisagens repletas de rios, montanhas distantes da Serra do Imeri e densas florestas, tanto no território brasileiro como no venezuelano. Após quatro horas de estrada, chega-se à área de fronteira com a Venezuela. De lá, são necessários mais 40 minutos de barco e, já em território venezuelano, após pedir autorização no Forte Chaparro, pode-se prosseguir por uma trilha de três horas na floresta. Neste trecho, é possível observar bandos do raro macaco zogue-zogue, um

Grife Baniwa

Os índios Baniwa falam a língua Aruak e fazem parte do complexo cultural de 22 povos indígenas diferentes do Noroeste da Amazônia brasileira. Somam cerca de12 mil pessoas, das quais quatro mil vivem no Brasil e o restante na Colômbia e Venezuela. Sua habilidade em trançar os talos do colmo do arumã,uma planta comum na Amazônia, tingindo-os com corantes naturais, é uma tradição mantida há pelo menos dois mil anos. Nesta arte, além do trançado em si, a riqueza do grafismo impressiona: os desenhos geométricos são baseados, sobretudo, na natureza e nos animais da região. Os cestos e demais artefatos sempre foram vendidos ou usados como objetos de troca pelos índios, tanto na cidade colombiana de Mitú como em São Gabriel da Cachoeira. Em 1998, como parte do Programa Regional de Desenvolvimento Indígena Sustentável do Rio Negro, foi montado um inédito sistema de produção e comercialização da cestaria, envolvendo comunidades Baniwa representadas pela OIBI (Organização Indígena da Bacia do Içana), com apoio da FOIRN (Federação das Organizações Indígenas do Rio Negro) e do ISA (Instituto

Cesto de palha

Socioambiental). Para chegar aos consumidores dos grandes centros urbanos do país, as cestas percorrem mais de 6 mil km. O transporte parte do alto Içana, na divisa com a Colômbia, e é feito em canoas que passam por 16 corredeiras nos rios Içana e no rio Negro, chegando a São Gabriel da Cachoeira. De lá são 30 km de estrada até o porto de Camanaus e depois mais 1.000 km navegando pelo rio Negro até Manaus. Partindo daí, até Belém são mais 1.500 mil km e outros 2.120 km até cidades como São Paulo. A cestaria inclui grandes cestos, jarros, peneiras e balaios. Na cidade de São Gabriel, os produtos podem ser encontrados na loja da FOIRN. No resto do país, as cestas podem ser encontradas nas lojas da Tok&Stok. site: www.sociambiental.org/website/baniwa.

Alto rio Negro

Os "Gaiolas" transportam gente e mercadorias movimentando a economia da região

A maior parte da extensão do município de São Gabriel da Cachoeira e arredores é considerada área de preservação. Além do Parque Nacional do Pico da Neblina, que ocupa 22 mil km², são 34 mil km² de áreas indígenas demarcadas, 11 áreas de floresta nacional e uma de reserva florestal.
O rio Negro tem mais de 1.900 km de extensão, com várias ilhas, igarapés e lagos. É o maior rio da bacia amazônica com águas pretas, pobres em nutrientes e ácidas. A bacia do alto rio Negro estende-se também pela Colômbia e Venezuela, onde estão várias reservas naturais e outros grupos indígenas. Na Venezuela, por exemplo, está a Reserva de la Biosfera Alto Orinoco-Casiquiari, que abrange os Parques Nacionais de Parima-Tapirapecó, Duida Marahuaca e La Neblina. A Colômbia também abriga vários grupos indígenas, um deles é o Uaupés, onde estão mais de 18 mil pessoas. Outros são o Guainia, Guaviare e Amazonas.

primata conhecido por seu pescoço branco. Ao chegar na pedra, o primeiro trecho de subida é íngreme, feito num paredão inclinado que exige o auxílio de cordas. A paisagem, no entanto, compensa o esforço.

Dicas

- Com exceção de domingo, há vôos todos os dias para Manaus. Dê preferência às segundas, quartas e sextas, quando o vôo é direto, sem escalas. Nas terças e quintas o trajeto feito pela empresa Rico inclui paradas rápidas em Santa Isabel do Rio Negro e Barcelos. A passagem custa cerca de R$ 370. Um táxi do aeroporto para o centro da cidade custa entre R$ 25 a R$ 30. A opção mais econômica é ir para o centro com o ônibus da empresa aérea.
- A frota de táxis de São Gabriel é bem antiga, contudo, como as distâncias são curtas, é cobrado R$ 1 por passageiro, no sistema de lotação. Dessa maneira, não se espante se precisar dividir o táxi com outros passageiros.
- O lado colombiano tem muitas atrações, sobretudo, no distrito de Guainia. Contudo, a ação de guerrilheiros e narcotraficantes faz com que esses passeios sejam arriscados, pois a área é de conflito. Por hora, passeios na região não são aconselháveis. Informações: Consulado da Colômbia. Fone: 471-1208.
- A viagem de barco até Manaus leva de três a quatro dias, com saída apenas às sextas (a passagem custa aproximadamente R$ 120).

As corredeiras do rio Negro

Tabatinga

A moto é o meio de transporte mais usado na cidade

Manaus: 1.105 km ou 75h de barco;
Benjamin Constant: 30 min. de barco;
Iquitos (Peru): 4h de lancha rápida;
Tefé: 60h de barco.
38.211
(92)
Secretaria de Turismo,
412-2843/2576

Marco da fronteira do Brasil com a Colômbia

Na fronteira com a Colômbia e o Peru, localizada na margem esquerda do rio Solimões, Tabatinga é a última parada no Brasil para quem navega em direção aos Andes. Uma única avenida principal, paralela ao Solimões, liga Tabatinga à cidade colombiana de Letícia e serve de passagem a poucos carros, centenas de motos, bicicletas e motonetas.

As principais atividades econômicas da cidade são a extração de madeira, a pesca e a plantação de pupunha, banana e mandioca. No começo do século, a região também passou pelo Ciclo da Borracha, mas, diferentemente de alguns municípios do Acre, a exploração do produto não chegou a trazer prosperidade econômica para o local.

Algumas das atrações naturais da cidade são os lagos que se formam perto dos rios. O principal é o Caiau, onde se pode ver colônias de pescadores. Não há linhas regulares para passeios ao lago, mas no porto pode-se alugar uma tracaia – como é chamado o barco no local – para conhecer os lagos e outros pontos interessantes. Alguns povoados da tribo Ticuna que ficam próximos à cidade podem ser visitados. Informações no Conselho Geral da Tribo Ticuna, fone 415-5624.

ARREDORES

BENJAMIN CONSTANT

Localizada às margens do Rio Javari.

Um dos afluentes do Solimões, a pequena cidade não tem estradas. O meio de transporte no local é o barco e, na área urbana, predominam os mototáxis. A população de Benjamin é diversificada, incluindo índios – Ticuna principalmente –, peruanos e colombianos. A economia depende da pesca e do artesanato, que estão substituindo lentamente a extração de madeira, que teve grande importância na região por muito tempo.

Os nativos começam a descobrir o potencial turístico do Rio Javari, que separa o Brasil do Peru. Nesse rio são feitos passeios de barco pelas comunidades indígenas e ribeirinhas.

Um dos pontos mais conhecidos do rio é o Lago do Jatimana. Outra atração é a Praia do Pacu, a apenas dez minutos da cidade. Essa praia só pode ser conhecida nos meses de seca, entre julho e novembro. Os igarapés também são boas opções de passeio: o do Crajari fica bem próximo da cidade.

Museu Maguita: expõe a história dos índios Ticuna

Porto de Benjamin Constant

Museu Maguita

Av. Castelo Branco, s/n, fone 415-5624. Das 8h às 12h e das 14h às 17h. Sábado das 8h às 12h.

Maguita é como os Ticuna se referem a si próprios. O museu tem vários utensílios, fotos e objetos que ajudam a contar a história do povo. Também há venda de artesanato no local.

LETÍCIA

Emendada a Tabatinga, Letícia é a Capital do Departamento Colombiano da Amazônia. Existe uma única avenida que serve às duas cidades e, sem nenhuma placa ou aviso, passa-se de um país a outro.

As mudanças mais evidentes são os letreiros das lojas, o pequeno obelisco de demarcação da fronteira escondido ao lado de um depósito de bebidas e o modesto escritório da polícia colombiana. Letícia é mais antiga e mais bem estruturada que Tabatinga. Na cidade existem agências especializadas em expedições para conhecer as florestas peruana e colombiana.

SERVIÇOS TABATINGA

Hotéis

• **Pousada do Sol.** Rua General Sampaio, 466, Centro. Fone: 412-3987. 7 ap., ar, frigobar, tel. Piscina. $ $

Tarumã. Rua da Pátria, 70. Centro. Fone: 412-2083. 11 ap., ar, frigobar, tel. Restaurante. $ $

Restaurante:

• **Tia Helena.** Av. Marechal Mallet, 90. Centro. Das 7h às 22h. Carnes. $ $

PARÁ

PARÁ

Ocupando 26% de toda Amazônia Legal, o Pará possui uma área de 1.248 mil km² com uma população de 6 milhões de pessoas. Abriga alguns dos rios mais extensos e perenes do país, como o Amazonas, Tapajós, Trombetas, Xingu, Guamá e Tocantins, que formam uma rede hidrográfica de mais de 20 mil km. Tem em seu território a maior hidrelétrica brasileira, a de Tucuruí, com potencial de 25 mil MW, e grandes portos por onde escoa a maioria das mercadorias destinadas aos mercados interno e externo: o porto de Belém, o de Barcarena - o maior, a 50 km da capital - e os de Almeirim, Itaituba e Santarém. O Estado apresenta ambientes naturais diversificados, ricas expressões culturais e folclóricas e artesanato com origens na cultura indígena. A região de Belém e costa atlântica tem algumas das mais belas praias do Estado e as poucas praias de rio com ondas no mundo. Em frente à cidade de Santarém, é possível ver o encontro dos rios Tapajós e Amazonas, onde as águas claras deste rio encontram as brancas do barrento Amazonas. A região da bacia do Tapajós também oferece a paisagem exuberante de praias fluviais, como em Alter-do-Chão, cachoeiras, florestas e formações rochosas, além de importantes manifestações culturais do povo paraense, como a Festa do Çairé. Na área onde os rios Araguaia e o Tocantins encontram-se, o destaque é para os esportes de aventura e para os torneios de pesca esportiva organizados no lago da hidrelétrica de Tucuruí. Em Marajó, o maior arquipélago flúvio-marítimo do mundo, a paisagem é composta por praias de rio e de mar, cenários de pantanal e inúmeras fazendas de criação de búfalos. Berço da civilização Marajoara, considerada a maior civilização pré-colombiana do Brasil, Marajó oferece também museus e festas de grande significado popular. Começam a ser incorporados à economia paraense, parques industriais para a transformação das matérias-primas e o aumento de investimentos em agroindústrias, tradicionalmente baseada no extrativismo vegetal e mineral - o Estado possui a maior mina de ferro do mundo, a da Serra do Carajás.

Principais atrações

1. Mercado Ver-o-Peso
2. Cerâmica Tapajônica
3. Praia da Mangabeira

N
O
L
S
0
57
114 km
ESCALA
LEGENDA
Parque Nacional
Floresta Nacional
Estrada de Asfalto
Estrada de Terra
1
FRANCESA
AMAPÁ
Macapá
Trombetas
Jari
Afuá
Ilha de Marajó
Soure
Cachoeira do Arari
Salvaterra
Bragança
Ajureteua
Castanhal
Viseu
Capanema
Areias
Ponta de Pedras
Breves
Mosqueiro
Guamá
Belém
Amazonas
Oriximiná
BR 163
Óbidos
Alenquer
Monte Alegre
PARÁ
Santarém
Aruá
Arapiuns
Alter-do-Chão
Belterra
Altamira
BR 230
Tucuruí
BR 010
AMAZÔNIA
TAPAJÓS
Tapajós
RODOVIA TRANSAMAZÔNICA
Xingu
SERRA DOS CARAJÁS
Represa de Tucuruí
Marabá
SERRA PELADA
São Félix do Xingu
PA 150
PIAUÍ
BR 163
SERRA DO CACHIMBO
Araguaia
3
Alta Floresta
MATO GROSSO

Belém

Mais da metade do município de Belém é formado por ilhas

Brasília: 2.135 km; **São Luís:** 806 km;
Marabá: 485 km;
Manaus: 4 dias de barco
1.279.861
(91)
BelemTur,
242-0033 e 242-0900

À capital do Pará é considerada o "portão de entrada da Amazônia" por estar às margens da Baía do Guajará e do Rio Guamá, somente a 150 km do Oceano Atlântico. O desenvolvimento

Mercado Ver-o-Peso, inaugurado em 1901

econômico e cultural trazido pela riqueza da era da borracha no início do século 20, marcado pelo estilo barroco e neoclássico de sua arquitetura, contrasta com o modo de vida caboclo da cidade. Espalhadas pelas ruas do centro, as tatacazeiras vendem o caldo de tucupi com camarão seco. No mercado Ver-o-Peso, frutos exóticos da floresta são expostos ao lado dos peixes trazidos pelos ribeirinhos da região. Até a maior festa religiosa do Brasil, o Círio de Nazaré, que acontece no segundo domingo de outubro, difere das outras procissões por seu caráter regional. Desde autoridades do clero local até crianças vestidas de anjos, juntamente com os 1,5 milhão de fiéis que a festa atrai, acompanham a imagem da Virgem de Nazaré nas ruas por mais de seis horas.
Edifícios históricos são encontrados em toda a área central, no Museu Emílio Goeldi, nas igrejas do Carmo e das Mercês, na Catedral da Sé ou no Teatro da Paz ao lado da Praça da República, sempre cercados de mangueiras centenárias, que são a árvore-símbolo da cidade. Mais da metade do município de Belém é formado por ilhas, como as de

Mosqueiro e Cotijuba. De janeiro a maio, chove diariamente.

ATRAÇÕES

Basílica de Nazaré

Praça Justo Chermont, centro. Fone: 241-8894. Abre diariamente, das 8 às 12h e das 14 às 18h.

Espaço aclamado pelo povo paraense por abrigar a imagem de sua padroeira e ser o final do roteiro do Círio de Nazaré. Inicialmente, construiu-se ali uma capela de taipa e palha para abrigar os fiéis que cultuavam a imagem encontrada em meados do século 18. Hoje, a igreja obedece ao estilo romano e é quase uma réplica da Basílica de São Pedro, em Roma. Um detalhe curioso é o painel pintado na sua fachada, retratando a primeira missa rezada no Brasil. No canto direito desse painel, encontram-se, assistindo à missa, dois personagens trajando terno e gravata que, supostamente, patrocinaram a obra.

Bosque Rodrigues Alves, no centro de Belém

Bosque Rodrigues Alves

Av. Almirante Barroso, 2453, centro. Fone: 226-2308. Das 7h30 às 17h; fecha às segundas.

Foi idealizado pelo Barão de Marajó, em 1883, com o nome de Bosque Municipal. Em 1900, Antônio Lemos, prefeito na época, inseriu no local o Monumento aos Intendentes

Às margens da baía

Cidade de Belém, no século 19

Em 12 de janeiro de 1616, o capitão português Francisco Castelo Branco fundou o primeiro núcleo colonial do Pará, às margens da Baía de Guajará, ao qual chamou de Feliz Lusitânia. A expedição, composta por 200 homens em três caravelas, vinha com o objetivo de estabelecer a soberania portuguesa nos rios de entrada da Amazônia e construiu de imediato o Forte do Presépio e a Capela de Nossa Senhora das Graças. Quando foi elevada à Capitania, em 1618, a cidade passou a se chamar Santa Maria de Belém do Grão-Pará.

Na primeira metade do século 17, Belém ganhou suas primeiras ruas e casas de taipa e pilão. Só com a exploração das "drogas do sertão", como gengibre e o cravo, pelas missões religiosas, durante o século 18, ocorreu o primeiro salto na economia e instalou-se ali seu monumento mais imponente, a Catedral da Sé. Em 1799, Belém já tinha 10,6 mil habitantes. Os novos fluxos urbanos dirigem-se então à área da atual Praça da República e Avenida Nazaré, onde antes existiam sítios e rocinhas.

Nestas condições, desenvolve-se o chamado ciclo da borracha, pouco antes da entrada do século 20, cuja riqueza reflete-se no edifício do Ver-o-Peso (1901), com torres em escamas de zinco, e no Teatro da Paz (1878). A partir de 1910, a economia entra em declínio com a queda de preços da borracha no mercado mundial.

Municipais, a Grande Cascata, uma cachoeira, lagos artificiais e obras como as estátuas dos guardiões da floresta Mapinguari e Curupira. São 150 mil m² de espécies de flora e fauna da Amazônia: seringueiras, andirobas e castanheiras, assim como cotias, macacos-de-cheiro e preguiças em liberdade. O bosque tem área de alimentação.

A primeira rua de Belém do Pará

Catedral da Sé

Praça Dom Frei Caetano, s/n. Fone: 223-2362. Segunda, das 15 às 18h; terça à sexta, das 8 às 12h e das 14 às 18h; sábado, das 17 às 20h30; domingo, das 6 às 11h e das 17 às 20h.
É a primeira obra de Antônio Landi, o arquiteto italiano que desenhou as principais construções de Belém. Começou a ser erguida em 1753 e foi finalizada após 18 anos. Destacam-se a nave central, projetada em Cruz Latina e iluminada por 28 candelabros de cobre, e as pinturas internas da abóboda do italiano Domenico de Angelis.

Cidade Velha e Forte do Castelo

Casas e solares com fachadas de azulejos portugueses estão instaladas em ruas estreitas da época da colonização, em 1616. Destaca-se a Ladeira do Castelo, com casarões coloniais, a rua Siqueira Mendes, que é a primeira da cidade, e o Forte do Castelo. Este fica na confluência do

Interior da Basílica de Nazaré, final do roteiro do Círio de Nazaré ►

Estação das Docas, reformada em 1999

Rio Guamá com a Baía de Guajará e foi o primeiro prédio erguido na cidade. Reformado em 1878, atualmente é a sede do Círculo Militar.

Estação das Docas de Belém

Beira do rio Guajará, centro. De terça a domingo, das 10 às 24h.

Há dois anos, os galpões das Docas de Belém, armazéns que faziam parte do porto da cidade, foram reformados. O local abriga hoje várias lojinhas, onde podem ser encontrados produtos do artesanato local, restaurantes e um pequeno teatro. A vista da baía é uma das melhores atrações da Estação. Do pequeno cais saem vários barcos que fazem passeios pelos igarapés da região.

Igreja de Sant'Ana

Rua Pe. Prudêncio, 125. Fone: 222-6353. Segunda ã sexta, das 8h30 às 11h30 e das 15 às 17h30.

Iniciada em 1761, foi o projeto mais acalentado por Landi e é considerada a mais italiana de suas obras. A nave central foi projetada em forma de cruz grega e o corpo de Landi está sepultado em seu interior.

Igreja do Carmo

Praça do Carmo, s/n. Fone: 241-1100. Segunda à sexta, das 6 às 17h30; sábado, das 18h30 às 19h30; domingo, das 7 às 8h30.

O Complexo do Carmo havia sido erguido com a chegada da ordem das Carmelitas ao Grão-Pará. A construção inicial era simples, feita com materiais rústicos. Antônio Landi recebeu a encomenda para projetar a fachada e o corpo da igreja em 1766 e, em 1777, ela foi aberta ao público. Ali se refugiou parte da tropa imperial

Círio de Nazaré: procissão de fé

Média de 1,5 milhão de fiéis

Há mais de 200 anos, os paraenses realizam a procissão do Círio de Nazaré, em homenagem à imagem da santa encontrada na margem de um igarapé pelo caboclo Plácido de Souza, onde hoje está a basílica de mesmo nome. Em todo segundo domingo de outubro, mais de 1,5 milhão de fiéis acompanham sua padroeira por 5 km pelo centro de Belém. Abrindo o cortejo, desfilam os carros de milagres, as crianças vestidas de anjos e o clero local. O Natal do Pará, como é conhecido o Círio, começa com uma missa campal no sábado, seguida por uma romaria fluvial com mais de 500 embarcações ornamentadas. Depois, a multidão conduz a imagem à capela do Colégio Gentil Bittencourt, de onde sai à noite empunhando velas acesas até a Catedral da Sé. No domingo de manhã, uma corda de 360 m de comprimento é atada à berlinda onde está a virgem e puxada pelos fiéis até a Basílica de Nazaré. A procissão leva, em média, sete horas. No final, os paraenses celebram as graças concedidas pela santa num grande almoço de confraternização regado a maniçoba – um prato feito com farinha, carne de porco e temperos muito fortes – e pato no tucupi.

Venda de artesanato no Mercado Ver-o-Peso

durante a Cabanagem. Quando os cabanos dominaram a cidade, foram capturar os legalistas atrás do altar-mor da Nossa Senhora do Carmo.

Igreja Nossa Senhora dos Homens Pretos

R. Pe. Prudêncio, 339. Fone: 222-3482. Abre diariamente, das 7 às 12h e das 17h30 às 20h.

Também conhecida como Igreja do Rosário da Campina, foi erguida e dedicada ao culto religioso dos negros. A obra foi iniciada em 1767 e sabe-se que o projeto foi oferecido por Landi, que contribuiu financeiramente para a sua realização. Entrou o século 19 sem que fosse concluída, fato registrado pelo naturalista inglês Henry Bates em suas anotações de 1848.

Instituto de Pesquisa Ambiental da Amazônia (IPAM)

Av. Nazaré, 669. Fone: 241-6700. De segunda a domingo, das 17 às 19h.

É uma entidade não-governamental criada em maio de 1995 com o objetivo de determinar as conseqüências ecológicas, econômicas e sociais do desenvolvimento da Amazônia, por meio de programas de pesquisas científicas e tecnológicas. Em Belém, o Instituto está instalado em uma casa tombada que data da época da borracha. O visitante pode ver exposições de fotos, pôsteres sobre a região e receber material didático sobre as atividades de pesquisa.

Mercado Ver-o-Peso

Ao lado da Praça do Pescador, centro. Abre às 4h, com a chegada de peixes e frutas ao mercado, e fecha às 18h.

Inaugurado em 1901, o Mercado de Ferro – como também é conhecido – mantém-se até hoje como uma das imagens mais conhecidas de Belém, com suas quatro torres em escamas de zinco. Foi projetado por Henrique La Rocque, seguindo a tendência francesa de *art nouveau* da *belle époque*. Mistura de mercado de peixe, feira livre e ponto turístico, a doca do Ver-o-Peso é o local onde os moradores da cidade encontram ervas medicinais, plantas ornamentais e raízes aromáticas que, raspadas,

Basílica de Nazaré: abriga a imagem da santa

Museu Emílio Goeldi: 50 mil m² de floresta Amazônica no centro de Belém

transformam-se no "cheiro-do-Pará", usado para perfumar ambientes.

Museu de Arte Sacra

Praça Frei Caetano Brandão. De terça à sexta, das 10 às 18h; sábado e domingo das 10 às 14h. R$ 4.
É formado pelo conjunto da Igreja de São Francisco Xavier e pelo Colégio de Santo Alexandre, incorporando em sua fachada o estilo arquitetônico do século 18 de Antônio Landi. Possui 320 peças sacras, parte delas originada do espólio jesuítico e 200 da coleção particular de Abelardo Santos. As obras, como os bonecos de Roca, espécie de manequim que era vestido para acompanhar as procissões, permitem vislumbrar a importância do catolicismo desde a fundação da cidade.

Museu Paraense Emílio Goeldi

Av. Magalhães Barata, 376. De terça à quinta, das 9 às 11h45 e das 14 às 17h; sexta, das 9 às 11h45; sábado, domingo e feriados das 9 às 17h. R$ 1.
Localizado em um dos bairros

Cabanagem: a revolução social

Primeiro como um movimento anticolonialista e, depois, como uma revolução republicana e separatista, a Cabanagem, ocorrida no Pará entre 1835 e 1840, foi a única revolta popular da época a chegar ao poder com uma proposta alternativa de estruturação da sociedade. Os cabanos eram os habitantes pobres das cidades e das vilas ribeirinhas, a maior parte índios, caboclos e negros. Nomes como Batista Campos, Eduardo Angelim, Antônio Clemente Malcher e os irmãos Antonio e Francisco Vinagre eram os principais líderes. Eles reivindicavam melhorias nas condições sociais das camadas menos favorecidas e exigiam a diminuição do poder imperial.
Apoiados por grupos armados do interior, os membros da cabanagem tomaram o Palácio do Governo em 1835, assassinando o então presidente da Província do Pará, Bernardo Lobo de Souza. Malcher foi o primeiro líder revolucionário a assumir a presidência mas, em menos de um mês, foi acusado de traidor pelos cabanos e deposto do cargo. Mas a fragmentação das lideranças e as novas divergências ideológicas impediram a continuidade do governo, que se separava cada vez mais do Império Brasileiro. Em 1836, tropas enviadas pelo Poder Central do Rio de Janeiro empossaram Soares Andréia como o novo presidente legal da província. Até 1840, realizou-se uma das mais cruéis perseguições políticas da História, com a execução de mais de 20 mil pessoas ligadas à revolução.

Antonio Landi

O arquiteto Antônio José Landi nasceu em 1713, na cidade de Bolonha, Itália. Ele chegou no Brasil aos 40 anos de idade, depois de embarcar numa esquadra de caravelas portuguesas saídas de Lisboa, onde trabalhava como engenheiro militar. Desembarcar na Amazônia foi uma questão de opção.
Em Belém, Landi desenvolveu características singulares. Em plena época de Brasil colonial, ele trouxe da Europa estilos precursores do neoclassicismo brasileiro. Entre as obras de Landi na capital paraense, estão o Palácio dos Governadores, a Capela de São João Batista, as igrejas de Sant'Ana e do Carmo e a capela do Murucutu.

Catedral da Sé, obra de Landi

centrais, ocupa 50 mil m² de área verde que compõem um microcosmo da Floresta Amazônica, resistindo ao progresso da cidade. Fundado em 1866 por Domingos Soares Ferreira Penna, é um dos mais importantes centros de pesquisa científica do Brasil no estudo da flora e fauna e dos povos indígenas. Em seu parque zôo-botânico, o visitante pode admirar mais de 3 mil amostras de plantas, 700 tipos de madeiras, zoológico e aquário.

Palácio Antonio Lemos

Praça D. Pedro II, centro. Fone: 242-3344.
Foi inaugurado em 1883, no 60º aniversário de adesão do Pará à Independência. Está localizado no centro histórico da cidade e abriga a Prefeitura e a Câmara Municipal. A denominação é uma homenagem à atuação do político e seu papel nas reformas urbanas do início do século. Antonio Lemos foi o prefeito que mais se preocupou com a vitalização de Belém. Seus restos mortais jazem dentro do Palácio.
Ali também se encontra o **Museu de Arte de Belém** (Mabe), onde estão 938 peças de arte, entre pinturas, desenhos, esculturas, objetos de decoração e mobiliário. O Mabe abre de terça à sexta, das 9 às 17h; sábado e domingo, das 9 às 13h. Às terças, a entrada é gratuita. Nos outros dias custa R$ 1.

Praça da República

Av. Presidente Vargas, s/n, centro.
É uma das principais áreas de lazer da cidade. No passado, foi cemitério dos escravos e da população sem recursos, onde depois foi instalado um depósito de pólvora, que deu origem ao nome "Largo da Pólvora". A praça, repleta de corredores de mangueiras, ganhou o monumento alusivo à Proclamação da República e o **Teatro da Paz**, em 1885. Em estilo neoclássico, foi a casa mais suntuosa de óperas do Império, marcada por uma série de colunas na fachada e nas laterais e por quatro bustos de mármore representando a música, a poesia, a comédia e a tragédia. O painel do teto foi pintado por Domenico De Angelis, ilustrando Apolo, Deus das Artes e da Música. Na Praça da República, acontece uma feira popular, aos domingos, onde é possível encontrar desde artesanato regional, como os pequenas réplicas de animais feitas de borracha, até comidas típicas.

Teatro da Paz: casa de óperas no Império

Ilha de Maiandeua

ARREDORES

Algodoal

Pela BR-316 até Castanhal, mais 90 km pela PA-150 até Marudá, mais 30 min de barco até Maiandeua, onde está a vila.

Diz a lenda que na vila de Algodoal vive uma mulher cujo canto seduz os homens, que nunca mais abandonam o local. Lá está a praia e o lago da Princesa, cuja beleza natural encanta os visitantes devido aos quilômetros de areias e dunas que terminam em um lago de águas escuras. Na Vila está uma típica colônia de pescadores que sobrevive unicamente dos recursos do mar e do manguezal. As vilas de Combuinha, Mocooca e Fortalezinha merecem ser visitadas por sua rusticidade. Desde 1990, a ilha de Maiandeua é Área de Preservação Ambiental, aberta à visitação com controle sobre a cultura e a natureza locais.

Ilha de Cotijuba

Uma hora de barco de Belém, partindo de Icoaraci ou do porto do Arapari.

A Ilha é considerada paraíso ecológico para observação de pássaros e animais silvestres e roteiro histórico do Pará. São 20 km de extensão de praias, com águas transparentes e atrações como as ruínas do primeiro presídio do Pará, construído em 1932. É possível conhecer a Ilha em passeios de charrete, que passam pela colônia penal e fazem paradas para banho nas praias selvagens do Amor e Vai Quem Quer. Informações: fones 225-4229 e 223-1690

Mosqueiro: os únicos rios com ondas do mundo

Ilha do Mosqueiro

60 km de Belém, 30 min de barco a partir do porto de Arapari, ou 1h30 pelas rodovias BR-316 e PA-191, atravessando a ponte sobre o Furo das Marinhas.

Fundada há 103 anos, a Vila de Mosqueiro é o núcleo de onde se pode conhecer 21 praias para os mais variados gostos. Nas mais badaladas, do Chapéu Virado, Murubira e Farol, resistem os chalés construídos no início do século pelas famílias abastadas. Por receber os ventos vindos de Marajó, as ondas de rio de Mosqueiro, únicas no mundo, podem crescer até 5 m, atraindo surfistas de todo o mundo. Quando chegaram à Ilha, no século 18, os colonizadores se depararam com a técnica indígena usada pelos Tupinambás que dá nome ao lugar: o moqueio, que consiste em enrolar o peixe em folhas de guarumã e defumá-lo com a fumaça da lenha verde, como forma de conservar a carne.

A **Praia de Murubira** é o ponto de encontro da juventude e recebe a denominação da tribo que habitava o local. Na linguagem indígena significa "homem forte" ou "homem de pedra". O grande fluxo de veranistas à praia vem atraído pelos shows de música com artistas locais no mês de julho. A **Praia de Porto Artur** é uma homenagem ao comendador Arthur Pires Teixeira, um dos primeiros a construir casa de veraneio nesse trecho da orla. Durante o dia, possui águas calmas ótimas para banho, à noite é ideal para pescaria. Na ponta da **Praia do Farol** está edificado, há 80 anos, o tradicional Hotel Farol, pertencente à família Mártyres, e o farol da ilha, que serve de orientação aos navegadores. Há também a **praia do Chapéu Virado**, cujo nome é explicado

Casa de ribeirinhos com buritizais ao fundo ▶

Praia do Chapéu Virado, em Mosqueiro

pela presença de colonos portugueses que teriam fabricado chapéus com abas na área. As praias possuem barracas padronizadas, com bebidas geladas e iguarias que incluem o camarão regional, postas de peixe-frito e peixadas de "filhote".

A **Baía do Sol** permite ao visitante sentir-se em uma praia isolada. Conta-se que os índios da região de Mosqueiro tocavam tambores e reverenciavam o Deus Sol ao amanhecer, daí o nome. Antes de chegar à Baía do Sol, passa-se pela **Praia do Paraíso,** onde foram erguidas as primeiras habitações coloniais, como as fazendas Santana – hoje em ruínas – e Conceição, preservada com sua capela, sino e um curioso quarto com um tronco no meio para atar até seis redes, na casa central.

Ilha dos Papagaios

Localizada a menos de uma hora de Belém, a ilha serve como dormitório de várias espécies de papagaios. A revoada matutina das aves, nas primeiras horas do dia, é um grande espetáculo. É possível fazer passeios até o local durante toda a semana. As saídas acontecem sempre às 4h30, horário em que as aves despertam, com retorno antes das 8h. A Ilha não tem nenhum tipo de estrutura para o visitante, mas é o passeio ideal para quem pretende fotografar ou apenas ver algumas das mais belas aves no Norte brasileiro. Informações: fone 241.0777.

Orla do Maçarico

A orla tem 2 km de extensão, com bares, restaurantes, barracas de coco, ciclovia, parques infantis e banheiros públicos. O projeto de sua revitalização ficou pronto no início do ano de 2000. Foram usados 4 mil pés de coqueiros, construiu-se um muro de 2,1 km, *playgrounds* com brinquedos variados e esculturas inspiradas na fauna regional, com caranguejos, peixes e camarões de 1,5 m de altura. A praia é tranqüila, pois não há acesso para automóveis. Revoadas de maçaricos pintados ocorrem diariamente.

Salinas

210 km a partir de Belém pela BR-316, PA-324 e PA-124.

Chalé de Mosqueiro

Com forte influência européia, os chalés de Mosqueiro foram construídos pelas famílias abastadas da capital e por estrangeiros que vieram trabalhar em Belém na década de 30. Uma característica marcante nas construções é a identificação na fachada com nomes da família, de santos ou de lugares de estimação, o que facilitava a entrega das encomendas pelos carregadores do trapiche.

Suas características originais são vistas no chalé Guanabara, da família Martins, no Santa Therezinha e no Vivenda Mercedes, todos em Murubira; na praia do Farol, destaca-se o chalé em estilo normando, todo pintado de verde, com telhados pontiagudos e revestimento cerâmico.

É o balneário mais freqüentado pelos paraenses. Salinas era chamada pelos índios Tupinambás de Uiranduba, que significa "lugar de muitos pássaros", já que ali podem ser vistos bandos de maçaricos, garças e lavadeiras. A existência de muitas salinas, mantidas pelos padres jesuítas, deu nome ao povoado erguido em 1781.

Atalaia é uma praia de 20 km de areias finas e brancas protegidas por dunas, a 14 km do centro de Salinas. O verão é movimentado por lá. Atrás das dunas, esconde-se um lago de águas limpas, negras e geladas, conhecido como lago da Coca-cola. O fenômeno das marés pode ser bem observado em Atalaia: na vazante, o mar recua centenas de metros. Nas proximidades de Atalaia fica a praia chamada de **Farol Velho** porque ali foram instalados os primeiros faróis dos navegantes.

O primeiro, construído em 1849, deixou fragmentos visíveis até hoje.

O segundo possuía a torre e aparelhos óticos adquiridos em Paris e funcionou até 1937. Sua maquinaria foi para o farol da cidade, que é o cartão-postal de Salinas, com 30 m de altura, de onde se tem a dimensão dos 20 km de praia.

Alugando um barco no centro de Salinas vai-se à região das ilhas **Inajá e Itarana**, conhecidas como Itaranajá. Ali, há uma pousada que leva os visitantes para pesca esportiva, acompanhada de um passeio à Pedra do Pilão, formação rochosa com pequenas crateras que lembra a paisagem lunar.

Praia de Farol Velho em Salinas

Vila de Icoaraci

23 km do centro de Belém pela estrada Augusto Montenegro.

Icoaraci é distrito de Belém e núcleo de produção cerâmica artesanal do Pará, onde se destacam os traços das culturas marajoara e tapajônica. As réplicas exatas das peças marajoaras, com destaque para a produção do ateliê de Raimundo Cardoso, são encomendadas por museus e universidades de outros países. Quase todos os ceramistas são encontrados no bairro de Paracuri, mas na antiga estação ferroviária da estrada de ferro Belém-Bragança funciona hoje a Cooperativa dos Artesãos de Icoaraci, onde se compram peças com preços de R$ 1 a R$ 60.

Orla do Maçarico, 2 km de área de lazer

Bragança

Prefeitura de Bragança, uma das cidades mais antigas do Pará, fundada em 1622

Belém: 208 km; **Ajureteua:** 36 km; **Viseu:** 213 km
93.705
(91)
Prefeitura, 425.2041

Conhecida como a "Pérola do Caeté", Bragança é uma das cidades mais antigas do Pará. O cenário composto por casarões do século 17 e palmeiras imperiais que margeiam a orla do rio Caeté remetem ao período das primeiras explorações e fazem dela uma típica cidade colonial.

Foi Álvaro de Souza que, em 1622, fundou o povoado com o nome de Vila de Souza do Caeté, embora já tivessem passado por ali o navegador português Pedro Teixeira e o francês Daniel de La Touche, ainda no século 16.

A Igreja de São Benedito está lá desde o tempo da fundação da cidade, quando os escravos pediram permissão aos senhores para construir um templo em homenagem ao seu santo.

Na festa da Marujada, que acontece no mês de dezembro, são celebradas as danças e cultos religiosos que o povo promove há mais de 200 anos.

Os vestígios de uma estrada de ferro do início do século 20, que fez a economia de Bragança prosperar quando ainda não havia rodovias para a capital, podem ser observados a 2 km do centro. O rio Caeté, estreito e sinuoso, é um dos mais bonitos da região e pode ser visto em pequenas viagens nos barcos que saem do porto diariamente. A cidade é acessada pela BR-316 e PA-242.

Ajuruteua: praia e mangue

ARREDORES

Ajuruteua

36 km de Bragança, pela PA-458.

A praia é uma das mais bonitas do litoral paraense, com areia branca e fina e vegetação costeira típica de mangue. Na viagem de Bragança à Ajuruteua é possível ver revoadas de guarás, garças e outros pássaros, além de fêmeas de caranguejos que, na época da procriação, atravessam a pista atrás de um lugar seguro para as crias. Uma das curiosidades são as placas que mandam reduzir a velocidade para a travessia dos caranguejos.

Depois de cruzar a ponte sobre o Furo Grande, chega-se ao ponto da praia com maior quantidade de banhistas, o Campo do Meio. Se preferir locais mais selvagens, o visitante pode caminhar em direção às praias do Pilão e do Farol, ou seguir até a vila dos Pescadores. Na vila, além das dunas recobertas por ajiru – fruto que deu nome ao lugar – é comum escutar histórias e lendas passadas de geração para geração. Uma delas conta que o navio de ferro, cuja carcaça está encalhada há décadas na vila, teria vindo da África carregado de escravos. Segundo os pescadores, os negros que não morreram no naufrágio voltaram nadando para seu país de origem.

Guarás e garças, em Canela

Ilha de Canela

Duas horas de barco a partir do porto de Taperaçu, município de Bragança.

Marujada

A Marujada de Bragança é uma festa religiosa em honra a São Benedito introduzida pelos escravos em 1798. Quando os senhores atenderam o pedido dos escravos para a organização de uma irmandade em homenagem ao santo, os negros foram dançar em casa em sinal de reconhecimento. O hábito se repetiu e a Marujada acabou sendo levada para as ruas, sempre no dia de Natal, no dia de São Benedito, 26 de dezembro, e no dia 1° de janeiro.

A dança é feita exclusivamente por mulheres, sendo os homens simples acompanhantes ou tocadores de uma música conhecida como retumbão. Com blusas rendadas, saias rodadas até o tornozelo e um chapéu emplumado contendo fitas multicolores, as marujas dançam em duas filas comandadas por uma "capitoa". O espetáculo é realizado nos barracões situados ao lado da igreja, próximo à casa do juiz da festa. No domingo anterior ao Natal, inúmeras canoas e barcos realizam uma procissão fluvial em busca do santo, num espetáculo grandioso com bandeiras e porta-estandartes.

Na Marujada, os homens são minoria

Balneário de Salinas: "lugar de muitos pássaros" ►

Meninos escultores

Embarcação regional esculpida pelos alunos da escola Jesus Maria José

Em Vizeu pode-se observar as obras produzidas por meninos e meninas que freqüentam a Escola Jesus Maria José. O empreendimento começou depois que o padre Carlos Verzeletti notou o talento das crianças para a fabricação de seus próprios brinquedos. Hoje, há um intercâmbio com meninos escultores do norte da Itália e os trabalhos dos nativos já podem ser vistos na Catedral de Bragança, na Igreja de Santa Rita (Belém) e na Igreja Matriz de Vizeu. São esculturas em madeira de pau-amarelo, mogno e cedro e em argila cozida no forno da única pizzaria da cidade.

Canela abriga um dos maiores ninhais de guarás-vermelhos do mundo. A ilha tem 6 km^2 e possui aproximadamente 40 mil pássaros de várias espécies, entre guarás, garças, gaviões e maçaricos. A viagem para o lugar começa na vila de Taperaçu, onde há uma igreja curiosamente ornamentada com uma Estrela de Davi luminosa e casas simples rodeadas de apetrechos de pesca, como redes e matapis, utensílio de palha para capturar camarões; na travessia de barco até a próxima comunidade, conhecida como Castelo, podem ser avistados botos e bandos de pássaros que saem dos ninhais da região. Em Canela encontram-se praias freqüentadas unicamente pelas 35 famílias de pescadores que residem ali. O lado da ilha voltado para o rio possui um grande manguezal, rico em caranguejos. Na comunidade local, é curioso perceber que quase todos os moradores se conhecem apenas por apelidos, inclusive as crianças.
Há um projeto de transformação de Canela em Área de Proteção Ambiental (APA). A partir daí, a visita ao local será limitada a pesquisadores com autorização do IBAMA.

Vizeu

365 km de Belém, na divisa com o Maranhão, por estrada asfaltada e de terra nos últimos 55 km.
Santuário ecológico situado na foz do rio Gurupi, Vizeu é formada por manguezais e pela belíssima praia de Apeú Salvador. Da cidade à praia, são quatro horas de barco através de furos e paranás entre os manguezais. O litoral é um prolongamento dos lençóis maranhenses e na maré baixa, de agosto a novembro, afloram quilômetros de bancos de areia chamados pelos pescadores locais de "c'roa". A praia de Apeú Salvador conta com quilômetros de areia branca e mar esverdeado, além de saborosos pratos à base de sardinha, que é a principal atividade da comunidade local, composta por aproximadamente 200 casas.

Barco de pesca em Vizeu ►

Marabá

A maior mina de ferro do mundo está localizada em Marabá

Belém: 485 km; **Imperatriz:** 212 km; **Tucuruí:** 271 km
167.873
(91)
Secdetur, 321-2243

Do encontro do rio Tocantins com o Itacaiúnas nasceu Marabá, designação dada pelos índios aos filhos de estrangeiros. No mesmo município estão "três cidades" distintas: o núcleo original de Marabá Pioneira, Nova Marabá e Cidade Nova - as duas últimas surgidas em decorrência das enchentes que atingem periodicamente Marabá Pioneira, ou Velha Marabá. Hoje, cada uma é considerada um bairro, por onde se distribui a população.
A cidade chegou a ser uma das maiores produtoras mundiais de ouro durante o auge do garimpo de serra Pelada na década de 80 - hoje a lavra manual está proibida na mina. Em Marabá também está o complexo de Carajás, a maior mina de ferro do mundo, da Companhia Vale do Rio Doce. Os destaques do lugar são as paisagens naturais grandiosas, como a Serra das Andorinhas, e as praias do Tucunaré e do Pescador. Chega-se ao local em uma hora de vôo a partir de Belém ou sete por via rodoviária.

Comportas da hidrelétrica de Tucuruí

ATRAÇÕES

Fundação Casa da Cultura

Folha 31, quadra especial, lote 1, Nova Marabá. Fone: 322-2317. Segunda à sexta, das 8 às 12h e das 14 às 18h; sábado, das 8 às 13h.
A Fundação é constituída de vários setores nas áreas de Antropologia, Arqueologia, Botânica, Zoologia e

Praia do tucunaré, em Marabá ►

Na bacia do Tocantins

Marabá está localizada na foz do rio Tocantins

Em 1892, teve início a colonização da bacia do Tocantins e de seu tributário, o Itacaiúnas, por parte do coronel Leitão. O núcleo urbano formado, chamado de Burgo Agrícola, surgiu alguns quilômetros abaixo da foz do Itacaiúnas e seu primeiro ciclo econômico foi o da borracha. Em 1898, as atividades do Burgo foram transferidas para o Pontal, na foz do rio, passando a chamar-se Marabá em 1904. Tornou-se município em 1913 e passou à categoria de cidade em 1924. Marabá foi objeto de vários ciclos econômicos, desde a borracha, a castanha, o diamante, o ouro e, hoje, a pecuária e a extração madeireira.

Geologia, que compõem o Museu Municipal. Possui também arquivos fotográficos e biblioteca com grande parte da memória da região.
Só no setor de Patrimônio, por exemplo, há 545 documentos, livros, jornais, revistas e literatura regional e de cordel.

Ponte Rodoferroviária

Liga a Folha 10, em Nova Marabá, ao bairro de São Felix.

Rodoferroviária: a terceira maior do mundo

Com 2,3 km e 19 m de largura, a ponte sobre o rio Tocantins é a terceira maior do mundo. Inaugurada em 1984, possui três pistas, curiosamente caracterizadas pela mão inglesa, para os veículos rodoviários, e a linha de trem, que passa no meio. Está a 60 metros acima do nível das águas e de lá se pode contemplar todo o rio.

Praça do Pescador

Marabá Pioneira, centro.
Foi reconstruída às margens do rio, quando a praça anterior desmoronou devido à força das águas do Tocantins. Tem área de 430 m^2, quiosques, jardineiras, fonte luminosa e vários bares e restaurantes próximos. É o melhor ponto para observar o pôr-do-sol da cidade.

Praia do Tucunaré

Em frente ao centro de Marabá Pioneira.
São 5 km de praia no rio Tocantins, com um quarto de formação vegetal e o restante de areia. Nos meses de verão, de agosto a novembro, torna-se a prin-

Pescador na represa de Tucuruí

cipal atração da cidade, possibilitando a pesca esportiva e esportes náuticos. Ali, a maioria dos bares e restaurantes foi construída dentro d'água, onde são servidos, principalmente, o tucunaré frito e a carne de sol. Para quem busca menos movimento, há no entorno as praias do Geladinho, do Espírito Santo e do Meio.

Orquidário Margaret Mee – Fundação Casa da Cultura
Foi fundado em 1992 pela Sociedade dos Orquidófilos de Marabá. Trata-se de uma homenagem à artista plástica inglesa Margaret Mee, que realizou 15 expedições à Amazônia, produzindo uma Coleção com 60 pinturas de plantas até então desconhecidas. Tenta-se mostrar no local o maior número possível de espécies de orquídeas; são quase 10 mil plantas de 900 espécies diferentes, mas que só vão para o Orquidário à medida que florescem.

Hidrelétrica de Tucuruí

Usina: transformou o cotidiano da cidade

A cidade de Tucuruí tem sua história transformada pela construção de uma das maiores usinas hidrelétricas do Brasil. Em 1984, começou a funcionar a primeira das 12 turbinas da usina de Tucuruí, para geração de energia no Tocantins. São 7,5 km de barragem com altura de 100 m, o equivalente a um prédio de 30 andares.
A capacidade para verter até 100 mil m³ de água por segundo é a maior do mundo. Para a cidade, que em 1950 contava com apenas 2.448 habitantes e sempre viveu da economia da castanha e do comércio de madeira, o mega-projeto significou um marco no dia-a-dia dos habitantes. Mais de 30 mil pessoas rumaram para o local entre 1980 e 1984 - hoje Tucuruí tem quase 60 mil habitantes - e a economia foi alavancada pelos *royalties* que a Eletronorte é obrigada a pagar ao município.

Lago de Tucuruí: abriga um dos maiores torneios de pesca esportiva da Amazônia ►

Romaria na água: em nome da santa

Imagem da virgem de Nazaré é conduzida pelo Tocantins

O Círio de Nazaré de Marabá começou em outubro de 1998 com uma pequena procissão que percorria Nova Marabá. Hoje, no terceiro domingo de outubro, a imagem da Virgem de Nazaré é conduzida da Folha 16, em Nova Marabá, até o Porto das Mangueiras, percorrendo o Tocantins, acompanhada por centenas de embarcações.
Quando é conduzida da catedral à igreja, parte uma romaria com milhares de devotos agarrados na corda da penitência.
São Félix de Valois é o padroeiro de Marabá e a festa em sua homenagem acontece todos os anos na pracinha da primeira igreja da cidade. Dura dez dias, a partir de 20 de novembro, com quermesses e noitadas no Largo da Matriz, onde pode-se encontrar comidas típicas, leilões de prendas e música regional ao vivo.

ARREDORES

Lago de Tucuruí

260 km de Marabá pela PA-150, mais ramal a partir de Goianésia.
Ao barrar o rio Tocantins e encher os 2.430 km² do reservatório, a usina hidrelétrica de Tucuruí criou um ecossistema novo na região: um imenso lago habitado por dezenas de espécies de peixes, onde foram criadas mais de 1.600 ilhas. Pelo menos 5 mil famílias locais vivem da pesca de tucunarés, pirarucus, traíras, manjubas, e dourados. Na última semana de junho, acontece o Torneio de Pesca Esportiva da Amazônia, apoiado no conceito do "pegue e solte". Informações: fone 787-1641. Em agosto, ocorre o Festival do Tucunaré, não só para degustação de pratos preparados com o peixe, mas com apresentações folclóricas como a Dança do Tucunaré, que representa a vida do peixe pelos rios da Amazônia e sua luta pela sobrevivência.

Moradores das ilhas do lago

Serra das Andorinhas

140 km pela PA-153 até São Geraldo do Araguaia, mais 1h30 de barco descendo o Araguaia.
A área de 600 km², no município de São Geraldo do Araguaia, revelou-se um tesouro, onde pesquisadores identificaram oito ecossistemas distintos, além de 91 sítios arqueológicos com 5,5 mil pinturas rupestres, 31 cavernas e 30 cachoeiras, algumas com mais de 70 m de queda. A Fundação Serra das Andorinhas (Fone: 331-1233) organiza grupos para viagens que incluem passeio de lancha no rio Araguaia, com visitas em sítios arqueológicos com cerca de 8,5 mil anos.

Árvores ainda resistem no lago de Tucuruí ▶

Marajó

A ilha abriga floresta, campos alagados e praias de rio e mar

Salvaterra-Belém: 83 km ou 4h de barco;
Soure-Belém: 87 km ou 4h de barco
15.089
(91)
Paratur, 212-0669

A Ilha de Marajó localiza-se na confluência dos rios Amazonas e Tocantins com o Oceano Atlântico e faz parte do maior arquipélago flúvio-marítimo do planeta. Sua área é de quase 50 mil km², o equivalente ao Estado do Espírito Santo.
Entre os meses de fevereiro e maio, os campos e matas de planície da ilha se transformam num imenso alagado entremeado por pradarias de um verde claro onde está o maior rebanho de búfalos do país. Além de cenários de pantanal e praias de rio e mar, a Ilha de Marajó abriga espécies raras de aves, como jaburus, garças, guarás e uma grande variedade de peixes e jacarés, que são observados com facilidade à noite.
No Museu do Marajó, localizado na cidade de Cachoeira do Arari, há uma boa mostra da cerâmica marajoara, a mais antiga da Amazônia, com remanescentes de até 980 a.C. As melhores estruturas turísticas da Ilha estão nas cidades de Soure e Salvaterra. O acesso a Marajó de barco dura três horas, a partir de Belém pelo cais 10 na Av. Marechal Hermes ou saindo de Icoaraci de balsa.
Existem vôos regulares saindo de Belém para Breves, e fretados para as demais cidades.

Morador ribeirinho de Afuá

CIDADES

Afuá

130 km em linha reta de Belém, 36h de barco ou 1h de vôo.

Marajó tem o maior rebanho de búfalos do país

A cidade de Afuá merece ser conhecida por ser construída sobre a água. A maioria das ruas são formadas por pontes que ligam as casas sobre palafitas. Não existem automóveis no local. Sua história está ligada à devoção à Nossa Senhora da Conceição, que dá nome à igreja matriz, por onde se desenvolveu o povoado a partir de 1871. Em homenagem à santa, realiza-se ali uma grandiosa romaria fluvial nos meses de novembro e dezembro.

Na cidade, um barco pode ser alugado para visitar as ilhas das Pacas, Baturité, Jurupai, Caldeirão e Queimada e a ilha do Camaleão, onde está o projeto Quelônios da Amazônia, do Ibama, para reprodução de tartarugas em rios e lagos. O trajeto leva 25 minutos de voadeira.

Cachoeira do Arari

75 km de Soure, 6h de barco ou 30 min de vôo.

Arari, que em Tupi significa rio das araras, é um nome propício à região da cachoeira, santuário de rios e lagos considerados reservas da fauna marajoara. No mais famoso, o lago do Arari, com 18 km de comprimento por 6 de largura, ocorrem revoadas simultâneas de inúmeras espécies de aves.

Na cidade, destacam-se a casa do célebre escritor paraense Dalcídio Jurandir, autor de "Marajó" e "Passagem dos Inocentes", o Marco do Sesquicentenário, em forma de arco com desenhos marajoaras e ponto de encontro do município, a Igreja Matriz de Nossa Senhora da Conceição, de 1923. O município também abriga vários sítios arqueológicos, do qual o mais conhecido é o Sítio do Pascoval, pesquisado desde 1870. Em janeiro ocorre a prova rústica do Cavalo Marajoara, desfile tradicional que se repete há 15 anos no centro.

Uma das atrações de Cachoeira do Arari é o **Museu do Marajó** (Av. do Museu, 1983. Fone: 758-1102. Diariamente, das 8 às 18h). Criado em 1972 pelo padre italiano Giovanni Gallo, que abandonou a idéia de aposentar-se na Suécia e Escandinávia para viver na Ilha. Utilizando pequenas tábuas de madeira e barbantes, Gallo construiu peças móveis que podem ser manuseadas pelos visitantes: móbiles, rodas, rodinhas, roldanas, portinholas, engenhocas de raciocínio e lógica - originais "computadores caipiras". Aqui é proibido não tocar! Além desses brinquedos, o museu possui um acervo considerável de cerâmica marajoara. As instalações interativas representam as fases da vida marajoara. Tudo está ali: arqueologia, caça, pesca, criação de búfalos, réplicas de todos os tipos de embarcações utilizadas na Ilha, o mundo supersticioso povoado de lendas,

Transporte de madeira no Estreito de Breves

pajelanças, enfim, todos os segredos da cultura cabocla, seu folclore, medicina, artesanato e história. Há um desses "computadores" com 128 fichas que trazem comparações curiosas entre homens e animais.
O acesso à Cachoeira do Arari por estrada de terra, a única de Marajó, é quase intransitável durante o inverno.

Chaves

223 km em linha reta de Belém, 52h de barco ou 1h por via aérea.
Ao norte da Ilha do Marajó, Chaves é o único município do Pará com 90% da população na zona rural, o que faz da cidade um vilarejo simples e sossegado. A praia de Chaves, com 6 km de extensão e famosa por possuir em sua orla uma vegetação nativa de árvores de grande porte, merece ser conhecida.

Breves: principal cidade de Marajó

Na cidade, a igreja de Santo Antônio, erguida em 1888, guarda imagens sacras de pedra e madeira. Cemitérios arqueológicos estão por toda a parte. Pelo menos 18 urnas funerárias com ossos já foram descobertas onde está localizada a pista de pouso.
Pratos típicos de carne bufalina, acompanhados do saboroso queijo do Marajó, e sobremesas, como os doces de manga e caju, podem ser provados nos restaurantes locais.

Estreito de Breves

12h de barco de Belém ou 45 min por via aérea.
No sudoeste de Marajó, inúmeros canais apertados e ilhas recortadas por furos e igarapés formam o estreito de Breves, rota obrigatória dos navios, sejam gaiolas ou transatlânticos, que vão ou vem do baixo Amazonas. Os caminhos fluviais estreitos permitem que a selva seja vista de perto. Dezenas de famílias ribeirinhas aproximam-se dos navios em pequenas canoas à espera de roupas e alimentos.
Além das ilhas, o visitante que for a Breves pode conhecer o igarapé do Mamajó, a poucos minutos da cidade, com águas geladas e cristalinas e uma infinidade de plantas aquáticas. O município abriga o Forrozão Marajoara, festa realizada em junho que envolve quadrilhas, concurso de Miss Caipira e outras atividades que

Carimbó e Lundu

À noite, em todo o Marajó, ouve-se o refrão do carimbó: "é do Marajó, é do Marajó nosso carimbó é quente, do Pará ele é o melhor".
Esta dança típica da região do Pará encanta os olhos e os ouvidos: ao som de instrumentos exóticos, de corda e percussão, flautas e atabaques, pares de dançarinos rodopiam com leveza. O carimbó se dança sorrindo. As moças usam saias estampadas em cores vivas, cujo movimento cria desenhos espiralados no ar, enquanto seus cavalheiros vestidos nas famosas camisas marajoaras, bordadas com temas geométricos retirados dos desenhos da cerâmica marajoara, fazem volteios em torno das damas.
Da mesma forma, no Lundu as dançarinas vestem saias rodadas, blusa curta de renda branca e enfeites como flores, pulseiras e colares coloridos. O Lundu tem origem africana e simboliza o convite feito pelo homem à mulher para um encontro sexual.

Apresentação de carimbó no porto de Breves

Os homens nos seus volteios imitam os machos rodeando a fêmea. A dança só termina depois que a mulher "domina" o parceiro, passando a saia sobre sua cabeça. O Lundu foi proibido no século passado pelo Vaticano, mas voltou a ser praticado, às escondidas, na Ilha de Marajó. Em Soure, um grupo de dança se apresenta na Fazenda Tapera. Em Salvaterra, podem ser vistas apresentações na Pousada dos Guarás.

movimentam o lugar. A 15 h de barco de Breves está a **Floresta Nacional de Caxiuanã**. (Fone 217-6058, 217-6075, caxiuana@museu-goeldi.br). Aqui está localizada a Estação Científica Ferreira Penna, que é a base física do Museu Emílio Goeldi na floresta. A paisagem é formada por uma mistura de ecossistemas, com florestas de terra firme, matas alagadas e vegetação de cerrado. Os rios, de água preta, são ricos em plantas aquáticas. Está em andamento na área o projeto Floresta Modelo, que vai organizar cursos de agricultura, preservação ambiental e ecoturismo nas comunidades ribeirinhas. Outro programa em desenvolvimento é a criação do turismo científico no local, aproveitando o intercâmbio cultural entre pesquisadores e visitantes da Estação.

Ponta de Pedras

44 km em linha reta, 3h30 de barco ou 15 min de avião de Belém.
Uma faixa de pedras onde está o farol que marca a entrada do rio Marajó-Açu dá nome ao município na parte oriental da Ilha de Marajó. Lá, o folclore paraense está representado nas danças do vaqueiro, siriá, lundu e carimbó, feitas pelos tradicionais grupos Nuaruaques e Itaguary. A praia mais conhecida é a Mangabeira, formada pela baía do Marajó, com 2 km de areia, coqueiros e água doce. Em seus bares, pode-se provar uma exclusividade do local: o peixe na pedra. Na praia Grande, a 6 km da cidade, está instalada uma fábrica de beneficiamento de casca de coco, implantada pela Mercedes Benz com apoio da Universidade do Pará, que utiliza o produto em assentos de automóveis. O município de Ponta de Pedras é também um dos poucos a produzir artigos que representam a cerâmica marajoara, adquiríveis com facilidade na cidade.

Praias de Salvaterra

4h de barco a partir de Belém (Porto de Icoaraci à Câmara, empresa que faz o trajeto: Reicon. Fone: 233-0333) ou 30 min por via aérea a partir do aeroporto Júlio César. Fone: 233-3986.
Em **Joanes** pode-se desfrutar de

Ponta de Pedras: areia branca, coqueiros e água doce

serviços de alimentação na praia, com 2 km de areia branca, águas claras e vegetação rasteira. Quem preferir o isolamento deve buscar a vizinha **Água Boa**, entocada em uma enseada e freqüentada unicamente por pescadores. Na **praia Grande de Salvaterra**, com 1,5 km, a areia é branca e grossa e tem ondas fortes como em praias oceânicas. Há no local uma pequena reserva florestal e barracas com serviço de alimentação.

Soure

4h de barco a partir de Belém (Porto de Icoaraci à Câmara,empresa que faz o trajeto: Reicon, fone: 233-0333) ou 30 min via aérea a partir do aeroporto Júlio César. Fone: 233-3986.

A principal atração da cidade fica por conta dos búfalos: os animais estão nas ruas e nos quintais, levando as crianças à escola ou sendo montados por policiais que fazem a ronda. Os melhores animais de Marajó são vendidos no animado Leilão da Ilha, evento concorrido da cidade.

A **praia do Pesqueiro** é a principal de Soure, com 3 km de extensão, areia fina e águas claras e predominância de coqueiros no centro da praia. Próxima a esta praia está a de **Araruna**, situada perto de uma área de mangue, que atrai os visitantes por suas características selvagem. Aqui, são indispensáveis o cuidado com as arraias semi-enterradas na areia e a atenção com a tabela das marés. Para chegar à praia, deve-se atravessar uma longa e estreita ponte de madeira de onde se contempla o mangue e seus caranguejos. Ambas as praias possuem barracas de alimentação. A 18 km de Soure está a **Fazenda Bonjardim**. A propriedade, que pertence à família Castro Ribeiro, existe desde a ocupação da região pelos padres jesuítas, no século 17, e sempre teve na criação de gado sua atividade principal. Durante o reinado do Marquês de Pombal, a fazenda passou à coroa portuguesa e só após a Independência foi tomada pela coroa brasileira, que demarcou a área em 1874.

Possui 39 km^2 de matas, campos, igarapés e uma sede com cinco quartos para casal. Os donos da fazenda recebem visitantes desde 1978 – personalidades, como o rei da Suécia, já se hospedaram ali. Durante a estada são servidos pratos típicos, à base de carne de búfalo, e passeios são organizados para visualização de guarás, macacos, ninhais, assim como focagem noturna de jacarés, pesca de piranhas e participação no manejo de búfalos da fazenda. O local fecha de fevereiro a junho e as reservas devem ser feitas com antecedência. Fone: 242-1380. R$ 120 pela diária com refeições e passeios incluídos.

Barcos de pescadores de Salvaterra, Marajó ►

Cerâmica Marajoara

Os objetos de cerâmica encontrados nos sítios arqueológicos de Marajó demonstram que ali existiu uma sociedade evoluída, estratificada em grupos sociais e praticante da agricultura. A descoberta desta cerâmica ocorreu no início do século 19, durante a estação de chuvas, quando essas peças apareceram sob os cascos dos búfalos nas pastagens das fazendas.
Os índios reproduziam seu mundo através da arte oleira, em pratos, vasos, urnas funerárias, chocalhos, machados. Os desenhos revelam motivos de formas antropomorfas e zoomorfas e, quando referiam-se ao homem, desenhavam o jovem como um macaco, o muiraquitã, uma virgem, a tartaruga, um ancião, o jacaré, uma velha feiticeira. A recamara, urna maior onde eram guardadas as urnas funerárias, também abrigava outros objetos como ídolos, machados, bonecas e as famosas tangas, únicas não só na América, mas em todo o mundo. Na língua aruã, recebiam o nome de babal, que significa avental. A tanga pode ser comparada grosseiramente com a parte de baixo de um biquini, mas feita de barro. Hoje uma tanga original pode valer até R$ 25 mil. Para aumentar a resistência da cerâmica, os índios Marajoara agregavam-lhes várias substâncias calcinadas: cascas de árvores, carapaças de tartaruga, pós de pedra e concha e o cauixi, uma esponja silicosa que recobre a raiz de árvores permanentemente submersas. As tintas usadas para a pintura eram de origem vegetal e mineral. Para o tom vermelho, o urucu e o carajuru. Para o preto, o jenipapo e o axuã, além do carvão e da fuligem. Depois de cozida, a peça recebia uma espécie de verniz obtido do breu do jutaí, outra árvore regional. Já as tangas recebiam tratamento ainda mais delicado: eram lixadas com folhas de caimbé e polidas com caroço de inajá ou taboca. Nos motivos das tangas de barro fabricadas especialmente para as mulheres, curiosamente os desenhos jamais se repetem.
A cerâmica da Ilha de Marajó pode ser dividida em seis fases, que se diferenciam sutilmente. A mais importante foi a Marajoara, devido à beleza de sua tradição policrômica, que se desenvolveu de 400 a 1400 d.C. e hoje á a maior inspiração dos artesãos que imitam esta cerâmica. Em Soure, a loja Artesanato Caboclo (Fone: 741-1463), possui belas reproduções.

Exemplares de urnas funenárias...

...expostas no Museu Goeldi

Casa de ribeirinho na Ilha de Marajó ▶

Santarém

A cidade é considerada a capital do oeste do Pará

Belém: 2 dias de barco ou 60 min de avião; **Itaituba**: 391 km; **Altamira**: 762 km; **Marabá**: 1.177 km
262.721
(91)
Coordenadoria de Turismo da Prefeitura, 523-2434

Segundo município mais importante do estado, por ser pólo irradiador do oeste paraense, Santarém está a meia distância entre Belém e Manaus. A "Pérola do Tapajós" destaca-se pela beleza natural das praias, rios e serras dos seus arredores, desde Alter-do-Chão, no Tapajós, e Ponta do Icuxi, no Arapiuns, passando pelas paisagens de matas alagadas das comunidades ribeirinhas, até as formações rochosas de Monte Alegre, com algumas das inscrições rupestres mais antigas da América.

A cidade guarda relíquias da cerâmica tapajônica e é berço de artistas como Dica Frazão, responsável pelo uso das fibras e sementes da Amazônia em trajes já usados por reis, rainhas e pelo papa, e a família Fona, produtora de cuias pintadas à mão.

Fachada do Museu João Fona

ATRAÇÕES

Centro Cultural João Fona

Praça Barão de Santarém, centro. De segunda à sexta, das 8 às 12h e das 14 às 18h. Gratuito.

O edifício foi concluído em 1868 para abrigar o Fórum de Justiça, a prefeitura e o presídio de Santarém. O estilo colonial brasileiro permanece intacto e no atual museu podem ser vistas dezenas de originais da cerâmica tapajônica, objetos históricos como atas

Missão do Tapajós

Francisco Orellana foi o primeiro europeu a chegar à região, no século 16, e a contatar os Tupaius, índios agricultores e exímios caçadores. Em 1661, foi fundada no local a missão do Tapajós, pelo padre João Felipe Bettendorf. Os Tupaius foram desaparecendo por ação das guerras, epidemias e pela escravidão a que foram submetidos. Em 1758, a missão, elevada à categoria de vila, recebeu o nome de Santarém em homenagem à cidade portuguesa onde se encontra o túmulo de Pedro Álvares Cabral.

Apesar das revoltas políticas, com a participação de grande parte da população na Cabanagem, e dos diversos surtos epidêmicos, a vila cresceu ao ponto de só ser superada em número de habitantes pela capital da província, Belém do Pará. Em função disso, o presidente Jerônimo Francisco Coelho elevou Santarém à categoria de cidade em 1848.

Santarém: inicialmente uma aldeia Tapajó

e móveis da Câmara de Santarém do século 19, além de uma galeria de quadros de todos os prefeitos da cidade.

Encontro das Águas

Em frente à cidade.

Cenário formado pelo encontro das águas ocre-argilosas do rio Amazonas com as verde-azuladas do Tapajós, que pode ser visto da orla de Santarém, mais precisamente, do mirante do prédio da Yamada, ao lado da igreja Nossa Senhora da Conceição. As águas correm por cerca de 8 km sem se misturar, devido à diferença de densidade, temperatura e velocidade.

Igarapé-Açu

2 km de barco, em frente à cidade.

O igarapé é um pequeno canal do rio Amazonas, onde é abundante a variedade de espécies da fauna e flora locais, como socós, garças, jaçanãs, além de plantas aquáticas como murerus, responsáveis pela filtração da água, e vitórias-régias, encontradas principalmente entre janeiro e abril. À noite, é possível a visualização de jacarés no canal. Barcos para o local podem ser alugados no porto.

Igreja Nossa Senhora da Conceição

Praça Monsenhor José Gregório, centro.

A principal igreja da cidade foi transferida da praça Rodrigues do Santos, onde estava desde 1661, com estrutura de taipa, para a praça Monsenhor José Gregório, em 1761. Nela se encontra o famoso crucifixo doado pelo cientista alemão Karl Von Martius, em 1948, como pagamento de uma promessa por ter escapado da morte em um naufrágio no rio Amazonas. O crucifixo de ferro fundido mede 1,62 m de altura e difere dos demais por apresentar Jesus ainda vivo.

Lago Maicá

5 km a leste de Santarém, pelo rio Amazonas até o paraná do Ituqui.

É uma espécie de canal natural que leva a outros sistemas de lagos menores. É recortado por furos e igarapés de coloração escura e em

Arredores: muitos lagos e igarapés

toda sua extensão encontram-se a fauna e a flora típicas da Amazônia, principalmente uma grande quantidade de aves. Barcos podem ser contratados no porto da cidade.

Museu Dica Frazão

Rua Floriano Peixoto, 281, centro. De segunda à sexta, das 8 às 12h e das 14 às 18h. Gratuito.

Inaugurado em 1999 na casa da famosa artesã santarena, o museu expõe peças usadas por reis, rainhas e até pelo papa, todas produzidas com palhas de tucum, raiz de *patchuli*, buriti, malva, juta e penas de pássaros. Dica Frazão, com 81 anos de idade e 51 de trabalho, recebe o visitante e dá explicações sobre como utilizar os materiais naturais na produção de tecidos. No quintal de sua casa são criadas centenas de patos para as penas dos vestidos, que tornaram a artista reconhecida mundialmente.

ARREDORES

Alenquer

6 horas de Santarém atravessando o rio Amazonas.

A cidade formou-se na primeira metade do século 18, quando os Capuchos de Piedade se estabeleceram no local para catequese dos índios Abaré. Junto com Monte Alegre, a área é abrigo de formações rochosas seculares, vistas principalmente na **Cidade dos Deuses** e em cachoeiras de até 40 m. Na cidade, casas com fachadas coloniais e prédios seculares, como os do colégio Fulgêncio Simões e da igreja Santo Antônio, espelham a riqueza da era da extração da balata, resina semelhante à borracha. A cidade possui três hotéis: Pepita, Ciro e Makar, cujo contato pode ser feito diretamente na Coordenadoria de Turismo (fone: 526-1220).

Uma das atrações de Alenquer é a **Cachoeira do Açu das Pedras** (30 minutos pela PA-225, mais 30 min por trilha a pé a partir do ramal das Pedras). Antes de chegar à cachoeira, o visitante tem que se aventurar por uma ponte suspensa, por onde só passa uma pessoa a cada vez, acima do igarapé local. A queda d'água no meio da floresta impressiona os visitantes por cair numa espécie de clareira de chão de pedras. Mas o banho só é aconselhado na época das chuvas, entre janeiro e junho. Outra é a **Cachoeira do Paraíso** (40 minutos de estrada pela PA-254 e ramais). Mesmo na época de seca, a água continua a cair cristalina. No pé da cachoeira, há um lago de águas límpidas e geladas. Para os mais aventureiros, há a opção da **Cachoeira do Véu da Noiva** (120 km de estrada, mais 2 km por trilha em área descampada e 8 km por trilha na floresta). É uma queda d'água de 40 m de altura localizada no canyon do igarapé do Inferno. A profundidade dos canyons do entorno pode chegar a até 200 m, mas o acesso ao local é difícil e as excursões duram em média três dias. O passeio pode ser agendado na Coordenadoria de Turismo.

Dica Frazão em seu museu

São Caetano de Odivelas

A cidade abriga as festas de junho, que nasceram em 1930 com a criação do Boi Ribanceira. Surgiram depois o Boi Faceiro e o Boi Tinga, acompanhados por bichos, máscaras e cavaleiros. Cada boi tem seu artesão exclusivo, uma banda particular e seus próprios coadjuvantes, como o buchudo, o vaqueiro, o dinossauro e o pirrô, com seu capacete de desenho mourisco e máscara nariguda. O que distingue o boi de Odivelas dos outros bois bumbás do resto do país é o fato de ele ser feito com o esqueleto da cabeça de um boi verdadeiro e ter quatro pernas."Boi de duas pernas não é boi, é galinha", dizem os odivelenses. É possível acompanhar as festividades. Informações pelo telefone (91) 242.0033.

Personagem do Festival de junho de São Caetano de Odivelas, a 130 km de Belém ►

Artesanato

Vasos cariátides, semelhantes a uma lâmpada de gênio, estatuetas tapajônicas, cuias pintadas à mão, bonecas de pano e artigos de fibra são parte do artesanato tradicional de Santarém. As cuias com paisagens amazônicas são produzidas até hoje pela família de João Fona, artista local falecido em 1964, já outros artesãos da cidade tornaram-se conhecidos pela precisão das reproduções em cerâmica. Todos os tipos de peças são encontrados na loja Muiraquitã (Fone: 522-7164) e na Casa do Artesanato (Fone: 522-2434).

Alter-do-Chão

32 km de Santarém, pela rodovia Everaldo Martins.

Antiga aldeia dos índios Borari, a praia é considerada o Caribe da Amazônia, banhada por águas de tonalidade esverdeada, pontuada por bancos de areia. Situa-se na margem direita do Tapajós, numa enseada que une o rio ao lago Verde, onde a praia com quiosques de comidas e bebidas fica exposta de agosto a janeiro. O lago era considerado sagrado pelos indígenas por ser a fonte de onde as Amazonas recolhiam a nefrite, mineral esverdeado com o qual produziam os muiraquitãs. Alter-do-Chão possui atrativos naturais e culturais, como o morro de Alter-do-Chão, o Centro de Preservação da Arte Indígena e a Festa do Çairé, além de infra-estrutura turística, com lojas de artesanato, restaurantes e as pousadas Alter-do-Chão (Fone: 527-1215) e Vila da Praia (Fone: 527-1138). O **Centro de Preservação da Arte Indígena** (Rua Dom Macedo Costa, s/n, Fone/fax: 527-1110. De segunda à sexta, das 8 às 12h e das 14 às 18h) é o maior centro de preservação e suporte da arte indígena do oeste paraense, com uma coleção de mais de 1.500 peças, em 1.000 m^2 de área construída. Oferece uma programação diária ao público com seu diversificado acervo e demonstração ao vivo da produção de arte pelos índios.

Belterra

52 km pela BR-136.

Belterra nasceu do sonho do empresário norte-americano Henry Ford de plantar seringueiras na Amazônia para fornecer látex à linha de produção da Ford. Em 1928, teve início o plantio de mais de 3.500 km^2 de seringueiras na área conhecida como Fordlândia. Os investimentos no campo, junto com a construção da sede do projeto, em Belterra, chegaram a US$ 25 milhões. Em 1934, cerca de dez mil funcionários estavam morando no local. Mas o aparecimento de uma praga conhecida como "mal das folhas" devastou quase toda a monocultura, restando como única testemunha do empreendimento a cidade que foi planejada.

Canoas de passeio em Alter-do-Chão

Cerâmica Tapajônica

Antes dos índios Tupaius, há mais de 8 mil anos, existiu na área que vai do baixo Tapajós à cachoeira Boruré uma tribo de cultura muito avançada, conhecida na região por Tapajó. Seu universo mítico e grau de evolução técnica estão gravados em vasos, cachimbos, urnas funerárias e estatuetas em cerâmica, encontrados ainda hoje nos sítios arqueológicos da região de Santarém. Tal cerâmica apresenta estilo rebuscado, com excesso de modelagem, em que se misturam formas humanas e animais. Nas estatuetas, os ídolos usam os membros para fixar atitudes, ora as mãos estão sobre o rosto, ora os braços se cruzam sobre as pernas e a cintura.
Os vasos eram usados em rituais religiosos. A partir de avançados processos de mumificação, a tribo cultuava os mortos guardando-os em urnas funerárias trabalhadas.

Estatueta em cerâmica e...

...candelabro, expostos no Museu João Fona

Sabe-se também que os Tapajó possuíam hierarquia social, com classes de escravos, príncipes e princesas, além de extenso conhecimento agrícola para produção de milho, usado na fabricação de bebidas.
Os muiraquitãs, pequenos amuletos com formas de animais como sapos e macacos, eram produzidos e usados pelas Icamiabas, que se acredita ser a tribo descrita por Francisco Orellana como sendo a das guerreiras Amazonas. Diz a lenda que as Icamiabas iam buscar os talismãs no fundo dos lagos com a Mãe do Muiraquitã e lá escolhiam as configurações que quisessem para trazê-los à Terra. Com estas pedras, passavam a atrair os homens com os quais teriam filhos.

Belterra conserva até hoje a arquitetura original de traçado norte-americano. As casas de madeira com sótão e frente ajardinada em ruas equipadas com hidrantes são patrimônio da União. Ao seu redor são vistas centenas de seringueiras que ainda são fonte de sustento para algumas famílias, assim como o Bosque de Seringas, atrás do prédio da Prefeitura.
Às margens do Tapajós, o município de Belterra abriga as praias do Pindobal, Maguari, Cajutuba. As visitas às praias podem ser feitas com os guias da Pousada de Belterra (fone: 558-1192).

Fazenda Taperinha

80 km de Santarém atravessando o lago Maicá até o paraná Ayayá, 3h30 de barco. R$ 10. Marcar com antecedência na Coordenadoria de Turismo de Santarém. Fone: 523-2434.
A fazenda pertenceu ao Barão de Santarém no século 19, sendo administrada pelo americano Romulus Rhome. Foi Rhome quem construiu o primeiro barco a vapor da Amazônia, conhecido como Taperinha, e se dedicou às pesquisas arqueológicas que revelaram machados de pedras e urnas

Festa do Çairé

Integrantes do boto Tucuxi

A Festa do Çairé de Alter-do-Chão, realizada na segunda semana de setembro, é uma manifestação regional transformada em fenômeno de massa que atrai, a cada ano, cerca de 50 mil visitantes. O Çairé existe há pelo menos 300 anos na área do Tapajós onde viviam os índios Borari.
As festividades começam com uma programação de rituais religiosos, com rezas e ladainhas durante o dia, e se estende à noite com apresentações profanas, baseadas nos ritmos do carimbó e do siriá. Os botos Tucuxi e Vermelho, grupos com cerca de 400 integrantes cada, apresentam-se com personagens da cultura local, como a Rainha do Çairé, a Rainha do Artesanato, Índios, Curandeiros, entre outros. Na primeira semana de setembro ocorre também a Busca dos Mastros, quando vários barcos enfeitados com fitas coloridas navegam pelos igarapés próximos a Alter-do-Chão, anunciando sua presença nas comunidades rurais.

funerárias com ossos humanos. Além da casa principal, que inclui uma biblioteca, o visitante pode conhecer os sambaquis, depósitos antigos de conchas, esqueletos amontoados e restos de cozinha de tribos pré-históricas, de até 6,5 m de espessura, que foram encontrados na fazenda. Ali foram achadas peças com idades aproximadas de 8 mil anos.

Floresta Nacional de Tapajós

50 km pela BR-136 a partir de Santarém ou 40 min.
Criada em 1974, em área de 6.000 km^2, a Floresta compreende os municípios de Belterra, Aveiro e Rurópolis. As matas são primárias, com fauna e flora diversificadas. Possui razoável infra-estrutura, com alojamentos nos km 83 e km 117, de onde se pode partir para caminhadas pela selva, acompanhado de um guarda florestal. As visitas devem ser marcadas no Ibama (fone: 523-2964).

Monte Alegre

6h descendo o rio Amazonas de barco a partir de Santarém.
A cidade é cercada pelas serras do Ererê, Pay-Tuna e Ocidental,onde estão as pinturas rupestres mais antigas da Amazônia, provas da existência de uma civilização de pelo menos 12 mil anos. As cachoeiras e cavernas da região são resultado de formações de 400 milhões de anos. O pouso das garças brancas e negras, que acontece todo fim de tarde, pode ser visto do trapiche central ou de um dos oito mirantes da cidade. A 12 km da cidade está a Estância de Águas Sulfurosas, conhecida por ser rica em enxofre e, numa temperatura de 38°C, recomendada para tratamentos dermatológicos e sessões de imersão com poder rejuvenescedor. As fontes de água nascem na serra do Ererê a 130 metros e provêm de três ramais com temperaturas diferentes. A infra-estrutura da estância de águas sulfurosas, no entanto, data de 1922.
As Serras do Ererê e Pay-Tuna estão a 50 km pela PA-225 em carro com tração nas 4 rodas. A serra do Ererê, palavra indígena que significa "mais uma vez adeus", foi a primeira a ter suas pinturas rupestres estudadas, especificamente no local conhecido como serra da Lua. Nas cores vermelha e amarela, as pinturas

Grande parte das comunidades nos arredores de Santarém vive na beira d'água

representam o sol, a lua e figuras do cosmo. Só é possível ir ao local com guias da prefeitura. Pay-Tuna, ou lago de águas negras, em alusão ao lago Gurubatuba que se vê de cima da serra, é alvo de uma das mais polêmicas teorias da arqueologia. Em 1993, a arqueóloga americana Ana Roosevelt encontrou resquícios humanos em escavações na caverna das Pedras. Sua pesquisa mostrou a existência de uma civilização organizada que ocupou a Amazônia há 12 mil anos, levando à teoria de que o homem americano tem origem amazônica. Quem quiser ver as pinturas antropomórficas e de animais, num painel de 3 m de comprimento, tem que subir os 300 m da serra.

Reservas extrativistas do Tapajós e Arapiuns

comunidades ao longo dos rios Arapiuns e Tapajós.

Algumas das atrações das reservas são as Cachoeiras de Aruã, com quedas de cerca de 20 m e grande volume d'água, que podem ser observadas durante todo o ano e formam piscinas propícias para o banho. **A comunidade de Aruã** é formada por cerca de 10 famílias indígenas que vivem da caça, da pesca e da agricultura de subsistência. De maioria católica, promovem festas religiosas durante todo o ano. Para chegar até a comunidade, são 12 horas de viagem pelo rio Arapiuns saindo de Santarém.

Outra atração é a Praia da Ponta Grande, localizada na **comunidade de São Pedro**, uma das maiores da Reserva Extrativista do Arapiuns, onde vivem 80 famílias. Além da beleza de uma das maiores praias fluviais da região, é possível apreciar a piracaia, peixe assado em folhas de bananeira em fogueiras improvisadas. Os moradores preparam o prato nas noites de lua cheia, sempre servido com a cachaça local. O acesso também se dá pelo rio Arapiuns, numa viagem que leva entre sete e oito horas, a partir de

Escola e mercearia às margens do rio

Óbidos – Sentinela do Amazonas

Forte de Óbidos, erguido pelos portugueses para controlar a navegação no Amazonas

A nove horas de barco de Santarém, subindo o Amazonas, encontra-se a cidade "Sentinela da Amazônia", rica em história e local onde o rio atinge seu ponto de maior estreitamento. Óbidos é marcada pelos diferentes momentos da colonização portuguesa na Amazônia, observados em ruas estreitas, no casario colonial do século 19 ou na fortaleza construída para controlar a presença estrangeira na região.

Foi Pedro Teixeira, o navegador português que subiu o Amazonas em 1637, quem sugeriu a construção de uma base militar no ponto em que o rio atinge somente 1.600 m de largura. O forte, erguido em 1697, visava impedir o contrabando das drogas do sertão, como gengibre, canela, baunilha, cravinho e possibilitar à Coroa cobrar o dízimo de toda embarcação que passasse por ali carregada de mercadorias. No século 19, a cidade conheceu o ápice econômico dos coronéis do cacau e serviu de base para a instalação de uma colônia militar. Proprietários de terras passaram a traduzir seu poder no modo de construir, optando pela ostentação da arquitetura européia. Óbidos ficou conhecida como uma cidade de ricos, em que os filhos das famílias abastadas iam estudar no exterior, e de onde saíram nomes como Inglês de Souza e José Veríssimo, fundadores da Academia Brasileira de Letras.

Em 1909, foi concluída a construção do Quartel de Óbidos e, anos mais tarde, foi construída a fortaleza Gurjão, que teve seus momentos de glória na defesa da garganta do Amazonas, dotada de seis potentes canhões.

Santarém. Ainda no rio Arapiuns, a **comunidade de Urucureá** é um pólo de produção de artesanato de palha de diversos tipos de plantas. A manufatura é desenvolvida apenas pelas mulheres, que utilizam principalmente a fibra de tucumã, conhecida por ser mais resistente e tolerante às tinturas à base de urucum e crajaú, uma espécie de arbusto rasteiro. São confeccionados chapéus e colares, além de vários utensílios para cozinha, como cestos, fruteiras e descansos de panelas. Para chegar a Urucareá, a partir de Santarém, o acesso é exclusivamente fluvial, através do rio Arapiuns. A viagem dura três horas.

Uma outra atração das reservas é a Dança do gambá. A grande quantidade de gambás, conhecidos localmente como mucuras, na região da **comunidade de Pinhel** é apontada

como a origem do nome da festa, que acontece no mês de agosto. Os índios executam danças e preparam comidas e bebidas típicas, como a cachará e a tarubá, feitas à base de mandioca fermentada. A raiz é colocada numa espécie de cama de palha chamada pussanga, onde fermenta durante alguns dias, sendo depois coada. O líquido resultante será mais forte dependendo do tempo que ficar em repouso. Pinhel fica na margem esquerda do rio Tapajós e é a mais distante - a partir de Santarém - das comunidades das Reservas Extrativistas. São 16 horas de barco. Na outra margem do Tapajós, em Pini, comunidade localizada na Floresta Nacional, acontece em setembro o Festival do Tucunaré, evento que une tradições da pesca indígena e esporte. As noites são animadas com músicas e danças. **As comunidades de Pini, Surucuá, Nuquini e Nova Vista** abrigam as Oficinas caboclas, projeto do IPAM, Instituto de Pesquisa Ambiental da Amazônia, que aproveita as sobras da madeira cortada pela comunidades. Móveis e outros utensílios domésticos são fabricados em formas curiosas, como arraias, golfinhos e outros animais. Nenhum tipo de máquina é usado na confecção dos produtos. Essas comunidades ficam a 7 h de barco de Santarém.
As reservas não possuem estrutura de

Igreja Matriz de Óbidos

hospedagem, mas visitar as comunidades é possível com um barco que faz baldeação em cada uma delas. Esses barcos saem apenas duas vezes por semana, em horários que podem variar. Para confirmá-los, ligue para a Coordenadoria de Turismo da Prefeitura de Santarém. Fone: 523-2434.

Ponta das Pedras e Lago do Tapari

23 km de Santarém, pela rodovia Everaldo Martins e 12 km de estrada de terra.
A praia de Ponta de Pedras passou a ser mais freqüentada há 6 anos, com o asfaltamento da rodovia Everaldo Martins. Destacam-se formações

Encontro do Tapajós com o Amazonas, em Santarém

Cheia no rio Trombetas, afluente da margem esquerda do Amazonas ►

Porto Trombetas abriga a maior mina de bauxita do Brasil

rochosas e a presença de vegetação próxima às margens do rio, o Tapajós. O ambiente é rústico, ali moram 34 famílias em uma pequena vila, mas a praia possui barracas de venda de comida e bebida. Há seringueiras na orla e é possível fazer caminhadas ecológicas até o Lago do Tapari, onde se vêem várias espécies de aves, mas o cenário da água transparente, que contrasta com o verde da mata e o branco da areia, unicamente nos meses de verão - agosto a novembro- , vale por si só.

Oriximiná

11 horas de barco a partir de Santarém, subindo o rio Amazonas e a foz do rio Trombetas.

Rio Mapuera, afluente do Trombetas

A cidade abriga uma das importantes reservas biológicas e culturais da Amazônia, com uma área de desova de tartarugas protegida pelo Ibama e as comunidades remanescentes de quilombos que habitam a região há mais de um século. Oriximiná é banhada pelo rio Trombetas e possui várias praças, igrejas e casas rústicas em ruas enladeiradas. A cidade possui estrutura de hospedagem (Hotel Castanheira. Fone: 544-1115).
Uma das atrações do entorno de Oriximiná é a **Cachoeira Porteira e Comunidade de Tapagem** (5 horas de lancha a partir de Oriximiná. Excursão agendada na Secretaria de Turismo. Fone: 544-2072).Corredeiras, túnel de pedras e a força do rio Trombetas tornam o passeio à cachoeira uma aventura. Durante o trajeto, pode-se observar a floresta, áreas de desova de tartarugas, botos e até jacarés. A viagem de barco termina em um pequeno povoado, Cachoeira Porteira. Durante o passeio é parada obrigatória a comunidade negra de Tapagem. Localizada em frente aos castanhais da reserva do Trombetas, espelha um pouco da história dos negros no Pará. Centenas de remanescentes de quilombos que vivem há mais de um século no local são testemunhos da resistência negra na Amazônia.
A 10 min de barco de Oriximiná estão as **Praias de Caipuru, Ponta do Violão e Lago de Iripixi**. As praias

recebem grande número de visitantes entre setembro e dezembro, quando a maré atinge seu nível mais baixo. Suas areias são brancas, a água é cristalina e a orla é ornamentada por dezenas de árvores, que possibilitam o descanso em redes - levadas pelos visitantes. No entanto, nenhuma das praias possui infra-estrutura de hospedagem e alimentação.
A 80 km de Oriximiná está localizado o **Porto Trombetas**. Em 1967, no rio Trombetas, foram descobertas as primeiras jazidas de bauxita, estimadas em 1,7 bilhão de toneladas.Em 1979, a empresa Mineração Rio Norte S.A. inicia a extração do minério e a exportação da bauxita no local. No início dos anos 80, a produção anual era de 3 milhões e 350 mil toneladas. Hoje, este número subiu para 11 milhões de toneladas e, até 2003, pode chegar a 16 milhões de toneladas. Toda a bauxita é escoada por uma rodovia de 30 km e depois segue pelo rio Trombetas até o Amazonas, onde é transportada em barcos para Belém.

Círio Fluvial de Santo Antonio

Os barcos são preparados à noite

Realizada no primeiro domingo de agosto, a festa de devoção católica do povo oriximinaense acontece no rio Trombetas. Dezenas de embarcações enfeitadas com luzes e papéis coloridos vêm das diversas comunidades ribeirinhas em direção ao porto da cidade, com fiéis pagando promessas e prestando homenagem ao padroeiro do município.

Óbidos: ponto mais estreito do Amazonas

O núcleo urbano do Porto Trombetas é praticamente auto-suficiente, composto de mais de mil casas, hospital, clube e escolas. A visitação ao local não é permitida.

Hotel Tataquara

3h30 subindo o Rio Xingu a partir de Altamira.
Situado em uma ilha do rio Xingu, é o único da Amazônia caracterizado como Hotel Indígena, pelas peculiaridades da hospedagem que oferece. O hóspede fica em cabanas de palha impermeabilizadas com óleos naturais; o restaurante fica em um amplo galpão construído com palhas de coco de babaçu, madeiras e cipós da floresta; índios WaiWai trabalham no local e servem como guia nos passeios e trilhas ecológicas pela floresta. Saídas de barco para pesca esportiva no rio Iriri e banho nas águas do Xingu são organizados pelo hotel. As reservas devem ser feitas com antecedência (fone/fax: 515-4469 e xingu@portalxingu.com.br).

DICAS

Para conhecer as atrações dos arredores de Santarém, é necessário utilizar os barcos de linha locais, sendo recomendável ao visitante ter sempre à mão uma rede de dormir e um par de cordas para atá-la ao barco.

MATO GROSSO

Alta Floresta

Rio Cristalino, afluente do Teles Pires

Cuiabá: 786 km; **Sinop:** 300 km;
Colíder: 159km; **Brasília:** 1.919 km
46.956
(65)

Está localizada no extremo norte do estado do Mato Grosso, perto da Serra do Cachimbo, nas terras altas da Amazônia meridional, entre os rios Teles Pires e Juruena, que formam o Tapajós, um dos maiores afluentes do Amazonas. É uma região por onde serpenteiam rios menores de águas cristalinas, com praias de areia branca e cachoeiras de até 40 m de altura.
A floresta é repleta de bromélias, orquídeas, samambaias, flores, liquens e fungos, que se misturam a uma dezena de espécies de palmeiras nativas como o açaí, e a enormes e seculares árvores, como as castanheiras, mognos, ipês, cedros, paineiras e figueiras. A vegetação garante o alimento de animais como cotias, pacas, antas, veados, preguiças, capivaras, queixadas, jacarés e várias espécies de macacos. A presença de onças, animal do topo da cadeia alimentar, comprova o bem estar deste ecossistema. O chão é coberto por folhas, cipós e galhos, formando uma camada espessa e fofa que chega a medir 50 cm; o pé afunda ao andar.
Em Alta Floresta já foram catalogadas centenas de insetos, mais de 80 espécies de borboletas e 400 de aves como araras, tucanos, biguás, tuiuiús, papagaios e a rara e pré-histórica cigana, considerada um elo vivo entre os répteis e as aves, um dos motivos que leva ornitólogos do mundo todo a procurar a região.
Nos rios, a vida também é rica: peixes como tucunarés, piraíbas, jaús, matrinxãs, pacus e dourados, além das piranhas, são facilmente encontrados.

Urucum: usado para pintura corporal

◄ **Cachoeiras de até 40 m são algumas das atrações de Alta Floresta**

Para defender a Amazônia

Vista aérea de Alta Floresta, ocupação estratégica para defender a nação

Nos anos 70, o governo militar brasileiro temia uma invasão estrangeira à floresta amazônica e, em razão disso, incentivava a ocupação do que viria a ser Alta Floresta. O empresário Ariosto Da Riva foi um dos contemplados por esta política. Em 1974, ele, então com 60 anos, conseguiu um lote de 8.000 km^2 de terra na região, que até então era habitada apenas por alguns índios da tribo Kaiabi. A cidade, projetada aos moldes de Brasília, foi fundada em 1976. A terra foi dividida em lotes e uma grande parte doada a colonos - a maioria deles migrantes do Sul do país – em uma espécie de reforma agrária privada. Em 1985, quando vivia sua melhor fase, com quase 100 mil habitantes e uma economia baseada em produtos agrícolas, muitos deles nativos da região, como a castanha-do-pará e o guaraná, a cidade foi invadida pelo garimpo. O ciclo do ouro durou quase dez anos e deixou cicatrizes profundas na terra e nos leitos dos rios contaminados pelo mercúrio. Recentemente, a região voltou a crescer às custas de atividades como a pecuária e a indústria madeireira. O aeroporto é o segundo maior do estado; a estrada até Cuiabá está inteiramente asfaltada e 50 mil habitantes vivem na cidade, que se desmembrou em outros municípios como Carlinda, Apiacás, Nova Bandeirante e Nova Monte Verde. O povo é festeiro e adota o estilo *country*, bem parecido com cidades do interior paulista.

Apesar de toda esta beleza, as fotos tiradas por satélite comprovam a ameaça ao meio ambiente que se vê em terra e em sobrevôos: invasão de terras, extração ilegal de madeiras nobres, expansão da atividade pecuarista e sucessivas queimadas estão pressionando cada vez mais a mata virgem.
A época mais indicada para visitar a região é durante o período da seca, de maio a outubro, quando baixa o nível dos rios formando-se as praias fluviais. De novembro a abril chove bastante: lama e rios cheios tornam as viagens mais difíceis.

ATRAÇÕES

Na região de Alta Floresta, as principais atrações estão localizadas ao redor dos dois hotéis de selva locais: o Cristalino Jungle Lodge e a Pousada Thaimaçu.

Cristalino Jungle Lodge

Localizado no rio Cristalino, afluente do Teles Pires, a uma hora de carro mais meia hora de barco de Alta Floresta, tem várias opções de passeios. Suas principais atrações são a trilha da castanheira, uma trilha curta, de 40 min, até uma árvore de 50 m de altura que precisa de seis homens para abraçá-la. Estima-se que ela tenha 500 anos de idade. E a trilha da serra, que leva 40 min, até o topo da serra do Cristalino para observação da floresta e do pôr-do-sol. O hotel possui uma torre de observação, erguida a 50 m de altura. Da torre se tem esplêndida vista das copas das árvores. Pode-se praticar canoagem, no silêncio dos remos, correnteza abaixo, com a chance de avistar animais nas margens do rio e fazer observação noturna de jacarés, apenas no período da seca, de maio a outubro.

É possível fazer uma expedição de sete dias à cachoeira do Cristalino: três dias de barco até a cachoeira, mais três para voltar. Para chegar, são feitos acampamentos selvagens nas praias. A expedição é feita apenas com reservas antecipadas de um mês.

Pousada Thaimaçu

Localizada às margens do rio São Benedito, afluente do Teles Pires, a uma hora de vôo ou quatro horas de carro de Alta Floresta. Suas principais atrações são o passeio à nascente do rio Azul, que leva uma hora de barco até o aquário natural de águas transparentes de fundo de calcário. A cachoeira do Cururu-Mirim é alcançada em um passeio que leva duas horas de jipe, mais três horas de voadeira pelo rio Cururu-mirim, até desembocar em uma cachoeira de 40 m de altura por 30 de largura isolada na mata.

Hotel Cristalino Jungle Lodge

Rio Cristalino

Pousada Jardim da Amazônia

O Mato Grosso oferece ainda outra possibilidade de hospedagem para os visitantes que se aventuram nesta área de transição entre a Floresta Amazônica e o Cerrado: a Pousada Jardim da Amazônia, localizada a 290 km de Cuiabá, às margens do rio Claro, afluente do rio Arinos. O local oferece programas de safári fotográfico, trilhas, banhos nas águas cristalinas do rio, entre outras atividades.

DICAS

A Trip faz vôos diários de Cuiabá para Alta Floresta, de segunda à sexta. Mais informações no aeroporto de Alta Floresta. Fone: 521-3360. O bilhete ida-e-volta custa R$ 500. De São Paulo para Cuiabá saem vôos diários pela Tam, Vasp, Varig e Transbrasil. De ônibus, várias empresas fazem saídas regulares do trecho Cuiabá-Alta Floresta em ônibus leito e comum. Leva 12 horas e custa em média R$ 40 o bilhete de ida. Mais informações na rodoviária de Alta Floresta. Fone: 521-3177.

RONDÔNIA

RONDÔNIA

A história do Estado está diretamente relacionada à construção do Forte Príncipe da Beira pelos colonizadores portugueses em 1775, onde hoje é a cidade de Costa Marques. Nos séculos seguintes, foram os ciclos extrativistas da castanha e da borracha que impulsionaram, timidamente, o povoamento da região. No começo do século 20, quando o Estado do Acre foi criado, a Ferrovia Madeira-Mamoré começou a ser construída e as linhas telegráficas, que ligavam a região ao resto do país, foram instaladas pelo Marechal Cândido Rondon, a região começou a fazer parte do cenário brasileiro de uma forma mais efetiva. Em 1943, o Território do Guaporé, atual Estado de Rondônia, foi criado pelo governo federal. O Estado viveu da exploração da castanha e da borracha até os anos 70 , quando a população era de 111 mil habitantes. Nos anos 80, este número subiu para 490 mil e hoje o Estado - criado oficialmente em 1981- abriga uma população de 1,2 milhão de pessoas. Este grande aumento populacional aconteceu em função de inúmeras levas migratórias, provocadas pela descoberta da cassiterita - minério de estanho - na região, pela construção da BR-364, cuja obra iniciou-se na década de 60 e ligou a cidade ao Centro-sul do Brasil, pelos garimpos de ouro e diamantes e por projetos governamentais de assentamento agrícola. Estes incentivaram a migração de milhares de pessoas do Sul e Nordeste do país. Ao longo das décadas, os surtos migratórios e a exploração descontrolada de recursos naturais tiveram efeitos danosos sobre o ambiente, como o desmatamento de áreas imensas de floresta e a exploração sem controle dos recursos da região.

Rondônia tem hoje cerca de 25% de sua floresta nativa desmatada. Apesar disso, o Estado tem importantes reservas e atrações naturais. São 51unidades de conservação, três parques - um nacional, o do Pacaás Novos – e 22 áreas indígenas. As reservas totalizam 35% da área de Rondônia e se concentram na região do Parque Nacional de Pacáas Novos e do vale do Guaporé, próximo à divisa com a Bolívia. O Estado abriga festas como a do bumba-meu-boi, no período junino. Os arraiais ficam lotados de grupos folclóricos, que têm o tema de suas apresentações inspiradas em lendas como a do boto cor-de-rosa e da cobra-grande. No vale do Guaporé, a festa principal é a do Divino, que tem um cortejo fluvial que passa pelas principais cidades nas margens do rio Guaporé de maio a julho.

Principais atrações

1. Catedral Metropolitana
2. Locomotiva da Ferrovia Madeira-Mamoré
3. Encontro das águas

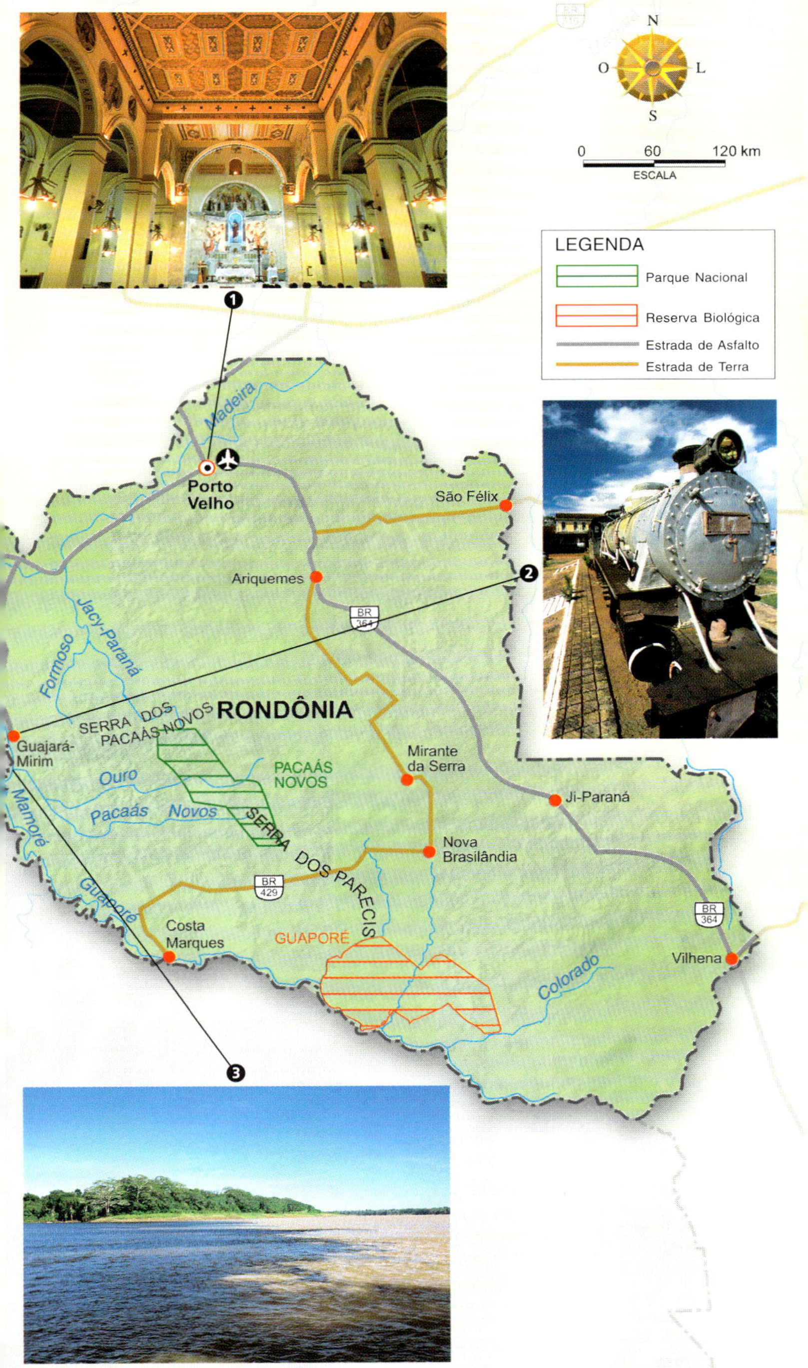
N
O
L
S
0
60
120 km
ESCALA
LEGENDA
Parque Nacional
Reserva Biológica
Estrada de Asfalto
Estrada de Terra
1
2
3
Madeira
Porto Velho
São Félix
Ariquemes
BR 364
Jacy-Paraná
Formoso
RONDÔNIA
SERRA DOS PACAÁS NOVOS
Guajará-Mirim
Ouro
PACAÁS NOVOS
Mirante da Serra
Ji-Paraná
Pacaás Novos
Mamoré
SERRA DOS PARECIS
Nova Brasilândia
BR 429
Guaporé
Costa Marques
GUAPORÉ
Colorado
Vilhena

Porto Velho

A cidade se desenvolveu às margens do rio Madeira

Guajará-Mirim: 335 km; **Rio Branco:** 545 km; **Manaus:** 5 dias de barco; Cuiabá: 1.500 km.
334.585
(69)
Superintendência de Turismo,
223-3496 e 224-4630

Porto Velho está situada nas margens de um dos maiores e mais importantes afluentes do Amazonas, o rio Madeira. Como o acesso a Manaus por estrada de terra (BR-319) é quase impossível para veículos comuns, o rio é o principal meio de ligação entre as cidades e uma das principais hidrovias da região Norte.
Para o resto do país, o único acesso a Porto Velho é a rodovia BR-364. Foi por ela que, ao longo das últimas décadas, chegaram diversas levas de colonizadores ao Estado, principalmente nordestinos.
A economia da cidade foi marcada, no século 20, pelos ciclos extrativistas do ouro, borracha e madeira. A construção da ferrovia Madeira-Mamoré, começou em 1912, com o objetivo de escoar a produção de borracha da Bolívia. Muitos museus e edifícios da cidade contam a saga da estrada de ferro. Os prédios que restaram da Madeira-Mamoré estão localizados próximos ao cais, onde acontece o movimento de barcos de passageiros que moram ao longo dos rios da região.
Do cais saem passeios pelo rio Madeira. Porto Velho é acessada por via aérea com vôos diretos das principais capitais, ou pela rodovia BR-364.

Rio Mamoré: principal hidrovia da região

À procura do ouro

O povoamento do alto Madeira e vale do Guaporé começou no século 18, quando tropas portuguesas tentavam encontrar ouro na região. Por volta de 1883, os primeiros migrantes começam a chegar à procura do látex, matéria-prima da borracha. Em 1912, com o início da construção da estrada de ferro Madeira-Mamoré, a região passa pelo auge da migração, quando chegam milhares de trabalhadores de várias partes do Brasil e do mundo, principalmente negros das Antilhas, no Caribe.
Em 1914, a pequena vila que servia de base para a construção da ferrovia é oficialmente transformada em município e torna-se um importante centro portuário e ferroviário. Em 1943, é oficializada a criação do Território do Guaporé e a cidade é escolhida como capital. Dois anos mais tarde, o governo federal começa a criar várias colônias agrícolas, tentando, sobretudo, incrementar a produção de borracha na região. Em 1956, o então território de Guaporé passa oficialmente a ser conhecido como território de Rondônia, em homenagem ao Marechal Rondon, que liderou, entre as décadas de 20 e 40, a instalação de 2.232 km de linhas telegráficas na região amazônica, acompanhado de muitos migrantes. O território é elevado a Estado em 1981.

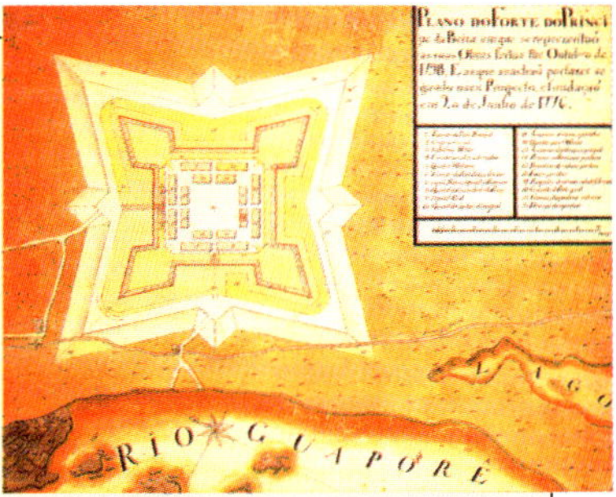

Planta do Forte do Príncipe da Beira

Peças indígenas: destaque em Porto Velho

ATRAÇÕES

Artesanato Indígena

Artes Brasil. Rua Euclides da Cunha, 1952. Fone: 224-4774. Das 8 às 18h, sábado das 8 às 13h.
Fecha aos domingos.
Bom local para conhecer o rico artesanato do Estado. O destaque é para o indígena, principalmente a arte dos índios Karitiana e Tenharim, com cocares e outros adornos, cestos de palha finamente trançados, vasos de cerâmica, miniaturas de animais e diferentes entalhes de madeira.

Balneário Rio Preto

BR-364 para Cuiabá, km 27. Fone: 223-9383. Das 8 às 17h. Ingresso R$ 8 por veículo ou R$ 2 por pessoa.

Porto Velho e o rio Madeira

O balneário fica às margens do rio Preto, possui uma área que inclui estrutura de camping, churrasqueiras, quadra de vôlei, bar e restaurante. A principal atração é o rio, que forma pequenas praias e um lago. Ele nasce na divisa com o Estado do Amazonas e corre aproximadamente 220 km até desaguar no rio Candeias, outro afluente do Madeira. Próximas ao balneário, as águas do rio são calmas e propícias para a pesca de tucunarés, piaus e jatuaranas.

Cachoeira de Santo Antônio

Estrada de Santo Antônio, km 07.
Neste local, as águas do rio Madeira chocam-se violentamente contra grandes blocos de pedra. Na estação das secas, é possível nadar em alguns pontos; nas cheias, o volume de água é tão grande que nem barcos pequenos conseguem navegar no local. Nas suas imediações, o desnível das águas origina poços que abrigam grandes peixes e favorecem a pesca. O acesso pode ser feito pelo porto Cai N'Água, onde pequenos barcos fazem o rápido traslado. Outra opção é seguir de trem - passeio de Maria-fumaça, apenas aos domingos - ou de carro, seguindo a estrada paralela ao rio Madeira.

Cachoeira de Teotônio

Acesso pela BR-364 para Rio Branco, 38 km de terra.
Famosa pelos imensos bagres que abriga, estes peixes podem pesar até 100 kg e são fisgados por pescadores que se amarram a correntes de ferro para não serem levados pela correnteza. A cachoeira do Teotônio é considerada um dos locais de maior declive da região do alto Madeira. As águas do rio chocam-se violentamente contra lajes de pedras, formando grandes corredeiras. Na época das cheias, raríssimos barcos ousam enfrentá-las, mas, na seca, o volume de água diminui tanto que é possível caminhar pelas pedras até a outra margem do rio. Nesta época, várias praias fluviais formam-se ao longo do curso de água.
Na segunda semana de setembro, o local hospeda um campeonato de pesca. Existem alguns bares e restaurantes nos arredores da cachoeira que costumam abrir apenas nos finais de semana. O acesso por carro ao local é fácil.

Madeira-Mamoré: uma epopéia dramática

A Bolívia, no final no século 19, tinha a necessidade de escoar a borracha, ouro e a prata pelo Atlântico para atingir os mercados americano e europeu. A idéia era contornar as corredeiras do alto rio Madeira, partindo do povoado de Santo Antônio e chegando até Porto Velho.

Em 1861, como parte de um acordo entre o governo brasileiro e boliviano, surgiu a idéia de construir um porto no rio Madeira e uma ferrovia que pudesse ser uma alternativa aos trechos do rio que, por apresentarem grandes corredeiras, não eram navegáveis.

Em 1872, chegam ao rio Madeira os funcionários de uma empresa inglesa que, em pouco tempo, desiste da obra. Logo depois, uma companhia americana é contratada, mas conclui apenas 7 km de construção e, em 1879, também abandona o trabalho. O governo brasileiro assume o projeto em 1907, contratando o empresário americano Percival Farquhar para liderar a obra. Empregou cerca de 20 mil operários, a maioria vinda de outras partes do mundo, principalmente negros das Antilhas.

Após o gasto de centenas de milhares de dólares, em 1912, a ferrovia Madeira-Mamoré foi terminada e estava pronta para despachar mercadorias, passando para horas uma travessia que costumava levar 18 perigosos dias.

Avanço: lavanderias a vapor

Mas a insalubridade da floresta, os acidentes de trabalho e as doenças tropicais, principalmente a malária, fizeram mais de seis mil vítimas durante a construção. A obra foi batizada como a Ferrovia da Morte. Na época do término da obra, o ciclo da borracha estava em declínio e os lucros diminuíam drasticamente. Em 1914, a ferrovia entra em concordata. Terminava ali o empreendimento de 336 km, cujo preço saiu quatro vezes mais caro que a estrada de ferro Noroeste do Brasil, concluída na mesma época e com extensão de 1.542 km. Com o abandono dos trilhos e locomotivas, a floresta não tardou a recuperar seu espaço. Ainda hoje é possível ver trilhos, caldeiras e locomotivas abandonadas, sendo corroídas pela ferrugem e sujeitas à ação do tempo.

Capela de Santo Antônio

Estrada de Santo Antônio, km 07.

Situada entre a ferrovia e as margens do rio Madeira, esta capela é uma homenagem a Santo Antônio de Pádua. Foi erguida em 1913 e é hoje um dos raros prédios remanescentes do primeiro núcleo populacional da área, por isso acabou sendo tombada pelo Patrimônio Histórico. Fica em frente à cachoeira de Santo Antônio, que é um dos locais mais procurados nos finais de semana pelos moradores de Porto Velho. O único dia em que pode ser visitada internamente é aos domingos, quando, às 10 horas, é celebrada uma missa.

Catedral Sagrado Coração de Jesus

Rua D. Pedro II, Praça Padre J. Nocolleti.

Em estilo neoclássico, sua obra iniciou-se em 1930, quando todo o material necessário à construção foi trazido de Belém, com exceção das telhas, que vieram de Portugal. No seu interior, além das pinturas feitas pelos padres Ângelo Cerri e Afonso Ligório, pode-se admirar os vitrais que retratam a Via Sacra de Cristo.

Marina Sausalito

BR-364 para Cuiabá, 43 km, município de Candeias do Jamari.

Locomotiva da Madeira-Mamoré

Fones: 230-1307 e 224-5300. Das 7 às 18h, sábados e domingos das 6 às 20h.
Esta marina fica nas margens do rio Jamari e tem uma estrutura que inclui um depósito para até 100 barcos, restaurante, estacionamento, hotel fazenda, aluguel de jet-ski e barcos. Dali é possível se deslocar para o rio Verde, considerado um dos melhores pontos de pesca de toda a região, e para o encontro do rio Candeias com o Jamari, que abriga bonitas praias fluviais.

Ⓜ Museu da Estrada de Ferro Madeira-Mamoré

Complexo Ferroviário. Av. 7 de Setembro/Praça Madeira-Mamoré. Das 8 às 18h. Fones: 216-5008 e 229-1150. Aberto todos os dias.
Este museu faz parte do complexo ferroviário, que também abriga o Museu Geológico, uma loja de artesanato e os trilhos de onde sai o passeio de Maria-fumaça. Dezenas de peças usadas na construção e manutenção da ferrovia podem ser vistas neste antigo galpão, que serviu, por muito tempo, como armazém para se estocar mercadorias.
É o principal museu da cidade, onde estão guardados antigos equipamentos de oficina, como tornos, empilhadeiras, dínamos, máquinas de solda, formas para moldagem de peça e móveis. Uma das peças mais importantes do acervo é a primeira locomotiva trazida para a Amazônia, a Cel. Church, construída em 1870. Outra peça interessante é um velocípede, usado por décadas para transportar os feitores que fiscalizavam a linha. O local também mantém documentos históricos, como fotos de pessoas que construíram a ferrovia, livros e documentos.

Caixas d'água históricas, em Rio Branco

Passeio de Maria-fumaça da Madeira-Mamoré

Complexo ferroviário. Domingo, às 9h, 10h30, 13h30, 15h e 16h. Ingresso R$ 3.
A ferrovia foi desativada em 1972, mas, desde 1981, é possível conhecer em 45 minutos o trecho inicial de 7 km, que sai de Porto Velho e vai até a cachoeira de Santo Antônio, em um ponto em que o rio Madeira apresenta grandes corredeiras.
Este passeio, realizado apenas aos domingos, é feito em um trem a vapor com capacidade para 250 pessoas. Durante o trajeto, que por vezes margeia o rio, é possível ver o que sobrou da ferrovia: trilhos abandonados na floresta, caldeiras envelhecidas e locomotivas encobertas pelo mato.

Parque Ecológico

Av. rio Madeira, s/n. 10 km (Zona Rural). Fundação Instituto Meio Ambiente. Fone: 221-2769.
Esta área de 2 km² já sediou um zoológico, do qual ainda restam onças, antas, veados, macacos, gaviões, jacarés, mutuns, papagaios e araras. Hoje, o local é um centro de triagem para animais silvestres, muitos deles doentes ou machucados, que são confiscados pelo Ibama e levados ao Parque para se recuperarem. Há três trilhas que passam próximas a grutas, cavernas e pequenas quedas d'água. No lugar funciona também um Centro de Ensino Ambiental, onde estudantes do primeiro e segundo graus recebem aulas de ecologia.

Os "donos" da terra

Cerca de dois terços do Parque Nacional do Pacaás Novos são áreas de reserva indígena, onde estão principalmente os índios Uru-Eu-Wau-Wau. Este grupo pertence à família lingüística Tupi-Guarani, fala a língua Kagwahib e se autodenomina Jupaú que, traduzido, significa "gente que mora sob a palha". Seu número não ultrapassa 200 pessoas, que habitam quatro aldeias nas bacias dos rios Jamari, Jarú e Urupá. Há ainda um outro sub-grupo que se autodenomina Amondawa, mas que habita um afluente do rio Urupá.

A tradução para Uru-Eu-Wau-Wau seria "os que tocam taboca", uma flauta feita de bambu. No Parque, há grupos indígenas não contatados, principalmente entre os rios Pacaás Novos, Ouro Preto e a cabeceira do rio Jaci Paraná.

Os índios da família Kagwahib, como os Uru-Eu-Wau-Wau e outros, desde o começo do século se mostraram desconfiados e arredios ao contato com os brancos. Há vários registros de conflitos violentos entre os colonizadores e os donos da terra. Ainda hoje, eles sofrem com a invasão de madeireiros e garimpeiros.

Açaí: divisas para os índios

Outro grupo importante do Estado é o Karitiana. Eles moram mais próximos a Porto Velho, 95 km ao sul, e habitam uma área de quase 900 km². Os índios Karitiana também têm hoje uma população de apenas 200 indivíduos, mas, mesmo após anos de escravidão no começo do século 20, conseguem manter vivas muitas de suas tradições, como pintura corporal em festas e outros eventos, a dança, música e caça. Essas aldeias não podem ser visitadas.

Prédio do Relógio da Madeira-Mamoré

Av. Sete de Setembro, 237.

Construído em 1949, serviu por muito tempo como a sede da estrada de ferro. A arquitetura do prédio reproduz uma locomotiva estilizada, na qual predominam linhas retas, com esquadrias de ferro e vidro, lembrando o estilo típico da primeira metade do século 20. Na entrada principal, os vitrais têm motivos relacionados à ferrovia, ao rio Madeira, porto, corte e defumação nos seringais, índios e fauna amazônica.

Pontes metálicas

Em vários rios da região, pode-se conhecer pontes importadas dos Estados Unidos durante a época da construção da ferrovia Madeira-Mamoré. Uma das mais longas fica sobre as cabeceiras dos igarapés São Sebastião, Querequetê e Simãozinho. Outra, sob o rio Jacy Paraná, tem quase 84 m de vão livre e uma extensão de 300 m. Todo o material usado para a construção das pontes, cerca de 261 toneladas de ferro, foi importado dos Estados Unidos e Finlândia.

Três Caixas d'Água

Entre as avenidas Carlos Gomes e Rogério Weber.

Mais conhecidas como as "Três Marias", elas foram importadas em *kits* dos Estados Unidos entre 1908 a 1912 para serem um reservatório de água para a ferrovia Madeira-Mamoré. São feitas de ferro e sustentadas por estruturas do mesmo material. Podem ser vistas de muitos pontos de Porto Velho e tornaram-se um cartão-postal da cidade e uma espécie de memorial à construção da ferrovia Madeira-Mamoré. Hoje estão vazias, mas as estruturas de ferro ainda estão em boas condições e

Marechal Rondon

Em 1907, o governo encarregou o militar Cândido Mariano da Silva Rondon de implantar a linha telegráfica entre os estados de Mato Grosso e Amazonas. A missão foi dividida em três expedições. A primeira partiu de Diamantino, no Mato Grosso, em setembro de 1907 e desbravou mais de 1.700 km de picadas pelo sertão.

A segunda teve início em novembro de 1908 e um dos principais desafios foi cruzar as terras dos temidos índios Nhambiquaras. Diante desta perspectiva, muitos soldados da expedição chegaram a desistir. Rondon usou de diplomacia e não teve nenhum enfrentamento nas aldeias. No final, o resultado foi a instalação de 1.653 km de linhas telegráficas, ligando as localidades de Juruema e Serra do Norte, ambas no Mato Grosso.

Rondon cruzou o atual estado de Rondônia apenas em 1909, quando foi realizada a última etapa. A caminhada levou 237 dias e incluiu uma emboscada feita pelos índios, quando um soldado foi morto. Este episódio fez com que a expedição ficasse parada por 51 dias, período utilizado por seus homens para tentar localizar as cabeceiras dos rios Guaporé, Madeira e Tapajós. Em outubro, as tropas descobriram um rio de 50 m de largura, que recebeu o nome de Pimenta Bueno. No natal de 1909, a expedição chegou ao povoado de Santo Antônio do Rio Madeira, próximo da atual Porto Velho. Assim, após oito meses de caminhada, encerrava-se a missão, com um saldo de 2.232 km de linhas instaladas. Rondon ganhou fama e prestígio e inspirou o nome do Estado.

Painel pintado no Pelotão de Costa Marques

são usadas nos finais de semana para treinamento de rapel.

ARREDORES

Hotel Fazenda Três Capelas

Acesso pelo km 40 da BR-364, 23 km de Cuiabá. Município de Candeias do Jamari. Fone: 224-8206.

A sede da fazenda tem 4,5 km² de área e suas principais atividades são as criações de gado de corte e de cavalos da raça quarto de milha. Os cavalos podem ser montados para cavalgadas pela área da fazenda, ou mesmo em áreas mais distantes, onde estão outros currais. Pode-se acompanhar a lida e o manejo do gado feitos pelos peões da fazenda. Num bosque foi organizada uma trilha de 2 km, onde se pode observar árvores típicas da região, como ipês, maracatiaras e castanheiras. Nos lagos é possível pescar pequenos peixes como tambaquis, tambacu e tilápias. Para quem não quer se hospedar, há a opção de passar apenas o dia - neste caso, paga-se uma taxa de R$ 20.

Parque Nacional de Pacaás Novos

Criado em 1979, o Parque Nacional de Pacaás Novos protege uma área de 7.648 km² no centro do Estado. Sua vegetação é marcada por campos e Cerrado nas partes mais altas, pequenas florestas nos vales ou encostas, caracterizando-se como áreas de transição entre Cerrado do Centro-Oeste e a Floresta Amazônica. O Parque abriga várias cavidades naturais, como grutas e cavernas, algumas delas repletas de inscrições rupestres. Também protege nascentes de rios importantes como o Jamari, Jacy Paraná, Jaurú, Urupá, Pacaás Novos e seu afluente, o rio Ouro Preto. Estes rios alimentam outros três maiores e mais importantes, o Madeira, o Mamoré e o Guaporé. No

Parque, pode-se encontrar ainda mais de 50 cachoeiras e corredeiras.
A área de floresta tem grandes árvores como mogno, ipê, sumaúma, castanheira e cedro-rosa. Nos campos, predominam os babaçus, cupuazeiros, buritis e pacovas. Esses campos são espécies de corredores para diversas espécies, como antas, catetos, veados, tamanduás, queixadas, macacos-da-noite, bugios, tatus e onças. Aqui ainda se pode ver várias espécies de aves, como tucanos, araras, papagaios e o raro mutum-cavalo.
O Parque, que ainda não tem estrutura de visitação, abriga também a serra do Tracoá, onde está o ponto mais alto do estado, o pico do Tracoá, com 1.230 m. Há também os imponentes paredões da serra do Pacaás Novos. Inf. Ibama fones: 239-2002 e 2031 ou Ong Kanindé, fone: 229-2826. Rua Dom Pedro II, 1892 - Nossa Senhora das Graças.

Reserva Extrativista Lago do Cuniã

Margem esquerda do rio Madeira, a 6 horas de barco a motor de Porto Velho. Inf. Ibama, fone: 223-3599.
Ocupa 1.040 km² e abriga 50 famílias, cerca de 400 pessoas, cuja principal atividade econômica é a pesca. Quase todos os moradores preservam técnicas ancestrais de artesanato: uma delas, aprendida com os índios, é a de fazer as próprias canoas.
No local, um projeto que envolve a conservação e manejo do maior peixe de água doce do mundo, o pirarucu, é desenvolvido pelo Ibama e pela comunidade. Esta e outras espécies de peixes, como a pirara, curimatá, jatuarana e tucunaré, são fundamentais para as populações ribeirinhas, pois, além de principais fontes de alimento, são também vendidos para outros centros, constituindo-se na fonte mais importante de recursos.
A fauna da reserva é muito rica, abrigando aves como garças-brancas, tuiuiús, maguaris, biguás e animais imensos como o jacaré-açu, com mais de 5 m de comprimento, e botos. Apenas pesquisadores com autorização do Ibama podem visitar a área.

DICAS

Passeio pelo rio Madeira

Fone 221.8119. R$3.
-Barcos, como o Comandante Ribeiro II e Orlândia, saem do cais próximo ao complexo ferroviário e levam passageiros por dois roteiros no rio Madeira. Um deles vai até as proximidades da cachoeira Santo Antônio e outro, no sentido contrário, acompanha as ribanceiras do rio, passando pelo porto graneleiro de Porto Velho.
- O principal aeroporto da cidade é o Belmont, que fica apenas a 9 km de Porto Velho. Uma corrida de táxi custa por volta de R$ 25 do aeroporto até o centro, mas uma opção é pegar os ônibus regulares que circulam de hora em hora, com a tarifa de R$ 1.

A pesca e o comércio de madeira são as principais atividades econômicas da região

Costa Marques

Vista aérea do Forte Príncipe da Beira, às margens do Guaporé

Porto Velho: 770 km; Guajará-Mirim: 1110 km, Presidente Médici: 350 km, Vilhena: 650 km.

10.210

(69)

Departamento de Turismo.

651-2276

Fundada em 1981, a pequena cidade de Costa Marques fica às margens do rio Guaporé e tem como principal atração as ruínas do Forte Príncipe da Beira, que ficou esquecido por muito tempo, mas hoje é considerado uma das mais importantes construções do gênero no país. A cidade abriga também praias fluviais, que podem ser freqüentadas de agosto a novembro. Uma das mais conhecidas é a de Curralinho, mas existem outras como a de Campo Verde, Santa Fé e do Gado.

A partir de Guajará-Mirim, o melhor acesso a Costa Marques é via aérea, com três vôos semanais.

Há também a opção de ir de barco, pelo rio Guaporé, que sai a cada 15 dias e leva 28h.

ATRAÇÕES

Barracões da Borracha

Porto de Costa Marques, beira do rio Guaporé.

Nesses barracões, era feita a comercialização da borracha trazida pelos seringueiros. Constituem um retrato da época da borracha no Estado de Rondônia. Hoje, eles abrigam o Restaurante Amazonas, onde o programa é ver o pôr-do-sol e escutar música boliviana.

Ruínas do Forte: descoberto por Rondon

Festa do Divino Espírito Santo

A festa do Divino Espírito Santo celebra a descida do Espírito Santo para os apóstolos e é uma herança portuguesa de grande apelo popular, principalmente em cidades como Pirenópolis (GO) ou Paraty (RJ). Sua introdução no vale do Guaporé aconteceu por iniciativa dos fiéis de Vila Bela da Santíssima Trindade, um município mato-grossense que já foi a capital do Estado, e vem sendo feita em sistema de rodízio há 107 anos, passando por comunidades ribeirinhas como Pedras Negras, Santo Antônio, Limoeiro, Laranjeiras, Surpresa, Costa Marques, entre outras, no Brasil e na Bolívia. Aqui a festa ganha um caráter singular, pois é a única do mundo com um cortejo fluvial, com barcos navegando pelo rio Guaporé.

O barco, chamado de batelão, carrega remadores, cantores e outros fiéis que saem da cidade que patrocinou a festa no ano anterior. Um romeiro, chamado de Imperador do Divino, vestido de cetim e veludo, recebe uma pequena arca com a coroa, a bandeira, as toalhas do altar e os livros da ata e a procissão se inicia. Os barcos param nas comunidades ribeirinhas, recebendo oferendas dos moradores, que podem ser dinheiro ou mesmo pequenos animais.

A chegada a essas comunidades obedece a um ritual festivo, já pré-definido, incluindo rezas e cantorias, passando em todas as casas para receberem as bênçãos do Divino. No final, após 40 dias navegando pelo rio, a embarcação chega a uma cidade e a festa de encerramento inclui, além das rezas, procissão pelas ruas, queima de fogos e revoada de pombos. Nesse dia, a coroa é guardada em uma igreja e só sai de lá no ano seguinte, na próxima festa.

Festa do Divino: 40 dias navegando

A Festa chega a Costa Marques entre os meses de maio e julho. Vale ligar para o departamento de turismo da cidade para confirmar a data exata, já que ela varia de acordo com o ano. Na semana em que a festa acontece, é possível alugar um barco e acompanhar o trajeto festivo, ou caminhar com a romaria nas ruas.

Centro de Quelônios.

Rua Cabixi, 1914. Fone: 651-2315. Todos os dias, das 8 às 13h.

As tartarugas-da-amazônia e os tracajás saíram da lista de animais ameaçados de extinção, mas a ação de programas de conservação é ainda importante para estas espécies no vale do Guaporé. O Projeto de Proteção e Manejo de Quelônios, criado em 1976, em Costa Marques, por exemplo, já liberou milhares de filhotes ao longo dos anos. Conta com um pequeno centro de educação ambiental e é aberto ao público.

Forte Príncipe da Beira

28 km de Costa Marques. Fone: 651-2272. Das 8 às 11h e das 13h30 às 17h.

Em 1750, os espanhóis começaram a estabelecer povoados na margem direita do rio Guaporé, que faz divisa com a Bolívia. Os portugueses fundaram, no lado brasileiro, a Missão de Santa Rosa Velha, onde foi instalado um fortim, que recebeu o nome de Nossa Senhora da Conceição, mas que, pouco tempo depois, foi abandonado.

Em 1775, o então Governador da Província do Mato Grosso, Luís de Albuquerque de Melo Pereira e

Ruínas do império lusitano

Cáceres, construiu uma fortificação maior, em um local elevado e estrategicamente mais eficiente. A planta do projeto ficou a cargo do engenheiro genovês Domingos Sambocetti. O nome escolhido para o local, Forte Príncipe da Beira, foi em homenagem a Dom José, neto de Dom João V e detentor do título de Príncipe da Beira, que era o segundo na linha de sucessão ao trono português na época. Seguindo os preceitos da engenharia militar da época, as muradas de 10 m de altura foram feitas de pedra, circundadas por enormes fossos. Todos os quatro baluartes tinham guaritas. Foram postas quatro canhoneiras e erguidos 14 edifícios, incluindo a capela, em uma área de 970 m de diâmetro. A inauguração ocorreu em 1783, porém um tiro nunca foi disparado no local, porque a presença portuguesa na região já estava consolidada. O forte ficou abandonado por muitos anos, período em que ficou totalmente tomado pelo mato.
Considerado um dos maiores fortes do Brasil, suas ruínas só foram redescobertas em 1911, pela expedição de Marechal Cândido Rondon, que navegava pelo rio Guaporé. Em 1930, o Exército instalou, ao lado das ruínas, uma unidade especial da fronteira. Hoje, o 1º Pelotão de Fuzileiros mantém um museu no local, onde estão alguns objetos antigos usados pelos soldados do forte. Para se chegar até lá, uma opção é ir de táxi de Costa Marques, a corrida custa em média R$ 25.

Patrulha do exército

Reserva Biológica do Guaporé

O vale do Guaporé é uma zona de transição entre o Pantanal mato-grossense e a floresta amazônica. Criada em 1982, a Reserva Biológica do Guaporé fica em uma região fronteiriça entre Brasil e Bolívia e inclui uma área de 6.800 km², formada por manchas de campos alagados e floresta tropical. Uma das regiões mais interessantes é a Fazenda Pau d'Olho, próxima ao rio Branco, onde os búfalos introduzidos pelo homem se tornaram selvagens e houve um grande aumento da população, que chega a dez mil cabeças. Esta área é restrita a pesquisadores e não pode ser visitada.

ARREDORES

Reserva Extrativista de Curralinho

O projeto vem sendo desenvolvido desde 1998 com o objetivo de melhorar a qualidade de vida das comunidades tradicionais - 29 famílias de extrativistas - e conservar o patrimônio natural e cultural da reserva de 1.250 km² de floresta tropical. A Reserva de Curralinho, em Costa Marques, está a 10 min de barco do porto da cidade e abriga o Centro de Visitantes e Educação Ambiental João Marques, onde o visitante pode conhecer a relevância histórica do seringueiro para o desenvolvimento local e a importância da conservação das florestas tropicais. De lá, é possível passear de canoa nos lagos da Reserva, andar na mata, fazer a extração da borracha e participar do processo de defumação com um seringueiro, observar os animais e plantas, além de adquirir o artesanato feito pelos extrativistas locais. O passeio custa de R$ 5 a R$ 10. Na Reserva também está localizado o acampamento de Praia Ecológico de Curralinho, onde, na época do verão, de setembro a outubro, o visitante pode acampar e fazer suas refeições com pratos típicos, dormir e banhar-se no rio Guaporé.

Reserva Extrativista de Pedras Negras

Localiza-se a 240 km por rio, partindo de Costa Marques, sendo acessada somente por barco ou avião fretado. Entre seus maiores atrativos está o convívio com a comunidade tradicional de extrativistas, que moram em uma pequena vila de apenas 20 famílias, e a riqueza ambiental oferecida pela floresta. Para recepção dos turistas, a Pousada Pedras Negras possui dois chalés rústicos com capacidade máxima para 12 pessoas e uma casa típica de seringueiro, para hospedagem, duas trilhas, um mirante e um observatório de aves dentro da floresta. A diária inclui pensão completa e passeios, mas não inclui a viagem de barco até a Reserva.
As atividades nesse local são todas acompanhadas por um seringueiro-guia do projeto. Informações: www.osro.cjb.net, Ecoporé - fone: 224-7870, Aguapé - fone: 651-2676 ou OSR - fone: 224-1368.

Parque Estadual da Serra dos Reis

Criado em 1995, este Parque abrange uma área de mais de 360 km^2 na parte sudoeste de Rondônia, protegendo importantes rios que alimentam a bacia hidrográfica do Guaporé. Próximo a Costa Marques, é marcado por montanhas com altitudes que variam de 100 a 400 m e florestas, onde se pode encontrar palmeiras como açaí, muru-muru, babaçu e paxiúba. Há também campos de várzeas que periodicamente estão inundados e, nas áreas mais elevadas, campos de terra firme. Neste Parque já foram catalogadas cerca de 152 espécies de aves e mamíferos, como o quatá, o guariba, a onça-pintada e o tatu-canastra. Fica a cerca de 680 km de Porto Velho e a 50 km de Costa Marques, com acesso pela RO-429 até o km 10, de onde se toma uma estrada de terra por quase 40 km. Não há qualquer estrutura de visitação. Informações: Sedam de Porto Velho. Fone: 224-2220 r. 2222.

Homem "risca" a seringueira

DICAS

Na época da estiagem, o percurso entre Guajará-Mirim e Costa Marques leva de sete a dez horas, mas na época das chuvas,de dezembro a março, mais de um dia de viagem pode ser necessário para vencer a estrada de terra (BR-429).

Arara vermelha: habita floresta úmida, matas, capões, barrancos e caatinga

Guajará-Mirim

A cidade está situada às margens do rio Mamoré, na divisa com a Bolívia

Porto Velho: 440 km; Rio Branco: 437 km; Ariquemes: 525 km; Costa Marques: 28h de barco ou 8h de voadeira
38.012
(69)
Secretaria de turismo,
541-3362

Situada às margens do rio Mamoré, fica próxima a serra de Pacaás Novos, que se estende até o Parque Nacional de Pacaás Novos, quase no centro de Rondônia. Fica em frente à cidade de Guayaramerin, na Bolívia, e quase 80% da área do município é preservada na forma de parques, reservas biológicas e extrativistas. A região faz parte de um corredor ecológico que envolve o vale do Guaporé, onde são abundantes grandes rios, ilhas, baías, igarapés e serras.

Na cidade, de ruas amplas e um traçado regular, pode-se notar vários prédios herdados da época da estrada de ferro Madeira-Mamoré. A influência boliviana é percebida nos hábitos alimentares e, em vários bares e restaurantes, é possível saborear uma deliciosa saltenha, uma espécie de pastel assado. Guajará-Mirim foi declarada Área de Livre Comércio (Zona Franca) em 1991 e, desde então, pode-se comprar produtos importados isentos de impostos nas lojas locais.

O acesso à cidade é feito via aérea, em um vôo que sai de Rio Branco três vezes por semana, ou pela BR-364 e depois, próximo da divisa com o Acre, pela rodovia paralela ao rio Mamoré.

Rio Mamoré: corredor ecológico

História

Os primeiros colonizadores da região chegaram no final do século 19 em busca da borracha. Em 1917, quando o capitão Manoel Teófilo da Costa Pinheiro - pertencente da expedição do Marechal Rondon, que instalava linhas telegráficas no Centro-Oeste - chegou ao local, encontrou apenas seringueiros. Instalados nos acampamentos Rodrigues Alves, Santa Cruz e Renascença, esses seringueiros trabalhavam para a empresa que monopolizava a compra da borracha, a Guaporé Rubber Company. Em 1922, um povoado próximo aos acampamentos, chamado de Esperidião Marques, que também havia sido fundado por seringueiros, foi elevado à condição de distrito e, em 1929, à categoria de município do Estado de Mato Grosso.

Museu: história preservada

Este novo município passou a se chamar Guajará-Mirim que, no dialeto indígena, significa cachoeira pequena. Em 1943, quando foi criado o Território Federal do Guaporé, a cidade deixou de pertencer ao Mato Grosso.

ATRAÇÕES

Catedral Nossa Senhora do Seringueiro

Av. Mendonça Lima, s/n.

Uma das igrejas mais imponentes do estado, foi planejada pelo bispo Dom Xavier Rey e construída em 1958, ocupando uma área de quatro quarteirões da cidade. No seu interior podem ser vistos belos vitrais e vários exemplos de arte sacra. A construção é emoldurada por um belo pátio arborizado.

Casa de Artesanato

Av. Costa Marques, s/n. Fone: 541-2728. Das 9 às 12h e das 14 às 18h. Fecha sábado e domingo.

O local expõe e vende produtos das reservas extrativistas do Estado, tais como óleo de copaíba e licores com frutas da região. É um bom lugar para encontrar artesanato indígena, como cestos e cocares, lanças, colares feitos do coco da palmeira tucumã e outros utensílios feitos pelos índios Pacaás Novos.

Compras na Área de Livre Comércio

Criada em 1991, a Área de Livre Comércio de Guajará-Mirim permitiu aos compradores a aquisição de artigos importados com isenção fiscal. Ao visitante é permitido adquirir itens, com exceção de cigarros, armas, bebidas e veículos, até o limite de US$ 2 mil por pessoa.

Na cidade, estão instaladas algumas lojas, onde são comercializados produtos como perfumes, bebidas e eletroeletrônicos. Em 1991, Guajará-Mirim começou a receber muitos visitantes à procura de produtos isentos de impostos. No entanto, a desvalorização da moeda brasileira fez com que os preços dos importados perdessem a competitividade e, com isso, muitas lojas fecharam suas portas nos últimos dois anos.

Loja da zona Franca: isenta de impostos

Encontro das águas: Mamoré e Pacaás Novos

Encontro das águas pretas e brancas

O encontro das águas barrentas do rio Mamoré com o cristalino Pacaás Novos é uma das principais atrações da região. É comum se ver botos, jacarés, araras e garças na confluência destes rios. O rio Pacaás Novos, que tem várias praias fluviais, é afluente do Mamoré e atravessa a serra dos Pacaás Novos. Uma das praias mais importantes é a das Três Bocas, que se forma próxima de três igarapés que deságuam no Pacaás.
Para chegar ao encontro das águas, basta seguir de barco pelo rio Mamoré e percorrer cerca de 20 km. O passeio leva cerca de duas horas e custa, em média, R$ 10, podendo ser agendado com os barqueiros no cais da cidade.

No lado boliviano, está a cidade Guayaramerin, onde as compras até US$ 150 estão isentas de tributação. Pequenos barcos fazem a travessia de cinco minutos até a cidade, que custa em média R$ 2. Para quem quiser fazer compras na Bolívia é importante pedir nota fiscal, pois o posto da Receita Federal costuma requisitá-las. Fone: 541-3929.

Igreja Nossa Senhora do Perpétuo Socorro

Av. 15 de novembro,s/n.
É a igreja mais antiga do município, construída em 1926, localizada na rua principal da cidade. Pequena e graciosa, é pintada nas cores branca e azul.

Locomotiva: hoje apenas decorativa

Mirante da Serra de Pacaás Novos

Acesso pela BR- 425, 7 km.
Torre da Embratel.
O acesso ao local pode ser feito de carro e, de uma altura de 120 m, avista-se Guajará-Mirim, o distrito do Iata, o rio Mamoré, os alagados que margeiam a rodovia, lagos e matas. A serra de Pacaás é uma continuação da serra dos Parecis, localizada em uma área de transição entre o Pantanal e a Floresta Amazônica.

Museu Histórico Municipal

Av. 15 de Novembro, 1. Das 8 às 11h e das 14 às 17 h; sábado das 9 às 12h e das 15 às 18h; domingo das 9 às 13 h. Fone: 541-3732.
A antiga estação da ferrovia Madeira-Mamoré fica em frente ao porto e foi transformada em museu.
O acervo é modesto, incluindo animais empalhados, selos de diferentes países, amostras de minérios da região e documentos históricos.
Na parte externa do museu estão expostas duas locomotivas originais, muito bem conservadas.

ARREDORES

Guayaramerin

A cidade boliviana de Guayaramerin fica a apenas cinco minutos de barco de Guajará-Mirim. O local tem poucos carros, a maior parte dos táxis são motos que puxam uma espécie de carriola de duas rodas, transportando duas ou três pessoas. Pode-se visitar a cidade para comer uma saltenha e observar as senhoras vestidas com trajes andinos, as cholas. Para brasileiros, não é necessária a apresentação de passaporte, desde que a visita limite-se a esta cidade. Para estrangeiros, é aconselhável apresentar o passaporte em uma representação do consulado Boliviano (Fone: 541-2862), que fica em frente ao porto de Guajará-Mirim. Para visitantes de alguns países, o visto de entrada pode ser necessário. De Guajará-Mirim é possível acessar La Paz, capital da Bolívia, em duas horas de vôo, que dá acesso a Cuzco, no Peru, em outras duas horas de avião.

Pakaas Palafitas Lodge

Encontro das águas do rio Pacaás com o Mamoré. Reserva na Av. Costa Marques, 807. Fone: 541-3058.
O hotel organiza passeios de barcos pela região, nos quais pode-se conhecer seringais, baías, lagos e igapós. Em sua propriedade, é fácil avistar animais como macacos, aves, borboletas e plantas como orquídeas e bromélias. Grandes árvores amazônicas, como a sumaúma, também podem ser vistas e a maioria das espécies tem placas de identificação. O local também organiza excursões noturnas para focagem de jacarés e para a aldeia indígena Pacaás Novos, distante 30 minutos de barco do local.

Reserva Extrativista do Rio Ouro Preto

Criada em 1990, a reserva, que tem uma área de 2.040 km^2 , abriga cerca de 500 pessoas. A vegetação da área é de mata de terra firme, com espécies típicas como o mogno, cedro, cerejeira, copaibeira, babaçu, castanheira e seringueira. A região é drenada pela bacia hidrográfica do rio Ouro Preto. As casas da reserva são semelhantes a palafitas, construídas como forma de proteção à elevação do nível das águas e também para evitar a entrada de animais nas residências. As paredes e o assoalho são feitos da palmeira paxiúba e são cobertas por palhas de inajá ou babaçu.
A principal atividade econômica dos moradores da reserva é a extração da borracha, que responde por metade da renda mensal de cada família, seguida da agricultura, cujos produtos mais importantes são a mandioca, feijão e milho, responsáveis por parte da renda, seguidos pela criação de animais, caça e pesca. Cada família tem uma área média para explorar a borracha e outros recursos, chamada de colocação. Elas ficam distantes, em média, 20 a 40 minutos de caminhada umas das outras. Ao lado da Reserva do Rio Ouro Preto fica a Reserva Extrativista do Rio Pacaás Novos. Ambas reservas não oferecem infraestrutura para visitação. Visitantes pesquisadores devem ter autorização do Ibama e da Associação dos Seringueiros da Reserva do Rio Ouro Preto e da Associação dos Seringueiros do Baixo Rio Ouro Preto. Ibama, fone: 541-2070. ASROP, fone: 541-7224. Cnpt/Ibama, fone: 541-3371.

Igreja Nossa Senhora dos Seringueiros

Rio Ouro Preto: pesca e reserva extrativista

Roraima

RORAIMA

Roráima, terra de *Macunáima* - nenhum morador da região se refere ao território como "Rorâima", da forma como o resto do país pronuncia - é o Estado menos populoso do Brasil. Boa parte de seu território está localizada acima da ilha do Equador, onde se encontra o ponto mais ao norte do país, o Monte Caburaí. O Estado faz divisa com a Venezuela e a Guiana e a influência destes países, principalmente nas áreas fronteiriças, está presente na música, dança e alimentação. A diversidade cultural também é representada pela influência dos imigrantes que começaram a chegar no estado a partir dos anos 50, vindos do Nordeste e Sul do Brasil.

Roraima abriga diversificados ecossistemas. Seu território é coberto por florestas de terra firme e inundadas e grandes extensões abertas de Cerrado e Campo. No Estado está localizado o Monte Roraima, com mais de 2.500 m de altitude, que inspirou Conan Doyle a escrever "O Mundo Perdido" e outras serras elevadas, como a de Tepequém, um antigo garimpo de diamantes. Abriga ainda sítios arqueológicos, como o da Pedra Pintada, muitos lagos, três Parques Nacionais - Monte Roraima, Serra do Viruá e Mocidade - algumas Estações Ecológicas e extensas áreas de terras indígenas. Aproximadamente 8 mil indivíduos Yanomami vivem na região, ainda relativamente isolados. É um Estado atraente para os viajantes mais aventureiros, por ainda guardar regiões muito pouco exploradas e estrutura de visitação bastante reduzida, como estradas, hospedagem e restaurantes. Apesar de famoso pelos incêndios na floresta, pelas tragédias provocadas pelo garimpo na área Yanomami e pelos problemas de invasão e delimitação das terras indígenas, Roraima ainda mantém características positivas que não estão mais presentes em outras regiões brasileiras. Não há falta de água e energia, a capital não conhece congestionamento e o índice de violência social ainda é reduzido se comparado a outras cidades.

As chuvas estão concentradas de abril a setembro, sendo aconselhável não visitar a região nesse período, já que algumas estradas ficam intransitáveis. A BR-174, rodovia asfaltada que liga Manaus a Caracas, na Venezuela, atravessa o Estado.

❶

Principais atrações

❶ Monumento ao Garimpeiro
❷ Sítio Arqueológico da Pedra Pintada
❸ Campos alagados

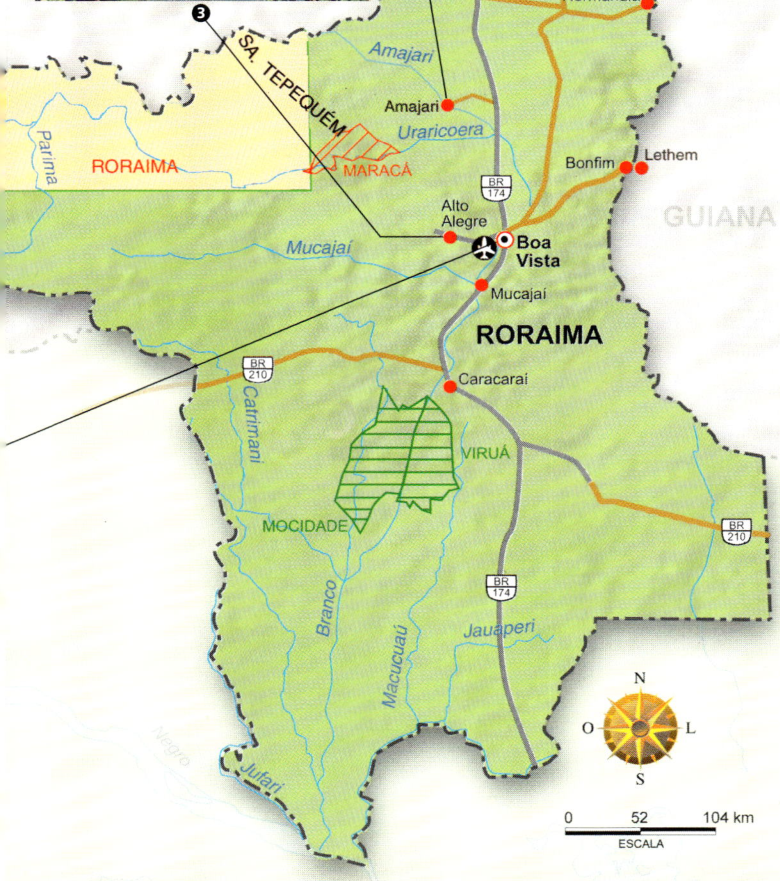
LEGENDA
Parque Nacional
Estação Ecológica
Floresta Nacional
Estrada de Asfalto
Estrada de Terra
2
3
Monte Roraima 2.875m
Monte Caburaí 1.465m
Uiramutã
Normandia
Amajari
Amajari
SA. TEPEQUÉM
Uraricoera
Parima
RORAIMA
MARACÁ
Bonfim
Lethem
GUIANA
BR 174
Alto Alegre
Boa Vista
Mucajaí
Mucajaí
RORAIMA
BR 210
Caracaraí
Catrimani
VIRUÁ
MOCIDADE
BR 210
BR 174
Branco
Macucuaú
Jauaperi
Negro
Jufari
N
O
L
S
0
52
104 km
ESCALA

Boa Vista

Vista aérea de Boa Vista, localizada às margens do rio Branco

Manaus: 785 km
Pacaraíma: 214 km
Normandia: 183 km.
200.383
(95)
Secretaria de turismo, 623-1842. Coordenadoria Estadual do Turismo, 623-1230.

Considerada a "maior cidade pequena do Brasil", é a capital do Estado e está localizada à margem direita do rio Branco, um afluente do rio Negro. É uma cidade planejada com ruas largas e dispostas, no centro, em formato radial. Diferentemente da maior parte das outras capitais amazônicas, recebe os ventos alísios vindos do Caribe nos meses de dezembro a março, no período da seca, o que torna a sensação térmica nesta época mais agradável.
Boa Vista reflete a diversidade cultural trazida pelos imigrantes do Sul e do Nordeste do país e dos indígenas que habitavam a região. A linguagem é composta por expressões trazidas de diferentes estados e a alimentação mistura elementos nordestinos, sulistas e indígenas. Em um passeio no centro da cidade, é comum encontrar mais pessoas de outros estados brasileiros do que roraimenses.
A história do garimpo está diretamente relacionada ao crescimento de Boa Vista, que aconteceu muito rapidamente no auge da exploração do ouro nos anos 80. Até hoje se pode passar na rua do ouro, onde eram vendidas grandes quantidades do mineral, e observar as casas noturnas e restaurantes erguidos na época, muitos já fechados. No início dos anos 90, após o fechamento dos garimpos, muitas pessoas mudaram-se do interior do Estado para a os bairros da cidade, o que implicou novamente no

Marco da linha do Equador, na cidade de Rorainó

crescimento urbano sem planejamento e, dessa vez, problemas sociais, como violência e alcoolismo, passaram a fazer parte da realidade local.

ATRAÇÕES

Caminhada pelo Centro Histórico

Margens do rio Branco, próximo ao centro da cidade.

Em Boa Vista é fácil caminhar pelo centro histórico, dada a proximidade das principais construções. Uma sugestão é iniciar o passeio pela **Igreja Matriz**, construída em 1892 pelos missionários franciscanos. A construção teve sua arquitetura modificada do traçado inicial. Em frente à Matriz, está o **prédio da Intendência**, primeira prefeitura da cidade. Dali, é uma caminhada de alguns minutos para o **Centro de Artesanato**, uma loja que vende artigos indígenas e de artesões locais de boa qualidade, a preços reduzidos. Na quadra seguinte, está a antiga **sede da fazenda Boa Vista**, que deu origem à cidade, em 1830, localizada próxima à praça Barreto Leite, em frente ao antigo porto. Hoje, a casa é o bar Meu Cantinho, que oferece refeições e

Prelazia, prédio construído em 1907

Em busca de tartarugas

Foi pelo rio Branco que aconteceu a colonização do atual Estado de Roraima. Por ele chegavam portugueses, no século 18, em busca de tartarugas, cujos ovos eram matéria-prima para manteiga e abasteciam as missões jesuítas no rio Negro. Eles subiam o rio também à procura de índios, utilizados como mão-de-obra escrava nas colônias portuguesas ao longo do Amazonas. Em 1725, algumas missões foram fundadas ao longo do rio Branco e, em 1775, iniciou-se a construção do forte São Joaquim, cujas ruínas podem ser vistas até hoje nas proximidades de Boa Vista, para defender o sistema fluvial do rio e impedir a entrada de invasores espanhóis e ingleses pela atual Venezuela. A obra foi concluída em 1788 e, ao redor do forte, foram estabelecidos alguns povoados. A partir de 1793, fazendas foram fundadas para fornecer alimentos para o forte. A única que existe até hoje, e pode ser visitada, é a de São Marcos. Em 1830, Inácio Lopes de Magalhães funda uma fazenda cuja sede ocupava o atual bar Meu Cantinho,

Construção original da Matriz de Boa Vista

no centro histórico de Boa Vista. Vinte e oito anos depois, o povoado desta fazenda é elevado à categoria de vila e, em 9 de julho de 1890, virou cidade, ao se desmembrar de Moura, da província de Amazonas. Em 13 de setembro de 1943, foi criado o Território Federal do Rio Branco, que passou a se chamar Roraima a partir de 13 de dezembro de 1962. Em 1980, com a divulgação da abundância mineral do Estado, muitos fluxos migratórios chegaram à região. Em 1980, a população estadual era de 50 mil pessoas e, em 1999, já era de 170 mil. Somente em 1988 o território de Roraima foi elevado à categoria de Estado.

sucos de frutas regionais, servidos na varanda com vista para o rio Branco. A praça abriga o monumento em homenagem aos pioneiros na colonização do estado, obra do artista plástico Luiz Canará.

Em frente ao monumento fica o restaurante Ver o Rio, cujas mesas estão dispostas em uma grande plataforma à beira do rio Branco. O pôr-do-sol no local é uma das maiores atrações de Boa Vista.

Monumento ao garimpeiro, no Centro Cívico

Centro Comercial

Centro, s/n.

O centro comercial de Boa Vista expandiu-se ao longo da rua Inácio Magalhães e das avenidas Sebastião Diniz, Getúlio Vargas e Jaime Brasil. Nos anos 60 e 70, essas ruas eram o local de encontro da juventude que assistia à Retreta na praça do Centro Cívico, aos Jogos Escolares na praça Capitão Clóvis, à missa na igreja de São Sebastião e ao cinema no Cine Boa Vista. Esses espaços foram modificados e hoje é onde estão localizados os principais estabelecimentos comerciais da cidade.

Complexo Arquitetônico Centro Cívico

Centro da cidade, s/n.

O Complexo Arquitetônico Centro Cívico começou a ser planejado no início da década de 60. Hoje é composto pelo Palácio do Governo Estadual, Monumento ao Garimpeiro, praça do Centro Cívico, Palácio da Cultura e pela catedral Cristo Redentor, construída em 1972, de arquitetura moderna. É para o complexo que convergem as principais ruas da cidade. É aqui que estão localizados as principais agências bancárias e é de onde sai a maior parte do transporte público.

Complexo Poliesportivo Ayrton Senna

Av. Cap. Ene Garcez, s/n.
É composto por quadras esportivas, pistas para cooper, patinação, bicicross e kart, parques infantis, bares com música ao vivo, sorveterias, a praça das Águas e o Portal do Milênio, monumento que marcou a passagem para a entrada do ano 2000. Próximas ao local estão as salas de cinema da cidade.

Parque Anauá

Av. Brigadeiro Gomes, s/n.
Parque de lazer composto por um anfiteatro, área coberta para shows (forródromo), escola de música, museu, horto florestal, lago natural, ginásio poliesportivo, kartódromo, pista de corrida, aeromodelismo, motocross, lanchonetes e restaurantes. O movimento no local é maior aos finais de semana, quando os moradores de Boa Vista e arredores vão ao Parque praticar esportes, assistir shows e participar das atividades culturais oferecidas pela estrutura.

Complexo Ayrton Senna: esportes e lazer

ARREDORES

Café com leite suíço

BR-401, entre a entrada do Haras Cunhã Pucá e a cidade de Santa Cecília, aberto somente no final de semana. Fone: 9972-7343.
Local onde você pode degustar um café regional com vista para a paisagem dos campos nos arredores de Boa Vista. Passeios de charretes, cavalos e pôneis.

Maloca Yanomami na aldeia Surucucu

Criada em 1981, Maracá foi a primeira Estação Ecológica do Brasil

Corredeira do Bem Querer

Km136 da BR-174, sentido Boa Vista -Manaus.

Localizada no médio rio Branco, é ideal para a prática de canoagem, caiaque e pesca esportiva. Para visitação, o local dispõe de restaurante, área de camping, canoas, botes e estrutura para pesca esportiva.

Eco Park

Km 89 da RR-205, estrada de acesso a Alto Alegre, a 35 km de Boa Vista. Fone: 224-5930.

Possui um lago, com as margens arborizadas, propício para a prática de wind surf, remo e canoagem. O Parque possui tanques com peixes que, depois de fisgados, podem ser comprados e preparados no restaurante do local. É possível se hospedar em chalés e alugar caiaques e ultraleves.

Estação Ecológica Ilha de Maracá

120 km a noroeste de Boa Vista.

Foi a primeira estação ecológica criada no Brasil, em 1981. É a terceira ilha fluvial em superfície do planeta, com 1.013 km^2. As duas primeiras são as ilhas de Marajó e Bananal, também no Brasil. A área da ilha é coberta por florestas, extensões de cerrado, pântanos sujeitos a enchentes sazonais, riachos e colinas de baixa altitude, que abrigam uma diversidade biológica muito grande. Embora alguns indígenas tenham vivido em Maracá, uma colonização jamais se concretizou no local. A ilha é desabitada e, em sua maior parte, inexplorada. A visita só pode ser feita com autorização prévia do Ibama (Instituto Brasileiro do Meio Ambiente e Recursos Renováveis) e deve ter caráter pedagógico, acadêmico ou científico. Para chegar à ilha de Maracá existem três alternativas: de carro pela estrada RR-205 (asfaltada), entrando na estrada do Boqueirão; de barco num percurso de 180 km a partir de Boa Vista; de avião, em 30 min de vôo.

Buritizais: vegetação típica do Estado

◀ Na época de secas, a paisagem do rio Branco muda com a formação das praias fluviais

Yanomami: uma das tribos mais isoladas

Fazenda São Marcos

Fundada no início do século 18, foi o primeiro núcleo de criação de gado do Estado. Faz parte do Patrimônio Histórico de Roraima e está localizada dentro da Reserva Indígena de São Marcos. Foi edificada com o objetivo de abastecer de alimentos o forte São Joaquim e servir de apoio aos comandantes da fortaleza. É administrada pela Funai e ocupada pelos Índios Macuxi. Para a sua visitação, é necessária a autorização prévia da Funai.

Lago do Caracaranã

Km 180 da BR-401, direção Boa Vista - Normandia.

Com uma extensão de 5,8 km, uma profundidade com variações de 2 a 5 m, águas azuis, praia de areias brancas, cercado de cajueiros nativos, é uma das principais atrações do Estado. Localizado em uma antiga fazenda da região, é propício à prática do windsurf, devido aos ventos constantes que sopram na área. O lago oferece estrutura de visitação e hospedagem.

Fone: 224-6271.

Monte Caburaí

O ponto mais setentrional do Brasil está localizado na fronteira do Brasil com a Guiana e tem 1.465 m.

O Caburaí é a borda de um imenso planalto que se estende ao longo da fronteira. É onde nasce o rio Uailã, que abriga corredeiras e a cachoeira de Garã-Garã, que tem quase 100 m de queda d'água. De difícil acesso, o rio é ideal para safáris fotográficos. A partir da segunda cachoeira do curso d'água, conhecida por cachoeira das Andorinhas, é possível praticar canoagem. É uma das mais belas e isoladas da Amazônia. O acesso ao local só é possível por via aérea.

O Estado abriga vastas extensões de vegetação aberta, como Campos e Cerrado

Parque Nacional do Monte Roraima

Parque Nacional do Monte Roraima

É a parte sul de um dos conjuntos de planaltos areníticos existentes na fronteira entre Brasil e Venezuela, onde têm os nomes de Ayam Tepui e Uei Assipu. No Brasil, recebe o nome de Planalto Sedimentar Roraima, uma região montanhosa com altitudes superiores a 1.000 m e relevos aplainados nos topos, com quedas d'água nas bordas das escarpas, falhas e ravinas. Uma das formações típicas desse planalto são as mesas, sendo a mais famosa delas o Monte Roraima, de formato irregular, contornado por escarpas abruptas, com altitude de 2.875 m.

O Monte Roraima é o grande atrativo do Parque Nacional e situa-se no extremo noroeste da área, no conjunto da serra Pacaraima. Só uma pequena área do monte fica em território brasileiro.

A vegetação existente no Parque é dividida entre floresta tropical e regiões de cerrado, concentradas, na maior parte, no lado venezuelano. A floresta apresenta-se relativamente uniforme, com vegetação alta e ocorrência de seringa-brava, louro-vermelho, tento-amarelo, timpó-pau, mangabarana, matamatá-branco, itaúba-vermelha e matamatá-vermelho. Nos platôs, aparecem zonas de refúgios ecológicos gramíneo e arbustivo, com uma flora com grande incidência de plantas endêmicas, que se isolaram há cerca de 120 milhões de anos. Entre as espécies comuns encontram-se orquídeas.

Para chegar ao Monte Roraima é preciso enfrentar os desafios de rios e rochas no início da escalada, além de uma variação de temperatura entre 35ºC e 0ºC. Pelo lado venezuelano, a subida dura cerca de 12 horas e não exige técnicas de escalada. Do lado brasileiro, partindo de Uiramutã, é necessário conhecimento de alpinismo. A cidade de Canaima, no sudeste da Venezuela, é o ponto de apoio para as visitas ao Parque Nacional do lado venezuelano. Dentro dele está a maior concentração de tepuy, grandes formações rochosas com idade que chega a 1,7 milhões de anos. Lá encontra-se ainda o Salto Angel, cachoeira com 1.000 m, a maior do mundo.

O Parque Nacional do Monte Roraima não está aberto à visitação, mas o Monte Roraima pode ser visitado pelo lado venezuelano, com base na cidade de Paraitepuy, onde há agências especializadas, guias e carregadores para fazer a subida, que leva no mínimo sete dias e chega a mais de 2.800 m de altitude. O preço médio para contratar carregadores e cozinheiros é de US$ 20 por dia.

Soldado do batalhão de Bonfim

Passeio pelo rio Branco

Saída da rua Bento Brasil, em frente ao posto Santo Antônio, no Mirante Bar. Fones: 623-8175 e 9971-5454. De maio a agosto.

O rio é um dos afluentes mais importantes da margem esquerda do Negro. Seus formadores são os rios Uraricoera e Tacutu, que nascem, respectivamente,

Índios Yanomami na aldeia de Surucucu

na serra de Pacaraima e Uaçari. As cheias no rio Branco acontecem entre abril e setembro, com a maior enchente em junho. De outubro a março, o nível das águas baixa muitos metros e várias praias fluviais surgem. Em alguns trechos a navegação fica impossibilitada.

No passeio de barco pelo rio contemplam-se as paisagens da serra Grande, que tem mais de 1.000 m de altitude e é famosa pela cachoeira "Véu de Noiva", as ruínas do forte São Joaquim e a praia D'água Boa. O barco faz uma parada e os passageiros podem tomar banho de rio. Este passeio acontece de dia e em noites de lua cheia, quando a empresa organizadora oferece um lual com música ao vivo.

Pesca Esportiva

Ecotur Park. Fone 224.6010.
Peacock Bass. Internet:
www.amazonpeacockbass.com

O Estado possui alguns hotéis especializados em pesca esportiva. Um deles é o Ecotur Park, localizado no rio Água Boa do Univini, no município de Caracaraí. O outro, Peacock Bass, está localizado no rio Xeriuini, também próximo à cidade. Os dois têm estrutura de hospedagem e barcos para a pesca do tucunaré, favorecida nessas águas.

Praia Grande

6 km de Boa Vista, na margem esquerda do rio Branco.

Fica na ilha Cunhã-Pucá, de 15 km de extensão, separada da terra firme por um pequeno afluente do rio Branco, o paraná do Surrão. A praia forma-se entre outubro e março, chegando a 5 km de extensão. Vários barcos atravessam o rio Branco, saindo do porto principal de Boa Vista, para chegar no local.

Encontro do rio Água Boa com o Branco

No oeste de Roraima, as montanhas formam muitas cachoeiras

Ruínas do Forte São Joaquim

52 km de Boa Vista pela BR- 401, ou uma hora de barco do porto da cidade.

Marco da história de Roraima, o forte foi construído pelos portugueses em 1775 com o objetivo de proteger a região das invasões estrangeiras e consolidar a ocupação portuguesa na região do rio Branco. Foi tombado como Patrimônio Histórico do Estado no dia 22 de abril de 2001.

Serra do Tepequém

100 Km de Amajari (município a 154 km de Boa Vista) pela rodovia RR-203.

Está situada em uma área limítrofe entre o estado de Roraima e a Venezuela. Numa zona de transição entre campos e florestas, eleva-se a 1.200 m de altitude. Seu topo é cortado por um vale que abriga as cachoeiras do Paiva e do Sobral. Aconteceu no local, por mais de cinqüenta anos, uma exploração intensa de diamantes. O Tepequém faz parte de

Pinturas rupestres no sítio arqueológico da Pedra Pintada, próximo ao município de Amajari

Moradora de Lethem, na Guiana, perto da fronteira com o Brasil

uma longa cadeia de serras, chamada de Pacaraima, que compõe a paisagem da fronteira do Brasil com a Venezuela. O local tem estrutura de hospedagem (Pousada do Sesc. Fone: 224-6767). Para chegar, é necessário ir com um transporte de tração nas quatro rodas e em boas condições mecânicas.

Sítio Arqueológico da Pedra Pintada

130 km pela BR-174 e RR-330, sentido Boa Vista-Pacaraíma.

O sítio arqueológico da Pedra Pintada está localizado no vale do Parimé. A Pedra tem 60 m de diâmetro por 40 m de altura e contém pinturas rupestres vermelhas na face externa e uma caverna na base, com extensão de 12 m. Foram encontrados no local restos de alimentação, fragmentos cerâmicos, objetos de adorno, urnas funerárias e artefatos de pedra. Os dados das pesquisas realizadas no local relacionam o material estudado, principalmente a cerâmica, ao grupo indígena Macuxi, mas ainda não há consenso entre os estudiosos no que se refere às datas e origens das pinturas. Distantes alguns quilômetros da Pedra Pintada estão outros sítios, como o da Pedra do Urubu e o da Pedra do Pereira.

Para Venezuela e Guiana

É possível ir de carro ou ônibus de Boa Vista até Caracas, na Venezuela, pela BR-174. Para Guiana, também pode-se ir até Lethem, na fronteira, pela BR-401, mas a maneira mais prática é usar o vôo recentemente inaugurado Boa Vista - Georgetown.

Dicas

- Na época de chuvas, de abril a setembro, as estradas de Roraima ficam mais difíceis de serem transitadas, o que pode impedir alguns passeios pelo interior do estado.
- O táxi do aeroporto para qualquer local de Boa Vista tem o preço fixo de R$ 15, portanto não se assuste se não enxergar o marcador de distâncias e preço.
- Comer açaí na tigela com guaraná e granola, como a polpa da fruta é servida no resto do país, é uma ofensa para os roraimenses. Experimente a forma local, mais líquida e servida com farinha de tapioca. Algumas bancas na rua vendem também polpa de bacaba e outras frutas, servidas como açaí. Uma ida a Boa Vista sem experimentá-las não é uma visita verdadeira.
- Marina Meu Caso, um dos restaurantes de Boa Vista, à beira do rio Branco, serve um imperdível baião a dois (feijão e arroz juntos) e matrinxã, um dos peixes mais apreciados dos rios da região. Pergunte à dona sobre a origem do nome do local. Comer o tacacá servido na calçada ao longo do Complexo Ayrton Senna é outro programa irrecusável na cidade.

Serviços

ACRE

Rio Branco

🌐 68

Endereços úteis

• **Prefeitura**. Rua Rui Barboza, 285, Centro. Fone 224-1077/223-1630.
• **Rodoviária**. Av. Uirapuru - Cidade Nova: 2 km. Fone: 221-4195.
• **Aeroporto Internacional.** BR-364, km 19, 21 km. Fone: 211-1003/211- 1000.
• **Companhias Aéreas.** Tavaj. Fone: 211-1072/211-1073; Rico. Fone: 211-1081; Varig. Fone: 224-2226; Vasp. Fone: 224-6635.
• **Hospital.** Fundação Hospitalar. BR-364, km 02, Calafate. Fone: 226-4336/ 226-3715.
• **Bancos.** BASA. Fone: 223 - 3633; Banco do Brasil. Fone: 223- 2089; Bradesco. Fone: 223-1300; Real. Fone: 222-7325.
• **Compras.** União Nacional das Nações Indígenas. Rua Amazonas, 58.
• **Ibama.** Fone: 226-4682/226-3212.
• **Locadora de Autos.** Localiza. Fone: 9985-4090; JP. Fone: 223-8933.

Apoio ao visitante

• **Secretaria da Indústria, Comércio e Turismo.** Rua Marechal Deodoro, 219, Centro. Fone: 223-1390 ramal 23.

Hotéis

• **Inácio Palace.** Rua Rui Barbosa, 469. Fone: 223-6397. 111 ap., tv, ar, frigobar, tel. $$$
• **João Paulo**. Av. Ceará, 2090. Fone: 223-8933. 50 ap., ar, frigobar, tel. $$
• **Pinheiro Palace**. Rua Rui Barbosa, 450. Fone: 223-7191. 60 ap., tel., ar, frigobar. Piscina. $$$$

Restaurantes

• **Anexo.** Rua Franco Ribeiro, 99. Fone: 224-1396. Variada. Das 12 às 14h e das 19 às 22h. $$
• **Esquina Verde**. Rua Minas Gerais, 126. Fone: 223-6242. Variada. Das 18 às 23h. Peixada. $$
• **Point do Pato**. Rua Santa Maria, s/n, Praça do Conjunto tropical III. Fone: 223-3070. Variada. Das 18 às 23h.

Cruzeiro do Sul

🌐 68

Endereços úteis

• **Rodoviária.** Av. Rodrigues Alves, 67.
• **Aeroporto Municipal.** Estrada do Aeroporto, km 11. Fone: 322-4343.
• **Hospital Regional.** Av. Lauro Miller, 350. Fone: 322-2327.
• **Companhia Aérea.** Rico. Fone: 322-5997; Varig. Fone: 322-2026; Tavaj. Fone: 322-2587.

Apoio ao visitante

• **Secretaria de Turismo.** Rua Rui Barbosa, 67. Fone: 322-5961.

Hotéis

• **Plínio.** Rua Boulevard Thaumaturgo, 153. Fone: 322-3445. 50 ap., tv, ar, frigobar, tel. $$
• **Sumaúma.** Estrada do Aeroporto Velho, Santa Teresinha. Fone: 322-2577. 10 ap., tv ar, frigobar. $$

Restaurante

• **Napolitana**. Av. Mâncio Lima, 248. Fone: 322-4352. Churrascaria. Das 8 às 22 h. $

Xapuri

🌐 68

Endereços úteis

• **Rodoviária**. Rua Dr. Batista de Morais, s/n. Fone: 542-2384.
• **Aeroporto Municipal.** Rua Coronel Brandão, s/n.
• **Hospital.** Epaminondas Jácome. Rua 6 de Agosto, s/n. Fone: 542-2761/542-2560.
• **Banco.** Basa. Fone: 542-2239/ 542- 2241.

Apoio ao visitante

• **Secretaria de Meio Ambiente e Turismo.** Rua José Antônio Carvalho, 2870, Ermínio Melo. Fone: 542-2278.

Hotéis

• **Casa Maria de Nazaré**. Rua Batista de Moraes, s/n, Centro. Fone: 542-2251. Ar, tv, frigobar. $
• **Hotel Veneza**. Rua Major Salinas, 218, Centro. Fone: 542-239. 20 ap., ar, tv, frigobar. $
• **Pousada dos Xapuris.** Rua Sadala Kuri. Fone: 542-2253. 12 ap, tv, ar, frigobar. Restaurante. $

Restaurantes

• **Dona Luiza**. Rua Major Salinas, 84, Centro. Fone: 542-2690. Regional. Das 11 às 14h e das 18h30 às 21h. $
• **Tia Vicenza.** Rua Seis de Agosto. Fone: 542-2605. Caseira. Das 6 às 21h. $

AMAPÁ

Macapá

🌐 96

Endereços úteis

• **Rodoviária.** Br 156, Km 02. Fone: 251-2009.
• **Hospital Geral.** Av. Fab, 70, Centro. Fone: 212-6127.
• **Aeroporto.** Av. Hildemar Maia, s/n, Jesus de Nazaré. Fone: 223-2323.
• **Companhias Aéreas.** VASP. Fone: 223-2427; TAM. Fone: 223-2688; Penta. Fone: 223-5226; Varig/ Nordeste. Fone: 222-7724.
• **Venda de passagens fluviais.** Sonave. Fone: 223-9090.
• **Locadoras de autos:** Locarauto. Fone: 217-2525; Localiza. Fone: 223-2799.

Apoio ao visitante

• **Departamento de Turismo (Detur).** Rua da Independência, 29, Centro. Fone: 212-5335.

Hotéis

• **Hotel Macapá**. Av. Azanias Neto, 17, Centro. Fone: 217-1352. 78 ap., ar, tv a cabo, tel., frigobar. Quadras, piscinas, sauna, salão, restaurante. $$$$
• **Líder Palace Hotel.** Av. Nações Unidas, 23, Laguinho. Fone: 223-6290. 54 ap., tv, ar, frigobar. Restaurante, café da manhã; traslado do aeroporto. $$$
• **Mara Hotel.** R. São José, 2390, Centro. Fone: 222-0859. 25 ap., tv, ar, frigobar. Café da manhã. $$$
• **San Marino.** Av. Marcílio Dias, 1395, Jesus de Nazaré. Fone: 223-1522. 35 ap., tv, ar, frigobar, tel. Piscina. $$$$

Restaurantes

• **Aconchego.** Av. Beira Rio, 702, Santa Inês. Fone: 222-6844. Variada. $$
• **Bom Paladar.** Av. Pres. Vargas, 456, Centro. Fone: 223-0555. Variada. $$
• **Chalé**. Av. Pres. Vargas, 499, Centro. Fone: 222-5405. Regional. $$

AMAZONAS

Manaus

🌐 92

Endereços úteis

• **Rodoviária.** Rua Recife, 2784. Bairro de Flores. Fone: 642-5805.
• **Aeroporto Internacional Eduardo Gomes.** Av Santos Dumont, 1350. Fone: 652-1210.
• **Companhias Aéreas.** Varig. Fone: 621-4580/ 621-4528; Vasp. Fone: 622-3470; Transbrasil. Fone: 622-3738; TAM. Fone: 233-3707; Tavaj. Fone: 622-6699/ 652-1214; Rico. Fone: 652-1244; Meta. Fone: 633-5801/ 652-1484; Lloyd Aéreo Boliviano. Fone: 633-4200; Aeropostal. Fone: 233-8547.
• **Porto Flutuante de Manaus**. Av. Marquez de Santa Cruz, 264, Centro.
• **Compras.** Artesanato da Amazônia. Rua José Clemente, 500, Centro. Fone: 232-3979; Artíndia-FUNAI. Pça. Tenreiro Aranha, s/n, Centro. Fone: 232-4890; Associação dos Artesãos de Janauary. Lago do Janauary. Fone: 9989-3836; Ecoshop. Rua 10 de Julho, 509-A, Centro. Fone: 234-8870. Amazonas Shopping- Av. Djalma Batista, 482, Parque Dez. Fone: 642-3555. De segunda a sábado, das 10 às 22h; domingo das 15 às 21h. Mercado Municipal Adolpho Lisboa. Rua dos Barés, s/n, Porto.

Apoio ao visitante

• **Manaustur** (Fundação Municipal de Turismo). Av. 7 de Setembro, 157, Centro. Fone: 622-4886/622-4948. Internet: info@manaustur.com.br.
• **Secretaria de Estado da Cultura, Turismo e Desporto.** Av. Sete de Setembro, 1546, Vila Ninita. Fone: 633-2850. De segunda à sexta, das 8 às 18h.
• **Agências de Turismo.** Viverde Turismo. Fone/fax: 248-9988. Internet: www.viverde.com.br; Selvatur. Fone: 622-2577. Internet: selvatur@henig.com.br. Amazon Explorer´s. Fone: 633-3319/633-2075. Internet: amazonexplorers@internext.com.br ; Anaconda Turismo. Fone: 233-7642/ 232-9492; Amazon Expeditions Ltda. Fone:233-0469/ 659-5119. Internet: www.lagosalvador.com.br . Nature Safaris. Fone: 656-6033. Internet: www.naturesafaris.com.br ; Amazon Ecopark. Fone/fax: 234-0939. Antonio´s *Jungle Adventures*. Fone: 9961.8314. Internet: www.geocities.com/ amazonjungletour.

Hotéis

• **Ana Cássia Palace Hotel.** Rua dos Andradas, 14, Centro. Fone: 622-3637. Fax: 234-4163.

• **Best Western Manaus.** Rua Marcílio Dias, 217, Centro. Fone: 622-2844. 102 ap., tv a cabo, ar. Piscina e restaurante. $$$$
• **Boulevard Slaass Flat Hotel.** Av. Senador Álvaro Maia, 1442, Pça. 14 de Janeiro. Fone: 633-3520. Ap. fogão, tv a cabo. Piscina, restaurante e bar. $$$$
• **Líder Hotel.** Av. Sete de Setembro, 827, Centro. Fone: 633-1326/633-1673.
• **Novotel.** Av. Mandii, 04, Distrito Industrial. Fone: 613-1211. Fax: 613-1094. Piscina, área de ginástica, restaurante, bar. $$$$
• **Sombra Palace Hotel**. Av. 7 de Setembro, 1325, Centro. Fone: 234-8777. Ap., tv, frigobar. Restaurante. $$
• **Tropical Hotel Manaus.** Estrada da Ponta Negra, s/n. Fone: 659-5000. 601 ap. Piscina, boate, minizoo, minishopping, 2 restaurantes, lanchonete. $$$$

Hotéis de Selva
• **Acajatuba Jungle Lodge.** Lago Acajatuba, município de Iranduba. Manaus: 62 km. Acesso de barco (4 horas). Fone: Anaconda Turismo. 233-7642 / 232-9492. 80 ap., ar, banheiro privativo, tel. Restaurante panorâmico. Pacote: 2 dias/1 noite. US$ 250 (1 pessoa) / US$ 220 (2 pessoas). Refeições incluídas.
• **Amazon Ecopark.** Igarapé do Tarumã-Açu, Manaus: 6 Km, acesso de barco (40 minutos). Fone: Amazon Ecopark Hotéis e Turismo 234-0939/ 233-2559. Reservas/informações: (21) 2275-6544. www.amazonecopark.com 20 chalés, banheiro privativo, ar, tel, fax, água quente. Restaurante panorâmico. Pacote: 3 dias/ 2 noites. US$ 310,00 (mais opções de pacotes).
• **Amazon Lodge.** Lago Juma, Município de Autazes. Fone: Nature Safáris 656-6033. Manaus: 80 Km. 12 ap. Pacote. 3 dias/2 noites US$ 198 (mais opções de pacotes).
• **Amazon Village.** Lago Puraquequara, Município de Rio Preto da Eva. Manaus: 30Km. Acesso de barco (2 horas). Fone: Grand Amazon Turismo 633-1444. Pacote 1 dia: US$ 230 (refeições incluídas).
• **Ariaú Amazon Towers.** Rio Ariaú, Município de Iranduba. Manaus: 60km. Acesso de barco (3 horas). Fone: 622-5000/ 232-4160. Toll Free : 0800-925000. 210 ap. banheiro privativo, ar, frigobar, tel., fax. Piscina, spa, 2 restaurantes, 4 bares. Pacote 2 dias: US$ 201 (refeições incluídas).
• **Hotel Juma.** Lago Juma. Acesso de barco (3 horas de Manaus). Fone: Venturas & Aventuras (11) 3872-0362 www.venturas.com.br/destinos_nacionais . 6 ap., banheiro privativo, chuveiro sem água quente. Pacote: 4 dias US$ 760 (inclui bilhete aéreo SP/Manaus/SP, traslado, refeições, passeios do pacote).

Restaurantes
• **Açaí & Cia.** Rua Acre, 98, Vieiralves. Fone: 635-3637. Regional. De dom. a quinta, das 9h30 à meia-noite; de sexta a sábado, das 9h30 até o último cliente.
• **Bernadino's.** Rua Pará, 555. Vieiralves. Fone: 233-7300. Portuguesa. Das 19 às 2h; Sexta e sábado das 12 às 16h e das 19 às 2h; domingo das 12 às 16h. Fecha às segundas-feiras. $$$
• **Bons Amigos.** Rua D 8,1932, Japin II. Fone: 237-7476. Das 11 às 24h. Regional. $$
• **Canto da Peixada.** Rua Emílio Moreira, 1677, Pça. 14. Pescados. Fone: 234-3021. Das 11h30 às 15h e das 19 às 23h30. $$
• **Casa do Bacalhau**. Rua Paraíba, 1587, Adrianópolis. Portuguesa. Fone: 642-1222. Das 11h30 às 15h e das 19 à 1h. $$$
• **Coqueiro verde.** Rua Ramos Ferreira, 1920. Fone: 633-2151. Brasileira. Das 11 às 15h e das 18 às 23h; domingo, das 11 às 16h. $$
• **Galo Carijó**. Rua dos Andradas, 536, Centro. Fone: 233-0044. Regional. $
• **La Barca**. Rua Recife, 684 , Parque 10. Fone: 642-5155. Regional. Das 11h30 às 15h e das 18 às 24h; domingo das 11 às 15h30. $$
• **Moronguetá**. Rua Jaith Chaves, 33, Vl. da Felicidade.Variada. Fone: 615-3362. Das 11h às 23h. $$$
• **Panela Cheia.** Rua Washington Luís, 292. Conjunto D. Pedro I, Planalto. Pescados. Fone: 238-4234. Das 11 às 16h e das 18 às 24h. $$
• **Panorama.** Av. Boulevard Rio Negro, 199, Educandos. Fone: 624-4626. Pescados. Das 11 às 15h e das 18 às 23h; domingo, das 11 às 16h. $$
• **Paramazon**. Rua Santa Isabel,1176,

Cachoeirinha. Fone: 233-7768. Regional. Das 11 às 15h e das 8h às 23h30. $ $ e self service $ (Kg) durante dia self-service e à noite à la carte.
• **Village.** Rua Recife, 948, Adrianópolis. Fone: 234-3296. Variada. Das 11 às 15h e das 18 às 24h. Fecha aos domingos. $ $

Barcelos
92

Endereços úteis
• **Aeroporto.** Estrada do Aeroporto, 590, São Francisco. Fone: 321-1484.
• **Companhias Aéreas.** Rico. Fone: 321-1297.
• **Hospital Municipal.** Rua Dorval Porto s/n. Fone: 321-1122.
• **Bancos.** BEA. Fone: 321-1156.
• **Compras.** Artesanato da Jane. Av. Ajuricaba, 134. Fone: 321-1454.

Apoio ao visitante
• **Secretaria de Turismo e Meio Ambiente.** Rua do Aeroporto, 590. Fone: 321-1484.

Hotéis
• **Macedo.** Av. Ajuricaba, 775. Fone: 321-1133. 14 ap., tv, ar. $
• **Rio Negro Lodge.** Marginal Esquerda do Rio Negro, acima da Comunidade São Domingos. Acesso de barco. Barcelos: 80Km.
Fone: 642-8289/321-1472. 8 ap., restaurante, bar. Fecha de maio a junho; estada mínima de uma semana.
• **Rio Negro**. Av. Ajuricaba, 454. Fone: 321-1176, 8 ap., tv, ar. $

Restaurante
• **Canto da Peixada.** Rua Emílio Moreira, 1677, Pça 14. Fone: 234-3021. Peixada. Das 8 às 23h.

Parintins
92

Endereços úteis
• **Aeroporto.** Saída para Paranapanema, km 4. Fone: 533-2700.
• **Companhias Aéreas.** Penta. Fone: 533-3313; Rico. Fone: 533-3400; Tavaj. Fone: 533-3434.
• **Hospital Municipal.** Rua Herbert de Azevedo, 985. Fone: 533-5224.
• **Bancos.** Bradesco, Banco do Brasil, Caixa Econômica Federal, Banco da Amazônia.

Apoio ao visitante
• **Secretaria de Turismo.** Rua Jonatas Pedrosa, 247, Centro. Fone: 533-1805/ 533-5293.

Hotéis
• **Amazonas.** Av. Amazonas, 2351, Centro. Fone: 533-3105, 26 ap., tv, ar, frigobar. $
• **Avenida.** Av. Amazonas, 2416, Centro. Fone: 533-1158.
26 ap., tv, ar, frigobar, tel, café da manhã. $ $
• **Pousada Ilha Bela**. Rua Agostinho Cunha, 2052, São Vicente de Paula. Fone/fax: 533-2737. 10 ap., tv, ar, frigobar. Restaurante, bar; pesca; passeios. $ $ $

Restaurantes
• **Aos Amigos.** Av. das Nações Unidas, 2883. Fone: 533-1446. Regional. $ $
• **Big Boy**. Av. Amazonas, s/n, Centro. Fone: 533-2786. Regional e variada. $

Presidente Figueiredo
92

Endereços úteis
• **Prefeitura.** BR 174, Km 107, Centro. Fone: 324-1182.
• **Rodoviária.** BR-174, Km 107, Centro. Fone: 324-1231.
• **Hospital Municipal.** BR-174, Km 107, Centro. Fone: 324-2050.
• **Bancos.** BEA. Fone: 324-1214; Banco do Brasil. Fone: 324-1248.
• **Compras.** Forest Souvenirs (Artesanato indígena). BR-174, Km 107.
• **Ibama.** Fone: 312-1226/1260.

Apoio ao visitante
• **Central de Atendimento ao Turista.** Rua Araras s/n, Centro. Fone: 324-1158/324-1445.

Restaurantes
• **Beer House**. Rua Uatumã, s/n. Fone: 324-1065. Variada. Das 12 às 15h. $ $
• **Cachoeira.** Parque Urubuí. Fone: 324-1050. Pescados. Das 11 às 15h e das 18 às 22h. $ $
• **Café Regional Priscila**. Rua Corredeira do Urubuí, 23, Pq. Urubuí. Fone: 324-2159. *Fast food.* De terça a sexta das 7 às 17h; sábado e domingo das 5h30 às 20h .
• **Churrascaria Paulistana**. Parque Urubuí, s/n, Pq. Urubuí.

Fone: 324-1407. Carnes. Das 11 às 22h30. $ $

Hotéis

- **Cachoeira do Urubuí.** BR.174, Km 107. Fone: 324-1186. 36 ap., tv, ar, frigobar. Piscina, restaurante. $ $
- **Cuca Legal.** Rua Manaus,1. Fone: 324-1138. Frigobar, chuveiro elétrico, tv. Piscina natural. $ $
- **Iracema Falls.** Km 115 da BR-174, 8 km. Fone: 234-5500. 28 ap., tv, ar, frigobar. Cachoeira, grutas. Restaurante. $ $ $
- **Maruaga** - Rua Uatumã, 1927. Fone: 324-1110. 23 ap., tv, ar, frigobar. Piscina. $ $
- **Pousada da Jibóia** - Rua Copaíba, 69. Fone 324-1228. 18 ap., tv,ar. $ $
- **Pousada Menina Bonita.** Rua Piquá, s/n. Fone: 324-1102. tv e ar-condicionado. $

São Gabriel da Cachoeira

⊕ 92

Endereços úteis

- **Aeroporto.** São Gabriel. Estrada do Aeroporto. Fone: 471-1343, 18 km.
- **Companhia Aérea.** Rico. Fone: 471-1351.
- **Viação Waupés**. Fone: 471-1321/ 471-1348 (Manaus).
- **Porto.** Barcos Tanaka e Almirante Martins. Fone: 471-1142.
- **Hospital de Guarnição.** Rua Quintino de Sá Cardoso, 1126. Fone: 471-1437.
- **Bancos:** BEA. Fone: 471-1175; Banco do Brasil. Fone: 471-1340/471-1145.
- **Compras:** Foirn. Av. Álvaro Maia, 79. Fone: 471-1349/471-1222. Das 8 às 17h. Fecha aos domingos; Colégio São Gabriel. Das 8 às 11h e das 14 às 17h.
- **Consulado da Colômbia.** Fone: 471-1208. Cônsul honorário para assuntos culturais: Matias Vasquez Gonzalez. De seg. à sexta , das 10 às 12h ou Consulado de Manaus. Rua 24 de maio, 220, Centro. Fone: 234-6777.
- **Ibama.** Fone: 471-1617.

Apoio ao visitante

- **Secretaria de Turismo.** Av. Álvaro Maia, 569. Fone: 471-1003.
- **Agência de Turismo.** Nature Safáris. Fone: 656-6033 (Manaus).

Hotéis

- **King's Island Lodge.** Ilha dos Reis. Acesso de barco (5 minutos). Fone: 471-1215. Internet: www.naturesafaris.com.br . 10 ap. Restaurante e bar. Pacote mínimo (3 dias e 2 noites). US$ 1.400 p/ 2 pessoas.
- **Roraima.** Av. Castelo Branco, 361. Fone: 471-1576. 26 ap., tv, ar ,frigobar. $
- **Uaupés.** Av. 7 de Setembro s/n. Fone: 471-1805. 36 ap. $

Restaurantes

- **Íris.** Av. 7 de Setembro, 477, Bairro da Praia. Fone 471-1288. Pescados. Das 11 às 23h. $ $
- **La Cave du Conde.** Rua Brig. Eduardo Gomes, 444. Fone: 471-1435. Internacional. Das 19h30 às 23h30. $ $

MATO GROSSO

⊕ 65

Alta Floresta

Endereços úteis

- **Prefeitura.** Av. Ariosto da Riva, 3391, Canteiro Central. Fone: 521-2473/521-1719.
- **Rodoviária.** Av. Ariosto da Riva, s/n, Centro. Fone: 521-3177.
- **Viação Maringá.** 521-2710/521-2713.
- **Rodoviária:** Av. Ariosto da Riva, s/n, Centro. Fone: 521-3177.
- **Aeroporto.** Av. Jaime Campos, s/ n,Centro. Fone: 521-3360/521-1943.
- **Companhias Aéreas.** Trip. Fone: 521-3222.
- **Hospital Municipal.** Av. Ariosto da Riva s/n, Canteiro Central. Fone: 521-3352.

Apoio ao visitante

- **Secretaria de Turismo.** Rua F, setor f. Fone: 521-2666.

Hotéis

- **Floresta Amazônica.** Av. Perimetral Oeste, 201. Fone: 521-3601. Ap., ar, tv, frigobar, tel. Piscina, quadras esportivas, café da manhã. $ $ $
- **Lisboa Palace.** Av. Jaime Veríssimo Campos, 251, Centro. Fone: 521-2876. Ap., ar, tv, frigobar, tel. $ $
- **Paraíso Palace Hotel**. Rua A 5, 504, Centro. Fone: 521-3141. 18 ap., ar, tv, frigobar, tel. Café da manhã. $

Restaurantes

- **Cambalacho.** Av. do Aeroporto, 482. Fone: 521-3376. Churrascaria e Pizzaria. $ $
- **Papagaio.** Av. da Riva, s/n. Fone:

521-1651. Aberto a partir das 19h. Choperia e Pizzaria. $ $
• **Paraíso do Chope.** Av. Ludovico da Riva Neto, s/n. Centro. Fone: 521-5860.

São José do Rio Claro

• **Pousada Jardim d'Amazônia.** Central de Reservas em Cuiabá. Rua São Sebastião, 2381. Fone 622-2194. Internet: www.jdamazonia.com.br

PARÁ

Belém

91

Endereços úteis
• **Rodoviária.** Praça do Operário, s/n. Fone: 246-7442.
• **Aeroporto Internacional.** Av. Júlio César, Km 12, Val-de-Cans. Fone: 210-6039.
• **Companhias Aéreas.** Meta. Fone: 210-6298; Penta. Fone: 210-6245; TAM. Fone: 212-2166; Tavaj. Fone: 210-6257; Transbrasil. Fone: 210-6390; Varig/Nordeste. Fone: 210-6262; Vasp. Fone: 257-0944.
• **Hospital.** Barros Barreto. Rua dos Mundurucus, 4487, Guamá. Fone: 249-2323; Hospital Guadalupe. R. Arcipreste Manuel Teodoro, 734, Batista Ramos. Fone: 241-8940.
• **Bancos.** Banco da Amazônia; Banco do Brasil; Bradesco; Caixa Econômica Federal; HSBC; Itaú.
• **Locadora de autos.** Avis. Fone: 257-2277; Dallas. Fone: 212-2237; Localiza. Fone: 257-1541; Locarauto. Fone: 212-4242; Pará-Belém. Fone: 241-6744.

Apoio ao visitante
• **Belém Tur.** Av. Governador José Malcher, 592, Centro. Fone: 242-0033 e 242-0900. De segunda à sexta, das 8 às 12h.
• **Paratur.** Fone: 212-0669/212-0575
• **Agências de turismo.** Agentur. Fone: 224-8788/224-8890; Amazon Star Turismo Ltda. Fone: 241-8624; Arajá Turismo. Fone: 241-0085.

Hotéis
• **Beira-Rio.** Av. Bernardo Sayão, 4804, Guamá. Fone: 249-7111. 90 ap., ar, tv frigobar, tel. Piscina, cofre, restaurante, bar. $ $ $
• **Equatorial Palace.** Av. Braz de Aguiar, 612, Nazaré. Fone: 241-2000. 204 ap., tv, ar, frigobar, tel. Piscina, restaurante, bar. $ $ $ $
• **Hilton Belém .** Av. Presidente Vargas, 882, Praça da República. Fone: 217-7000. 361 ap., ar, frigobar, tel., tv. Piscina, restaurante, bar, sauna, massagem. $ $ $ $
• **Itaoca Belém.** Av. Presidente Vargas, 132. Fone/fax: 241-3434. 36 ap., tv, ar, frigobar, tel. Cofre, restaurante, bar. $ $ $
• **Parque dos Igarapés.** Acesso pelo Km 7 da Rodovia Augusto Montenegro para Icoaraci, 18 km. Fone: 248-1718. 15 chalés, ar, frigobar, tel. Piscina, restaurante, bar, atividades de lazer. $ $
• **Sagres.** Av. Gov. José Malcher, 2927, São Brás. Fone: 266-2222. 245 ap., tv, ar, frigobar, tel. Piscina, restaurante, bar, sauna. $ $ $ $
• **Vidonho's.** R. Ó de Almeida, 476, Centro. Fone/fax: 242-1444. 20 ap., tv, ar, frigobar, tel. Café da manhã. $ $
• **Vila Rica Belém.** Av. Júlio César, 1777, Val-de-Cans. Fone: 257-1522. 108 ap., tv, ar, frigobar, tel. Piscina, lago, restaurante, bar. $ $ $ $

Restaurantes
• **Avenida.** Av. Nazaré, 1086. Fone: 223-4015. Variada.
• **Círculo Militar.** Praça Frei Caetano Brandão, Forte do Castelo, Cidade Velha. Fone: 223-4374. Regional. $ $
• **Lá em Casa.** Av. Gov. José Malcher, 247, Nazaré. Fone: 223-1212. Regional. $ $ $
• **Restô do Parque.** Av. Magalhães Barata, 830, Parque da Residência. Variada. Fone: 229-8000. $ $

Bragança

91

Endereços úteis
• **Rodoviária.** Pça. Augusto Montenegro, s/n. Fone: 425-1263.
• **Hospital Municipal.** Trav. Aureliano Coelho, 25, Centro. Fone: 425-2162.
• **Bancos.** Banco do Brasil. Fone: 425-2209/425-2081/425-2025; Banco do Amazonas. Fone: 425-2001; Caixa Econômica Federal. Fone: 425-2217.

Hotéis
• **Akemi.** Av. Cônego Clementino, 800, Alegre. Fone: 425-1418. 23 ap., ar e frigobar. $
• **Delta Clube Hotel.** Pça. Cônego

Miguel, 185, Centro. Fone: 425-1591. 25 ap., ar, frigobar. Café da manhã. $

• **Solar do Catete**. Av. Visconde do Rio Branco, 2.096, Centro.Fone: 425-1780.13 ap., ar, frigobar. Restaurante e bar. $

Restaurantes

• **Fantástica.** Pça. das Bandeiras, s/n, Centro. Fone: 425-1160. Variada. $

• **Tropicália.** Av. João XXIII, s/n, Centro. Fone: 425-2035. Variada. $

Ilha de Marajó - Salvaterra

91

Endereços Úteis

• **Hospital.** CSE. Rua Cearense, s/n. Centro. Fone: 3765-1156.

• **Bancos.** Banco do Estado do Pará.

Apoio ao visitante

• **Secretaria de Turismo.** Fone: 212-0669 / 3765-1102. Av. Victor Engelhard, 23. Centro. Fone-fax: 3765-1102.

• **Paratur.** Fone: 212-0669 /212-0575.

Ilha de Marajó - Soure

91

Endereços úteis

• **Prefeitura.** 2ª Rua, 318, Centro. Fone: 3741-1327.

• **Aeroporto de Soure.** Quarta Rua, s/n, Tucumanduba. Fone: 9971-5329.

• **Hospital Santa Severa.** Oitava Rua, s/n, Matinha. Fone: 3741-1453.

• **Bancos.** Banco do Brasil. Fone: 3741-1385; Banco da Amazônia.

Apoio ao visitante

• **Secretaria de Turismo.** Trav. 16, Centro. Fone: 3741-2222.

Paratur: Fone: 212-0669.

Hotéis

• **Bosque dos Aruãs.** 2ª rua com 1ª travessa, Salvaterra. Fone: 3765-1115. 10 cabanas de madeira,(4 cabanas com ar condicionado e 6 com ventilador). Restaurante.

• **Ilha do Marajó**. Travessa 2, nº 10 (entre a sétima e a oitava rua). Fone: 241-3218. 34 ap., ar, frigobar. Piscina, restaurante, quadra de jogos e apresentações de danças típicas.

• **Marajó Park Resort.** Ilha Mexiana. Rod. Artur Bernardes, 605, Telégrafo. Fone: 244-4613. 40 ap., ar, frigobar. Restaurante, bar; áreas de lazer; salas de ginástica e de jogos; excursões ecológicas; passeios de búfalo, buggy e cavalo.

• **Salvaterra.** Pousada dos Guarás. Av. Beira-Mar, s/n, Praia Grande. Fone: 376-51390. 20 ap., ar, frigobar. Piscina, restaurante, bar, quadras de jogos e lago.

Restaurantes

• **Delícias da Nalva.** Quarta rua, 1.051. Fone: 3741-1607. Regional. $

• **Minha Deusa.** Travessa 14, 1.193, Estrada do Araruna, Soure. Regional. $

• **Paraíso Verde**. Trav. 17, Mirisal. Fone: 3741-1262. Regional. $

Marabá

91

Endereços úteis

• **Aeroporto.** Av. Dr. Altino Arantes, 174, Cidade Nova. Fone: 324-1383.

• **Companhia aérea.** TAM. Fone: 324-3330.

• **Hospital**. Municipal de Marabá. Folha 17, Quadra Especial, Nova Marabá. Fone: 322-2049/322-2101.

• **Bancos.** Bradesco; Caixa Econômica Federal; HSBC; Itaú.

• **Locadora de autos.** Localiza. Fone: 322-1414.

Apoio ao visitante

• **Secretaria de Turismo.** Rua Cinco de Abril, 1010, Pça. Duque de Caxias. Fone: 321-2243.

Hotéis

• **Del Príncipe.** Av. Mal. Rondon, 95, Amapá. Fone: 324-1175, 37 ap., tv, ar, frigobar, tel. Piscina, restaurante, bar.

• **Itacaiúnas.** Folha 30, Quadra 14, lote 1, Nova Marabá, km 7. Fone: 322-1326. 45 ap., tv, ar, frigobar, tel. Piscina, restaurante, bar; café da manhã. $$$

• **Vale do Tocantins.** Folha 29, Quadra Especial, Lote 1, Nova Marabá, km 17. Fone: 322-2321. 105 ap., tv, ar, frigobar, tel. Piscina, restaurante, bar. $$$$

Restaurantes

• **Bambu.** Trav. Pedro Carneiro, 433, Cidade Nova. Fone: 324-1290. Pescados. $$$

• **Kotokubi.** Av. Tocantins, 746, Novo Horizonte. Japonesa. $$$

• **Sino de Ouro.** Av. Alfredo Monção, 2093, Novo Horizonte. Variada. $ $ $

Santarém

🌐 91

Endereços úteis

• **Aeroporto.** Rod. Fernando Guilhom, Praia da Maria José, km 14. Fone: 523-1021.
• **Companhias Aéreas.** Penta. Fone: 523-2995; Tavaj. Fone: 523-1600; Varig/Nordeste. Fone: 522-7366.
• **Hospital.** Sagrada Família. Av. Presidente Vargas, 1606. Fone: 522-1988.
• **Bancos.** Bradesco, Caixa Econômica Federal, HSBC, Itaú.
• **Locadoras de autos.** Bill Car. Fone: 522-1705; Nobre. Fone: 522-2990.

Apoio ao visitante

• **Coordenadoria de Turismo da Prefeitura.** Rua Floriano Peixoto, 777. Fone: 523-2434.

Hotéis

• **Amazon Park.** Av. Mendonça Furtado, 4120. Fone: 523-2800. 122 ap., tv , ar, frigobar, tel. Piscina restaurante, bar. $ $ $
• **New City.** Trav. Francisco Corrêa, 200. Fone/fax: 522-3764. 25 ap., tv, ar, frigobar, tel. Café da manhã. $ $
• **Rio Dourado.** R. Floriano Peixoto, 799. Fone: 523-2174. 30 ap., tv, ar, frigobar, tel. Café da manhã. $ $
• **Santarém Palace .** Av. Rui Barbosa, 726. Fone: 523-2820. 50 ap., tv, ar, frigobar, tel. Restaurante. $ $

Restaurantes

• **Sacy Caseiro.** R. Floriano Peixoto, 521. Fone: 523-2672. Regional e Variada. $ $

RONDÔNIA

Porto Velho

🌐 69

Endereços úteis

• **Rodoviária.** Av. Gov. Jorge Teixeira, Embratel. Fone: 222-2233.
• **Aeroporto.** Belmont. Av. Lauro Sodré, km 9. Fone: 225-1339.
• **Companhias Aéreas.** Rico. Fone: 225-1299; TAM. Fone: 222-9009; Tavaj. Fone: 222-5908; Varig. Fone: 225-1675; VASP. Fone: 225-3226; Transbrasil. Fone: 221-2828.
• **Hospital.** De Base. Av. Gov. Jorge Teixeira Costa e Silva. Fone: 225-2263.
• **Bancos.** Banco da Amazônia. Fone: 224-1186; Banco do Brasil. Fone: 224-1010; Bradesco. Fone: 224-1112; Banespa. Fone: 224-7616; Itaú. Fone: 224-7800.Caixa Econômica Federal. Fone: 216-3000.
• **Locadora de Autos.** Localiza. Fone: 224-6530; Silvacar. Fone: 224-4818.
• **Consulado do Peru.** Cônsul Honorário do Peru em Manaus (Amazonas) Sr. José Merched Chaar. Rua HI,12, Centro. Fone: (92) 236-5012. Fax: 642-1203. Internet: chaar@netium.com.br.
• **Câmbio.** Banco do Brasil. Fone: 224-2433; Casa Marco Aurélio. Fone 221-8574.
• **Compras.** Casa do Artesão. Av. 7 de Setembro, 488.

Apoio ao visitante

• **Superintendência de Turismo.** Rua Presidente Dutra, 3004, Cairi. Fone: 223-3496/224-4630.
• **Agências de Turismo.** Cebeu. Fone: 224-8112; Jerontur. Fone: 224-2290; Lua Nova, Fone: 224-7938; Nossa. Fone: 224-4777; Porto Real. Fone: 224-1566.

Hotéis

• **Aquarius.** Selva Hotel. Rua Roberto de Souza, 2141, Nova Porto Velho. Fone: 225-2525. Internet: www.aquariushotel.com.br . 81 ap., tv, ar, frigobar, tel. restaurante, sauna. $ $ $ $
• **Central.** Rua Tenreiro Aranha, 2472. Fone: 224-2099. 78 ap., tv, ar, frigobar, tel. Piscina. $ $ $
• **Rondon Palace.** Av. Gov. Jorge Teixeira 491, Nossa Senhora das Graças. Fone: 224-6160. 137 ap., tv, ar, frigobar, tel. Piscina, restaurante. $ $ $
• **Vila Rica.** Av. Carlos Gomes, 1616. Fone: 224-3433. Internet: www.hotelvilarica.com.br. 115 ap. tv, ar, frigobar, tel. Piscina restaurante, sauna. $ $ $ $

Restaurantes

• **Barracão do Raí**. Rua 02, nº 36, Candelária. Fone: 221-4913. Pescados. $ $
• **Caravela do Madeira.** Rua José Camacho, 104, Arigolândia. Fone: 221-6641. Pescados. $
• **Remanso do Tucunaré.** Av. Brasília, 1506, Nossa Senhora das Graças. Fone: 221-2353. Pescados. $ $ $

Costa Marques

🌐 69

Endereços úteis

- **Prefeitura.** Av. Chianca, 1386, Centro. Fone: 651-2479/651-2616.
- **Rodoviária.** Av. Chianca, 1918. Fone: 651-2233.
- **Aeroporto Estadual.** Estrada do Forte, km 5.
- **Companhia Aérea.** Rico. Fone: 651-2328.
- **Hospital de Unidade Mista.** Av. Cabixi, 2026. Fone: 651-2303.

Apoio ao visitante

- **Depto de Turismo.** Av. Chianca, 1381. Fone: 651-2276.

Hotel

- **Girassol Palácio**. Av. Demétrio Melas, 1796. Fone: 651-2215. 16 ap., tv , ar, frigobar, tel. $

Restaurantes

- **Churrascaria do Gaúcho**. Av. Chianca, 2067. Setor 3. Carnes. $
- **Restaurante e Peixaria do Rei**. Av. Demétrio Melo, 1918.Centro. Pescados. $
- **Roda Viva**. Av. Mamoré, 1581. Centro. Fone: 651-2656. Pescados. Das 11 às 14h e das 18 às 22h. $

Guajará Mirim

🌐 69

Endereços úteis

- **Prefeitura.** Rua 15 de Novembro, 930, Centro. Fone: 541-3999.
- **Rodoviária.** Av. 15 de Novembro, 2691, Serraria. Fone: 541-2405.
- **Aeroporto.** Estrada da Palheta, 8 km. Fone: 541-2400.
- **Companhias Aéreas.** Rico. Fone: 541-7412; Varig. Fone: 541-3914.
- **Porto.** Fone: 541-2208.
- **Hospital Regional.** Av. Marechal Deodoro, 930. Fone: 541-2651.
- **Bancos.** Banco do Brasil. Fone: 541-3525; Bradesco. Fone: 541-2270.
- **Ibama.** Fone: 541-2070.

Apoio ao visitante

- **Secretaria de Turismo.** Av. 15 de Novembro, 1257, Centro. Fone: 541-3362.
- **Agências de Turismo.** Alfatur. Fone: 541-2853; Princetur. Fone: 541-2387.

Hotéis

- **Jamaica.** Av. Leopoldo de Matos, 755. Fone: 541-3721, 16 ap., tv, ar, frigobar. $$
- **Lima Palace**. Av. 15 de Novembro, 1613. Fone: 541-3421. 19 ap., tv, ar, frigobar. $$

Restaurantes

- **Oásis**. Av. 15 de Novembro, 460. Fone: 541-1621. Self-service. $$
- **OM**. Av. Princesa Isabel, 4048, 10 de Abril. Fone: 541-4330. Pescados. $$$
- **Peixaria do Macaxeira**. Av. Presidente Dutra, 1086, Triângulo. Fone: 541-3666. Pescados. $

RORAIMA

Boa Vista

🌐 95

Endereços úteis

- **Rodoviária.** Rod. Internacional José Oliveira Amador Baton. Av. das Guianas, 1523, 13 de Setembro. Fone: 623-2233. Das 07h30 às 12h30 e das 14h30 às 22h.
- **Aeroporto**. Praça Santos Dumont, s/n. Fone: 224-4143.
- **Companhias Aéreas.** Meta Mesquita Transportes Aéreos Ltda. Fone: 624-2123; Penta. Fone: 224-6835; Tavaj. Fone: 623-9545; Varig. Fone: 224-2425.
- **Hospital.** Av. Brigadeiro Eduardo Gomes, s/n. Fone: 623-2062.
- **Bancos.** Bradesco. Fone: 623-1208/1974; Banco do Brasil. Fone: 224-8824; Caixa Econômica Federal. Fone: 623-610;HSBC; Bank Brasil S/A; Banco Múltiplo. Fone: 623-2174; Itaú. Fone: 623-2474/623-1112; Sudameris. Fone: 623-2550/623-2700.
- **Locadoras de veículos.** Localiza. Fone: 224-5222; Martemoura. Fone: 224-6854; Nobre Rent a Car. Fone: 224-0845; Unidas. Fone: 224-4080; Yes Rent a Car. Fone: 224-3786.
- **Consulado da Venezuela.** Fone: 623-9285
- **Câmbio.** Banco do Brasil. Fone: 623-2646 /623- 2709; Escritório Pedro José. Fone: 224-4398; Timbó Joalheria. Fone: 224-4705
- **Compras.** Centro de Artesanato. Fone: 623-1615; Boa Vista Shopping. Fone: 224-2737. Departamento de Assuntos Indígenas (no prédio da SETRABES). Fone: 623-1240.

Apoio ao visitante

- **Codetur.** Rua Coronel Pinto, 241, Centro. Fone: 623-2419. Fax: 623-1230.
- **Secretaria de Turismo.**

Rua General Penha Brasil, 826, São Francisco. Fone: 623-1842.

• **Agências de turismo.** Águia Viagens e Turismo Ltda. Fone: 624-1516; Amatur Amazônia Turismo. Fone: 224-0009; BV Tour. Fone: 224-9000; Brastur. Fone: 623-3600; Fort Tour Viagens Ltda. Fone: 623-9598; Pró Roraima. Fone: 642.1318.Tocatur. Fone: 623-8175/9971-5454.

Hotéis

• **Hotel Aipana Plaza.** Praça do Centro Cívico, 53, Centro. Fone: 224-4800. 86 ap, tv a cabo, frigobar, ar, tel. Piscina, salão de convenções; restaurante; café da manhã. $$$$

• **Hotel Almada**. Rua Amajari, 875, São Vicente. Fone: 224-0820. 12 ap., tv, frigobar, tel., ar. Café da manhã. $$

• **Hotel Barrudada**. Rua Araújo Filho, 228, Centro. Fone: 623-9335. 77 ap, tv, ar, tel. Café da manhã e restaurante. $$$

• **Pousada Aconchego**. Rua Sargento Azevedo, 186, Jardim Floresta. Fone: 625-4228. 12 ap., tv, ar, frigobar. Café da manhã. $

• **Hotel Euzébio's**. Rua Cecília Brasil, 1107, Centro. Fone: 623–0300. 88 ap., ar, tel. Restaurante, café da manhã. $$

• **Hotel Uiramutã Palace**. Av. Capitão Ene Garcez, 427, Centro. Fone: 624-700. tv, ar, frigobar. Café da manhã. $$$

Restaurantes

• **Restaurante Marina Meu Caso**. Av. Santos Dumont, 40, São Pedro. Fone: 624-3911. Regional. $

• **Restaurante Bistrô Marina do Rio Branco**. Rua 15 de Novembro, 01, São Pedro. Fone: 624-2200. Regional. De terça a domingo, das 11h30 às 24h. $$

• **Meu cantinho.** Rua José Coelho, 22, Centro. Fone: 3084-0982. Regional. $$

• **Peixada Ver o Rio**. Rua Floriano Peixoto, 116, Centro. Fone: 224-6964. Regional. $$

PARA SABER MAIS

• Principais fontes dos capítulos "O Homem na Amazônia" e "Cenário Ecológico":

OLIVEIRA, A . A. e DALY, D. **Florestas do Rio Negro.** São Paulo, Cia das Letras NYBG e UNIP, 2001.
NEVES, E. **O passado dos povos da Amazônia.** São Paulo: USP, Catálogo do MAE, 2001.
LEITE, M. **A floresta amazônica.** São Paulo, Publifolha, 2001.
RIBEIRO, J. E. L. S. et al. **Reserva florestal Ducke: diversidade e composição da flora vascular.** Manaus: Acta Amazônica, 1994.
SIOLI, H. **Amazônia: fundamentos da ecologia da maior região de florestas tropicais.** Rio de Janeiro, Ed. Vozes, 1985.

• Outras fontes e sugestões de leitura:

AB'SABER, A . N. **Amazônia do discurso à práxis.** São Paulo: Edusp, 1996.
ARAQUÉM, A . **Terra Brasil.** São Paulo: DBA Artes Gráficas, 1998.
BATES, H.W. **Um naturalista no rio Amazonas.** Belo Horizonte: Itatiaia, São Paulo: Edusp, 1979.
BERNADINO, F.R. e JUNIOR, R.S.O. **Aves da Amazônia - Guia do observador**. Manaus: Paper , 1999.
COELHO,G. M. E MORAES, R. B. **Os caminhos de Belém.** Rio de Janeiro: Agir, 1996.
COUSTEAU, J.Y. e RICHARDS, M. **Jacques Couteau's Amazon journey**. Nova Iorque: Harry Abrams, 1984.
EMPERAIRE L., **A floresta em jogo- O extrativismo na Amazônia.** São Paulo: Unesp, 2000.
FERREIRA, A. R, **Viagem filosófica pelas capitanias do Grão Pará, Rio Negro, Mato Grosso e Cuiabá**. Conselho Federal de Cultura, 1974.
HARRIS, R. E HUTCHISON, P. **The Amazon, the bradt travel guide**. Bradt publications, 1998.
LEÃO, R.M. **A floresta e o homem.** São Paulo: Edusp, 2000.
LESSA, R. **Amazônia- As raízes da destruição**. São Paulo: Atual, 1991.
LIMA, P. P. **Mehinaku.** São Paulo: Dialeto Latin American Documentary, 2000.
LORENZI, H. **Árvores brasileiras, manual de identificação e cultivo de plantas arbóreas nativas do Brasil.** Nova Odessa: Plantarum, 1992.
MACHADO, J. P. **Marajó.** Rio de Janeiro: Agir, 1989

MACHADO, J. P. **Tapajós, o baixo Amazonas.** Rio de Janeiro: Agir, 1990.
MARTINELLI, P. **Amazônia, o povo das águas**. São Paulo: Terra Viagem, 2000.
MELLO FILHO, L. et al. **Amazônia, flora e fauna**. Rio de Janeiro: Livroarte, 1993-94.
MORÁN, E. F. **A Ecologia Humana das Populações da Amazônia**. Petrópolis: Vozes, 1990
MOULIN, N. (org). **Amapá, um Norte para o Brasil.** São Paulo: Cortez, 2000.
NEPSTAD, D.C. *ETC*... **A floresta em chamas – Origens, impactos e prevenção de fogo na Amazônia.** Brasília: Programa piloto para proteção das florestas tropicais do Brasil, 1999
PERET, J. A . **Amazonas: história, gente, costumes**. Brasília: Centro Gráfico do Senado Federal, 1985.
PORTELA, F.; OLIVEIRA, A.U. **A Amazônia**. São Paulo: Ática, 2000.
Povos indígenas do alto e médio rio Negro, uma introdução à diversidade cultural e ambiental do noroeste da Amazônia brasileira. São Gabriel da Cachoeira: Instituto Socioambiental, 1998.
RIBEIRO,D. **O Povo brasileiro**. São Paulo: Círculo do Livro, 1995.
RICARDO, C. A . **Povos indígenas no Brasil 1996/2000.** São Paulo: Instituto Socioambiental, 2000.
RICARDO, C. A. **Povos indígenas no Brasil , 8 Sudeste do Pára (Tocantins).** São Paulo: CEDI, 1985.
ROBINSON, A .; ROBINSON, G. **The Amazon**. Londres: Cadogon guides, 1988
SALATI et al. **Por que salvar a Amazônia.** Manaus, 1998.
SANTILLI, M. **Madeira-Mamoré: imagem & memória.** São Paulo: Empresas Villares, 1987.
SANTILLI, M. e MINDLIN, B. **Àre**. São Paulo: Sver & Boccato, 1987.
SANTOS, F. D. e THIELEN E. V. e MEDEIROS, A . **Revisitando a Amazônia de Carlos Chagas: Expedição aos rios Negro e Branco refaz percurso de Carlos Chagas em 1913.** Rio de Janeiro: Casa Oswaldo Cruz, Fiocruz, 1996.
SCHNEIDER, R. R et al. **Amazônia sustentável - Limitantes e oportunidades para o desenvolvimento rural.** Belém: IMAZON, 2000.
SILVA JR., T.A . **Roraima, o Brasil do hemisfério norte.** Roraima: Ambrec, 1993.
SOUZA, M. ANAVILHANAS. **O jardim do rio Negro.** Agir S.A , 1996.
SOUZA, A . G. C. **Fruteiras da Amazônia**. Brasília: Embrapa-SPI; Manaus: Embrapa-CPAA, 1996.
SPIX E MARTIUS. **Viagem pelo Brasil**. Belo Horizonte: Livraria Itatiaia Editora Limitada, 1981
STASI, L.C et al. **Plantas medicinais na Amazônia**. São Paulo: Unesp, 1989.
VALENTIN, A. ; CUNHA, P.J. **Caprichosos, a Terra é azul**. Rio de Janeiro, 1999.

• Websites:

www.ac.gov.br- Portal do Estado do Acre. Completo e atualizado.
www.amapa.gov.br- Portal do governo do Estado do Amapá. Diversificado.
www.amazonasturismo.com.br- Portal. Serviços de Manaus.
www.amazonia.org.br- Notícias sempre atualizadas.
www.amazonialegal.com.br- Aborda vários temas.
www.amazonmyth.com.br -Lendas, história e folclore.
www.amazonsite.com.br- Informação sobre os municípios da região.
www.aultimaarcadenoe.com -Informações gerais sobre o meio ambiente.
www.belem.pa.gov.br - Site da Prefeitura de Belém.
www.brazilchannel.com.br - Informações gerais sobre todos os estados brasileiros.
www.caracarai.com.br - Site da Prefeitura de Caracaí (RR).
www.governodopara.pa.gov.br - Site do Governo do Estado do Pará. Informações gerais sobre o estado.
www.paratur.pa.gov.br - Site da Companhia Paraense de Turismo. Bastante diversificado.
www.peabiru.org.br - Site de turismo ecológico.
www.visitamazonas.com.br - Site da Secretaria de Estado de Cultura, Turismo e Desporto. Informação sobre a cultura local.
www.viverde.com.br - Site da Agência de Viagens e Turismo Viverde. Informações gerais sobre a Amazônia.

Instituições e Projetos Ambientais

• IMAZON

www.imazon.org.br
Caixa Postal: 5101. Belém do Pará.CEP: 66613-397. Fone: (91) 235-0122/235-4214.

Com dez anos de atuação, o IMAZON forma pesquisadores, desenvolve técnicas para melhor aproveitamento dos recursos naturais e estrutura projetos ambientais, especialmente voltados ao manejo florestal e à exploração madeireira.

• **FVA – Fundação Vitória Amazônica** – www.fva.org.br
Rua RS, casa 7, Quadra Q, Cj. Morada do Sol. Aleixo. Manaus.CEP: 69060-080. Fone: 236-9182/642-4559.
Desenvolve pesquisas no Parque Nacional do Jaú e em outras unidades de conservação da região. Um de seus projetos é o Fibrarte, que transforma o trabalho dos artesãos de Novo Airão (AM) em atividade econômica.

• **IPAM** –www.ipam.org.br
Av. Nazaré, 669. Belém do Pará. CEP: 66035-170. Fone: (91) 241-6700.
Uma de suas ênfases de pesquisa é no impacto da ocupação humana sobre a biodiversidade da floresta amazônica

• **WWF-Brasil** - www.wwf.org.br
SHIS, EQ, QL, 6/8, Conjunto E-Lago Sul. DF. CEP: 71620-430. Fone: (61) 364-7400.
Desenvolve projetos como os de ecoturismo comunitário em Reservas Extrativistas de Rondônia e no município de Silves (AM).

• **INPA – Instituto Nacional de Pesquisa da Amazônia** - www.inpa.gov.br
Av. André Araújo, 2936. Petrópolis. Manaus-AM.CEP 69083-000.
Cx. Postal: 478. Fone: (92) 643-3300. Fax: 643-3095.
Maior centro de pesquisa da região Norte. Desenvolve projetos como o de Dinâmica Biológica de Fragmentos Florestais, que tem como objetivo principal determinar os efeitos da fragmentação florestal na Amazônia.

• **Instituto Socioambiental**
www.socioambiental.org
Av. Higienópolis, 901, São Paulo- SP CEP: 01238-001 – Fone: (11) 3825-5544. Fax: 3825-7861.
Uma de suas mais importantes publicações é o livro Acontece, que registra todas as notícias relacionadas aos Povos Indígenas do Brasil a cada quatro anos.

• **INPE - Instituto Nacional de Pesquisas Espaciais** – www.inpe.br
Av. dos Astronautas, 1758. Jd. Granja. Cachoeira Paulista, SP. CEP: 12227-010. Fone: (12) 3945-6000.
Órgão federal responsável, entre outras coisas, pela coleta e divulgação de dados relativos ao desmatamento da Amazônia.

• **Museu Paraense Emílio Goeldi**
www.museu-goeldi.br.
Av. Magalhães Barata, 376. Belém do Pará. Cep: 66040-170.
Fone: (91) 249-2595 / 249-1302
Em seu parque zôo-botânico em Belém, o visitante pode admirar mais de 3 mil amostras de plantas, 700 tipos de madeiras, zoológico e aquário.

Literatura - Ficção

TOCANTINS, L. **O Rio Comanda a Vida.** Manaus: Valer, 2000.
BEIRADÃO, A. **Beiradão.** Manaus: Valer, 1998.
LEÃO, M. da S. e CAVALCANTE, M.E. (orgs.). **Mapinguari comedor de carne e outras histórias do seringal**. Rio Branco: Poronga, 1996.
SOUSA, M. **O Empate contra Chico Mendes**. São Paulo: Marco Zero, 1990.
SOUZA, M. **Galvez Imperador do Acre**. São Paulo: Marco Zero, 1987.
MELLO, T. **Manaus, Amor e Memória**. Rio de Janeiro: Civilização brasileira, 1989.
MELLO, T. **Amazônia: a menina dos olhos do mundo**. Rio de Janeiro: Civilização brasileira, 1992.

Atualizações

A Horizonte Geográfico agradece o envio de dados que auxiliem na atualização das informações e serviços apresentados nessa publicação, que poderão ser enviados por correio, fax ou pelo e-mail: redacao@horizontegeografico.com.br. Confira as atualizações no site: www.horizontegeografico.com.br.

ANIMAIS

ANFÍBIOS

Perereca verde ►

(Phyllomedusa tomopterna)

Habita principalmente o alto da bacia amazônica, no Brasil, Equador, Peru e Bolívia. Essencialmente arborícola, fica quase sempre nas árvores e raramente é encontrada no chão da floresta. De hábitos noturnos, desloca-se lentamente entre as folhagens e raramente salta. Os ninhos são construídos em folhas na vegetação que circunda os corpos d'água. A quantidade de ovos varia de 40 a 80. Após sete dias, os girinos nascem e caem lentamente na água, onde permanecem por quase dois meses, até a metamorfose.

Curiosidades:

- As fêmeas geralmente são maiores do que os machos.
- A secreção produzida pelas glândulas na sua pele tem propriedades utilizadas na fabricação de antibióticos.

Sapo-cururu ▲

(Bufo marinus)

Pode atingir até 23 cm. Habita do sul do Texas (EUA) à Argentina e, principalmente, a área da bacia amazônica. Durante o dia fica oculto em locais úmidos, como troncos ocos e tocas sob pedras. Reproduz-se durante a estação chuvosa, quando os machos abraçam as fêmeas com as patas dianteiras e empurram, com as traseiras, qualquer outro que tenta se aproximar. O abraço dura o tempo suficiente para a fêmea eliminar os óvulos na água e o macho depositar sobre eles os espermatozóides. Os ovos, postos em cordões, ficam presos às plantas aquáticas até a eclosão das larvas.

Curiosidades:

- O cururu e outros sapos do gênero Bufo soltam secreções venenosas das suas glândulas paratóides que os protegem contra os predadores; até os ovos podem conter substâncias tóxicas.
- Quando adulto, é atacado por vários tipos de parasitas, como nematóides. Pode também ser infestado por carrapatos e outros ácaros menores.
- Foi introduzido em muitos países tropicais para combater insetos nocivos à agricultura.

Sapos Venenosos ►

(Dendrobatídeos)

Apresentam uma cor forte, que serve como alerta aos possíveis predadores. São pequenos, raramente alcançam mais do que 5 cm. Os dendrobatídeos distribuem-se na América Central e América do Sul. Costumam alimentar-se de pequenos insetos. O intervalo entre a postura e a eclosão de seus ovos é de duas a quatro semanas.

Curiosidades:

- Os ninhos são construídos no solo ou sobre folhas no chão da floresta, fora da água. Um dos pais toma conta dos ovos até que as larvas eclodam e, em seguida, são carregadas no dorso do pai ou da mãe até a água.

- Sua pele secreta toxinas que são rapidamente liberadas se o sapo for mordido por um predador.
- Em alguns sapos, a maior parte das toxinas é proveniente da sua alimentação, no caso, formigas; estas, por sua vez, adquirem o alcalóide venenoso de determinadas plantas das quais se alimentam.

AVES

Anhuma

(Anhima cornuta)

As penas da cabeça são brancas, onde se pode ver facilmente um "chifre", que é uma pena modificada. Por esta característica, em algumas regiões, a anhuma é chamada de unicorne. Seus dedos são longos, o que facilita caminhar sobre plantas aquáticas. Tem nos encontros das asas dois fortes esporões, usados eventualmente como arma de defesa. Com o tamanho de um peru, chega a 80 cm e a 3 kg e costuma arrepiar as penas do pescoço. Habita os lagos de várzea da Amazônia, Nordeste, vale do Rio São Francisco, Centro-Oeste, São Paulo e Paraná. Alimenta-se de sementes e folhas. Pertence à família dos Anhimídeos e a postura usual é de três a cinco ovos, com período de incubação de 43 a 46 dias. Os filhotes se protegem nas plantas aquáticas, onde se escondem dos predadores.

Curiosidades:

- É conhecida também como alicorne, anhima, unicorne e tachã.
- Constrói seu ninho no solo, geralmente empregando folhas e ramos, próximo ou sobre as águas.

Arara-canindé

(Ara ararauna)

Única das espécies das grandes araras a ter toda a parte inferior amarela. Pode atingir até 86 cm, às vezes chegando a 1 m de comprimento, pesando ao redor de 1 kg. É encontrada na Amazônia e países vizinhos, até a América Central e no Sudeste - e antigamente o Sul - do Brasil. Vive em buritizais, babaçuais e em beiras de matas de terra firme. Alimenta-se de sementes e frutos nativos de casca dura, como o bacuri e frutos do jatobá e pequi. Costuma deslocar-se diariamente, fazendo grandes distâncias entre os locais de alimentação e de pouso. É muito agitada, vive aos gritos, e costuma andar em bando, com 30 ou mais indivíduos. Constrói seus ninhos em ocos de árvores altas: em geral utiliza troncos mortos de palmeiras como o buriti.

Curiosidades:

- Também conhecida como arara-de-barriga-amarela, vive em casal, que, dizem, permanece unido por toda a vida.
- Os caçadores, ao fazerem sua captura, quase sempre derrubam a árvore, o que, na maioria dos casos, ocasiona a morte dos filhotes.
- É uma das espécies de aves mais contrabandeadas para o exterior.

Arara-vermelha ◄

(Ara chloroptera)

Difere-se das demais por ter estrias de penas vermelhas na face e pela ausência de amarelo nas asas. Pesa entre 1 e 1,7 kg e o comprimento varia de 90 a 95 cm. Distribui-se pelo leste do Panamá, Colômbia, Venezuela, Guianas até o sul do Brasil, Paraguai, oeste e leste do Equador, leste do Peru e nordeste da Bolívia. Habita a floresta úmida, mas também vive na caatinga, matas, capões e barrancos. Procura alimentos em árvores altas, principalmente sementes, frutos, castanhas e larvas de insetos. Nidifica em troncos ocos de palmeiras e outras árvores. Afofa o ninho com madeira triturada, onde coloca de três a quatro ovos que são incubados por 30 dias. Escolhe cavidades naturais para depositar seus ovos, assim, quando os filhotes nascem, ficam a salvo de possíveis predadores; eles ficam no ninho entre 103 e 112 dias de vida.

Curiosidades:

- As araras-vermelhas vivem geralmente aos pares.
- Podem ser vistas próximas a paredões rochosos, onde pousam.
- O grito de um adulto é característico, muito alto, diferente das outras araras, sendo possível identificá-lo mesmo sem vê-lo.

Cigana ▼

(Opisthocomus hoazin)

Atinge em média 60 cm. Voa poucos metros. Os filhotes, de até três semanas, têm o polegar e o indicador com unhas afiadas que, como se fossem garras nas asas, ajudam na hora de escalar os galhos e fixar-se. Esta garra desaparece à medida que a ave cresce. Nenhuma outra ave tem "dedos" nas asas como a cigana. Prefere viver próxima a águas brancas. Seus principais alimentos são as folhas da aninga, abundantes nas áreas baixas e pantanosas. Vive geralmente em bandos, pousando sobre arbustos e outras árvores. Seus ninhos são uma plataforma de gravetos, arranjados nas copas baixas da floresta. A espécie é folívara, isto é, só come folhas.

Curiosidades:

- Também conhecida como jacu-cigano.
- A fermentação das folhas de vegetação aquática no seu estômago exala um cheiro desagradável.
- Durante os passeios de barcos, é muito comum vê-las voar das moitas e procurar proteção nas copas das árvores mais altas. A cigana voa mal e, quando não consegue escapar do perigo voando, joga-se na água e mergulha para fugir.
- Tanto os filhotes como os adultos mergulham para escapar de predadores.

Galo-da-serra ►

(Rupicola rupicola)

Ele é de cor laranja, vagamente tingido de vermelho, com um colorido brilhante que se espalha por todo o corpo, exceto nas asas, que são de um cinzento escuro. O topete formado pelas plumas do alto da cabeça é bem arranjado, numa crista larga e em semicírculo. A fêmea quase sempre possui uma cor uniforme. Distribui-se pelo baixo Amazonas e Guiana, dando preferência à mata, sendo encontrado próximo de muitas grutas e lajes de Presidente Figueiredo (AM). Gosta de mata densa e região serrana. Alimenta-se de frutos e coquinhos de palmeiras do gênero Euterpe. Quando está empoleirado, movimenta-se saltitando lateralmente. Os machos fazem uma demonstração para as fêmeas, que escolhem um deles para copular. Depois, as fêmeas fazem seus ninhos e cuidam dos filhotes sozinhas.

Curiosidades:

- Na época da corte, os machos reúnem-se como se estivessem num palco e se apresentam para atrair as fêmeas, que assistem a tudo empoleiradas; um de cada vez, dirigem-se ao centro e começam a coreografia: quando eriçam as penas da cauda, ficam imóveis por segundos e depois saltam em círculos.
- De dezembro a abril, as fêmeas fazem um ninho aberto sobre os rochedos, aproveitando-se de fendas e buracos nas rochas, enchendo-os com crina vegetal, barro e gravetos.

Gavião-belo ◄

(Busarellus nigricollis)

Mede de 45 a 50 cm. O macho pesa em média 700 gr e a fêmea costuma ser maior, pesando por volta de 800 gr. Os animais jovens têm o peito amarelado, com estrias longitudinais pretas. Pode ser encontrado em todo o Brasil, sempre em áreas próximas a regiões alagadas e rios. Sua dieta alimentar é composta de peixes, insetos e moluscos aquáticos. Costuma fazer os seus ninhos em árvores altas, sempre usando gravetos, onde geralmente a fêmea coloca apenas um ovo.

Curiosidades:

- Também conhecido como vovô ou gavião-lavadeira.
- Pode capturar suas presas em vôo.

Papagaio-da-várzea ►

(Amazona festiva)

Possui o dorso vermelho, que é o principal detalhe a diferenciá-lo de outras espécies de papagaios da Amazônia. Mede aproximadamente 38 cm e pesa de 400 a 450 gr. Gosta de matas de várzea sazonalmente alagada, principalmente ao longo do rio Amazonas e seus principais afluentes. Alimenta-se de frutos, sementes e insetos. Costuma colocar seus ovos em ocos de árvores no interior da mata e, ao se aproximar do ninho, é uma ave muito cuidadosa e discreta. Põe de dois a três ovos, que ficam incubados por um período médio de 25 dias. Em cerca de 60 dias os filhotes estão prontos para voar e já podem acompanhar o bando.

Curiosidades:

- Seu nome popular é papa-cacau.
- É o melhor imitador entre os papagaios amazônicos.
- Fora da época de reprodução, costuma voar em grandes bandos, com até centenas de exemplares.

Tucano-de-peito-branco ▼

(Ramphastos tucanus)

É um dos maiores tucanos, mede aproximadamente 55 cm e pesa pouco mais de 500 gr. Vive na copa das árvores em beiras de matas próximas a cursos d'água. Alimenta-se de insetos, frutos e pequenos vertebrados. Seu bico, usado como uma pinça, saqueia ninhos de aves menores e outros da mesma espécie, quando tira os ovos e até mesmo os filhotes para se alimentar. Vive em pares ou em bandos, quando voam em fila indiana. Seus ninhos quase sempre são construídos em ocos de árvores e abrigam dois ou três filhotes, em média, além de restos de caroços de frutas.

Curiosidades:

- O tucano vocaliza muito durante o dia. É uma das vozes mais freqüentes da floresta.
- É muito importante para a reprodução de algumas árvores, pois ingere suas sementes, que são eliminadas e dispersas em locais distantes.

Uirapuru ▲

(Cyphorhinus arada)

Tem aproximadamente 12 cm de envergadura. Os indivíduos do alto Amazonas – incluindo rio Negro e Tapajós – têm a cabeça marrom-avermelhada e o contorno do olho azul. Os do baixo Amazonas apresentam um desenho branco nas laterais da cabeça e não têm o vermelho na barriga, mas mantêm o castanho-avermelhado da garganta e do peito. Existe diferenciação de plumagem entre as várias subespécies. Esta espécie ocorre somente na Amazônia. Alimenta-se exclusivamente de insetos. Prefere o estrato inferior da mata, onde vive em pares ou em pequenos bandos. É difícil de ser observado devido à sua coloração camuflada de folhas secas e comportamento discreto. Seu ninho é esférico, tecido de gravetos em arbustos baixos. Canta muito durante a época reprodutiva.

Curiosidades:

- É também chamado de músico da mata e seu canto se assemelha ao de uma flauta doce.
- Lendas dizem que fragmentos do ninho do uirapuru, colocados sob o travesseiro do parceiro, torna-o fiel e apaixonado e que, quando o uirapuru canta, todas as aves emudecem para ouvi-lo.
- Existe também uma lenda que o corpo do bicho enterrado debaixo de uma casa dá sorte. Esta superstição muitas vezes leva à morte desnecessária do animal.
- Tentativas de criá-lo em cativeiro não dão certo. O pássaro é exclusivamente insetívoro e depende da companhia do grupo familiar, além de só cantar em seu território na natureza. Normalmente acaba morrendo por falta de alimentação e ambiente corretos.

INSETOS

Bicho-pau
(Phasmida)

Esta ordem possui mais de 800 espécies só na região neotropical, a maioria caracterizada por corpo alongado, subcilíndrico, liso ou com expansões, com aspecto de galho seco ou de folha, que pode ser alado ou não. O tamanho desses insetos varia bastante, podendo ir de 1 cm a 33 cm de comprimento. Considerados mestres do mimetismo, suas longas pernas ficam esticadas, as da frente encobrindo a cabeça e as antenas. Seus movimentos são lentos e eles passam facilmente despercebidos dos predadores, principalmente dos pássaros. Sua reprodução pode ser sexuada e assexuada, quando as fêmeas põem ovos que formam novos indivíduos sem a necessidade de haver fecundação por um macho.

Curiosidades:

- Recebe apelidos como bicho-palha, chico-magro, cipó-seco, taquarinha, mané-negro, maria-seca e treme-treme.
- Além da eficaz camuflagem, alguns podem emitir um fluido leitoso, usado como defesa contra predadores. Outros têm ainda o poder de regenerar membros perdidos.
- Alimenta-se exclusivamente de folhas e brotos.

Cupins
(Isopthera)

Os cupins são insetos de corpo mole e cor clara, com o tórax unido ao abdômen. Suas peças bucais são mastigadoras e as asas anteriores e posteriores simétricas e estreitas. Podem medir de 0,5 mm a 10 cm de envergadura. Operários e soldados podem ser de ambos os sexos, sempre sem asas, estéreis e incolores. Os reis e rainhas são sexuados e alados, voam em pares e fundam novas colônias; escavam novos ninhos e acasalam, onde geram indivíduos sem asas e estéreis.
Existem três grupos: cupins xilófagos, que vivem no interior do tronco de árvores ou madeiras tratadas; cupins arborícolas, que constroem ninhos nos troncos das árvores ou paus podres; cupins humívoros, que vivem em ninhos construídos no chão.
Os cupins se alimentam de fezes de outros cupins, madeira, papel e outros produtos de origem vegetal ou animal.

Curiosidades:

- Também conhecidos como aleluias, sara-sará, siriri e siriluia, vivem em colônias de milhares de indivíduos, que abrigam três ou mais castas.
- Possuem uma estrutura social baseada em castas bem delimitadas. Neste sistema, os operários são responsáveis pela construção de túneis e ninhos e pela coleta de alimentos para as outras castas. Já os soldados são adultos estéreis que possuem mandíbulas usadas na defesa da colônia.

MAMÍFEROS

Anta ▲

(Tapirus terrestris)

É o maior animal terrestre do Brasil, podendo chegar a 320 kg e o comprimento do corpo varia de 180 a 250 cm. Seu pêlo é curto e macio. Possui uma juba de pêlos compridos e escuros, numa faixa que vai da testa ao ombro. As patas traseiras e dianteiras têm três dedos cada. Possui excelente olfato e audição. Alimenta-se de brotos, gramas e frutas. A anta é terrestre e solitária, mas vários animais desta espécie costumam usar a mesma área. Tem hábitos noturnos e, durante o dia, descansa em brejos e pântanos. O período de gestação varia de 385 a 412 dias, gerando quase sempre apenas um filhote; este, ao nascer, já tem de 4 a 7 kg e, até os oito meses, em média, é avermelhado, com listras brancas e amareladas; o filhote fica escondido no ninho por uma semana e é protegido pela mãe por cerca de 11 meses.

Curiosidades:

- Como é silenciosa, raramente é vista por quem não está atento.
- Quando alarmada, foge para a água e nada até se cobrir por inteiro.

Ariranha ►

(Pteronura brasiliensis)

A ariranha possui a parte superior do corpo marrom, mas, quando está úmida, sua aparência é preta. Tem o pêlo curto, denso e aveludado. Distribui-se desde o norte da América do Sul até o norte da Argentina e a oeste até a base dos Andes. Costuma viver perto de rios ou lagos. Alimenta-se basicamente de peixes, mas também mata e come outros vertebrados, como cobras e pequenos jacarés. Quando ataca os cardumes de peixe, nada em grupos familiares. Emite um som alto e explosivo quando alarmada. Membros do grupo interagem constantemente emitindo gritos altos, estridentes e agudos. É um animal diurno, semi-aquático, que vive geralmente em grupos de cinco a nove indivíduos e raramente fica solitário.

Curiosidades:

- Durante a noite, as ariranhas dormem em tocas grandes, em ribanceiras.
- Embora tenham fama de agressivas, são tímidas e, sempre que possível, evitam qualquer contato com pessoas.
- Marcam seu território espalhando urina e fezes em vários locais.

Cachorro-vinagre ►

(Speothos venaticus)

Este raro mamífero carnívoro, de cor pardacenta, diferencia-se dos demais da espécie por ter um único molar superior e dois molares inferiores. Pesa de 5 a 7 kg. Sua altura não passa de 30 cm. Habita as florestas e cerrados, quase sempre em locais próximos à água, distribuindo-se pela América Central e do Sul. Alimenta-se de aves e roedores, tais como pacas e cutias. É um ótimo nadador e, ao perseguir suas presas, pode facilmente atravessar grandes rios. Caça em bandos com até 10 animais. Tem hábitos diurnos e se esconde em buracos à noite. O período de gestação é de 67 dias e a ninhada pode ser de até seis filhotes.

Curiosidades:

- Também é conhecido como cachorro-do-mato-vinagre, januaíra, aracambé, jaguacininga ou jaguaracambé, pertencendo à ordem Carnívora da família Canidae.
- Quando se deslocam pela mata, os animais desta espécie emitem grunhidos característicos e tímidos, sendo rara a sua visualização.
- Vive em média dez anos, mas em cativeiro há casos de animais que viveram até 13 anos.
- É uma das espécies em risco de extinção.

Cateto

(Pecari tajacu)

Possui um tipo de colar amarelado, em frente às patas anteriores. O seu corpo é marrom escuro, quase preto, salpicado de branco. Na parte dorsal da cauda, possui uma glândula de cheiro, que emite um líquido irritante quando está ameaçado por um predador. Mede cerca de 90 cm e pode pesar de 14 a 30 kg, podendo atingir a velocidade de até 35 km/h. Habita matas, áreas de florestas e cerrados. Costuma procurar alimentos na hora do crepúsculo, principalmente vegetais, incluindo frutos e tubérculos, e pequenas presas que apanha no solo, como cobras. Locomove-se em grupos de 20, mas este número pode chegar a 50; sempre alinhados em fila indiana e liderados por um macho mais velho.

Curiosidades:

- É um parente da queixada e também é conhecido como porco-do-mato ou caititu.
- É a presa preferida de onças-vermelhas e pintadas.
- Resistente, é um dos poucos animais que consegue sobreviver à mordida de uma cascavel.
- Sua pele tinha razoável valor comercial nas décadas de 60 e 70. Nesse período, cerca de 700 mil catetos eram mortos em um único ano. Hoje, a caça é proibida por lei.

Cutia

(Dasyprocta fuliginosa)

Uma cutia pesa até 4 kg e pode viver até 17 anos. É encontrada em toda a América do Sul, sempre no chão. Alimenta-se de frutas, nozes e plantas e senta ereta para comer, segurando o alimento nas patas dianteiras. Arisca, costuma fugir ao menor sinal de perigo. É um animal diurno, terrestre e vive solitário ou em pares. Pode andar, trotear, galopar e até mesmo saltar verticalmente a uma altura de 2 m. O período de gestação é de 104 a 120 dias, com ninhadas de dois ou três filhotes. Eles nascem de olhos abertos e já podem correr após uma hora de vida. As fêmeas têm quatro pares de mamas e os filhotes são amamentados até 20 semanas de vida.

Curiosidades:

- No território brasileiro, vivem sete espécies e o que as diferencia basicamente é a coloração.
- As cutias desempenham um papel importante na propagação de sementes de muitas espécies de árvores das quais se alimentam.
- Elas costumam enterrar frutas, sementes, nozes e, semanas ou meses depois, voltar ao local para comê-las.
- Quando alarmadas, emitem sons que se parecem com gritos.

Guariba ►

(Alouatta seniculus)

Possui corpo castanho-avermelhado, apresentando grande variação de tons de um indivíduo para outro, em função de sexo, idade e localidade onde vive. Habita toda a região norte do Amazonas, estendendo-se pelas Guianas, Venezuela e Colômbia. Sua alimentação é principalmente vegetal. De manhã, à tarde e até de madrugada, ou mesmo quando percebem que o tempo vai mudar, costumam uivar - o povo diz "roncar" - todos juntos, no topo de uma grande árvore. Vive em bandos, geralmente de quatro a dez indivíduos de ambos os sexos e de diversas idades. Embora hábil trepador, move-se com lentidão e cautela, apoiado sempre na cauda. A gestação dura aproximadamente cinco meses.

Curiosidades:

- O macho mais velho é denominado capelão e a ele cabe o trabalho de vigilância; ele fica no posto de observação e dá o sinal de alarme em caso de perigo.
- Quando alarmado, pode defecar e urinar sobre uma pessoa abaixo dele.

Lontra ▼

(Lontra longicaudis)

Pesa aproximadamente 12 kg. Na extremidade do focinho, há pêlos longos e finos com ramificações nervosas que ajudam na detecção do alimento. As patas apresentam membrana interdigital que auxilia na natação. Encontra-se em toda a América do Sul e Central, desde o sul do México até a Argentina, exceto no Chile. Habita exclusivamente ambientes aquáticos, como rios, pântanos e canais de irrigação, até litorais marinhos, mas sempre associados com lagunas de água doce. Consome peixes, crustáceos, anfíbios, ocasionalmente aves aquáticas e pequenos roedores.

Curiosidades:

- É um animal silencioso, tímido e normalmente solitário.
- Não forma grupos familiares fixos. Após o filhote ter atingido "independência", isto é, ser capaz de encontrar seu próprio alimento, separa-se dos pais.

Macaco-aranha ▼

(Ateles belzebuth)

Corpo pequeno, ventre proeminente e tamanho desmesurado dos membros compõem o aspecto do macaco-aranha. Possui a cabeça arredondada e pequena em relação ao corpo. As mãos não têm polegar e seus membros são notavelmente magros. A cauda é sempre maior que o comprimento da cabeça ao corpo. Mede de 38,5 a 63,5 cm. Habita a América do Sul, do leste dos Andes, norte da Colômbia e Venezuela ao norte do Peru e ao sul do rio Amazonas. Alimenta-se exclusivamente de vegetais e tem preferência por frutos. Vive em grupos sociais de cerca de 20 indivíduos, mas os membros normalmente se dividem em sub-grupos de 1 a 5. Raramente são vistos todos juntos.

Curiosidades:

- Também conhecido como coatá-preto, costuma ser adotado como animal de estimação pelos índios; estes acreditam que só exista o coatá macho, já que os aparelhos genitais de machos e fêmeas são muitos parecidos.
- É um dos macacos mais apreciados como alimento pelas populações ribeirinhas do rio Negro, estando entre as espécies ameaçadas de extinção.

Macaco-barrigudo

(Lagothrix lagotricha)

Atinge até 120 cm de comprimento. Está entre os primatas de maior porte, que pesam mais de 6 kg e usam a cauda como quinto membro. Alimenta-se sobretudo de frutos. É encontrado na bacia do alto Amazonas, na Colômbia, Equador, Peru, Bolívia e no Brasil a oeste dos rios Negro e Tapajós. Vive em grupos de até 60 indivíduos e é um animal que muda constantemente de região. Na mata, sua índole é atrevida e desafiante, porém, é domesticado com facilidade e afeiçoa-se às pessoas.

Curiosidades:

- É muito comum nas casas dos ribeirinhos que moram às margens do rio Negro.
- O barrigudo pode viver em companhia de outros macacos, como o aranha e o guariba.
- É mais um primata entre as espécies ameaçadas de extinção.

Macaco-de-cheiro

(Saimiri sciureus)

Sua pelagem é curta, muito espessa, macia e brilhantemente colorida. Seu comprimento é de 72 cm e o peso, no máximo, de 1 kg. Pode ser encontrado no Pará (exceto na ilha do Marajó), na parte oriental do Amazonas, no norte de Goiás e no Maranhão. Alimenta-se de insetos, frutos e bagas. É diurno e vive em bandos com uma média de 50 indivíduos, podendo chegar a 100, percorrendo as florestas em movimentos muitos ágeis e emitindo guinchos característicos.

Curiosidades:

- Uma de suas folhas preferidas é a da imbaúba.
- Costuma se limpar sozinho; alisa os ombros com o dedão do pé e o resto do corpo com as mãos, depois urina em cima da cauda e a encharca com as mãos.

Macaco-prego

(Cebus apella)

Um adulto macho pesa cerca de 3,5 kg e a fêmea, entre 2,5 e 3 kg. Pode ser encontrado em quase toda a América do Sul, da Colômbia e Venezuela até o Paraguai e norte da Argentina. Prefere as matas de igapó, desprezando as copas das árvores mais elevadas para viver, de preferência, à meia altura. Sua alimentação é mista, composta de frutos e brotos, ovos, larvas e insetos, possuindo uma habilidade especial para capturar moscas. Vive em bandos de até 20 indivíduos, como uma tribo fechada, chefiados por um único macho adulto. As fêmeas criam um filhote de cada vez, carregando-os agarrados aos seus corpos por vários meses.

Curiosidades:

- São muito vivos e inquietos, mas familiarizam-se facilmente com humanos, sendo por vezes inconvenientes pela sua curiosidade e vivacidade, invadindo acampamentos e habitações.
- São considerados os mais inteligentes entre os primatas do continente americano.

Onça-pintada

(Panthera onca)

O peso da onça-pintada macho pode chegar a 120 kg e o de uma fêmea, a 90 kg. Este mamífero se destaca mais pela força do que pela velocidade. Alimenta-se de grandes mamíferos como capivaras, catetos, veados, tartarugas, peixes, aves e pequenos mamíferos, como preguiças e pacas. Tem hábitos noturnos e prefere sair para caçar ao crepúsculo. Depois de apanhar a vítima, carrega-a para um esconderijo, onde se alimenta e guarda o que sobra para o dia seguinte. A onça sobe nas árvores com muita facilidade e não há outro felino que a iguale nos saltos à distância. Anda solitária e seus rugidos podem ser ouvidos a centenas de metros.

Curiosidades:

- Durante os anos 60, na Amazônia, cerca de 15 mil onças-pintadas foram mortas por causa do tráfico de suas peles.
- As onças raramente atacam seres humanos; o cheiro de gente significa perigo para estes felinos e, por isso, eles se afastam antes mesmo de serem vistos.
- Quando a onça mata algum animal, abandona a área para que a população de presas se recupere. Tempos depois, entretanto, volta a atacar.

Onça-vermelha ►

(Puma concolor)

Os machos pesam entre 67 e 103 kg e as fêmeas, entre 36 e 60 kg. Seu comprimento pode chegar a 2 m. Também chamada de onça-parda, é de cor marrom-clara, com algumas variações em função do ambiente em que vive. Apesar de ter grande porte, parece-se mais com os gatos do que com as onças. O som que emite é mais semelhante a um miado do que a um rugido de onça. É bastante adaptável, distribuindo-se por toda a América, desde o Canadá até a Patagônia, habitando quase todos os tipos de ambientes, como cerrado, campos e floresta. Alimenta-se de pequenos roedores e até de mamíferos de grande porte, como veados e capivaras. O macho pode viver até os 20 anos e reproduz por quase toda a vida. A fêmea reproduz em média até os 12 anos. O período de gestação varia de 90 a 96 dias e cada ninhada tem em média três ou quatro filhotes.

Curiosidades:

- Conhecida também como suçuarana, puma ou leão-baio. É bastante ágil e veloz, capaz de saltar grandes alturas.
- Uma onça com filhotes costuma caçar um veado a cada três dias. Um adulto sem filhotes mata um a cada 16 dias.
- Corre o risco de extinção.

Paca ▼

(Agouti paca)

Sua parte superior é vermelha ou marrom-escura, mas na lateral, do pescoço até a nádega, há três ou quatro linhas de manchas grandes e brancas. A cabeça possui bochechas inchadas. As patas traseiras têm três grandes dedos e dois pequenos que nunca tocam o chão. É comum encontrá-la perto das águas, de grandes rios a pequenas lagoas, mas também pode ser vista na floresta aberta. Alimenta-se de raízes, frutas caídas e brotos. É um animal noturno e terrestre. Vive em casais monogâmicos, que dividem pequenos territórios, mas caçam alimentos sozinhos. São ótimos nadadores.

Curiosidades:

- Durante o dia, macho e fêmea, geralmente separados, descansam em grandes tocas nos bancos de terra seca.
- Durante a noite, podem passar o tempo todo procurando alimento.
- Além de sua carne ser apreciada, é muito caçada porque traz prejuízos à lavoura.

Preguiça-real ▲

(Choloepus didactylus)

A face é da mesma cor que o corpo e as patas geralmente são mais escuras que o conjunto, sendo as dianteiras maiores do que as traseiras. O cérebro é pequeno. Não tem cauda e todo o corpo é coberto por uma camada de pêlos curtos e macios, recobertos por outra, de pêlos longos e duros. Habita as florestas tropicais, incluindo quase toda a América do Sul, leste dos Andes e Venezuela, Guianas, sul do Equador, Peru e Amazônia brasileira. Sua dieta preferida é composta por frutas, folhas e brotos. É um animal noturno, arbóreo, solitário, que passa a maior parte do tempo pendurado de cabeça para baixo, mesmo quando está se alimentando.

Curiosidades:

- Não emitem sons e têm grande capacidade de ficar imóveis, confundindo-se com o ambiente. Esta imobilidade é um eficaz método de defesa contra predadores.
- São ágeis e agressivas, principalmente quando acuadas.

Quati

(Nasua nasua)

Alimenta-se de frutos, invertebrados e outros pequenos animais. É diurno, arbóreo e terrestre, quando procura alimentos no solo, farejando com seu longo focinho. Pode viver em grupos de até 30 indivíduos, sendo os machos mais solitários e as fêmeas e os jovens mais gregários. À noite, dorme em cima das árvores. As fêmeas deixam o grupo quando dão à luz e criam o filhote em um ninho nas árvores.

Curiosidades:

- As cores do quati variam bastante de acordo com a região: no Peru, geralmente tem a face cinza sem manchas brancas; no Pará, é todo vermelho e laranja; em Minas Gerais, tende mais para o cinza. A cor dos jovens costuma ser mais escura que a dos adultos.
- Emite um som constante, como um choro; já os gritos de alarme são altos e explosivos.
- Quando um quati avista um perigo, corre para cima de uma árvore e fica em alerta.

Sauim-de-coleira

(Saguinus bicolor bicolor)

O polegar da mão é curto e todos os outros dedos têm forma de garras. Ocorre somente em uma pequena região nas vizinhanças e subúrbio de Manaus, ao norte do rio Amazonas e a leste do rio Negro. Alimenta-se de frutos na estação úmida, insetos e gomas de vegetais na estação seca. Vive em grupos familiares de seis a dez indivíduos. É hoje a subespécie mais ameaçada de todos os micos (macacos de pequeno porte, cauda longa e não preênsil).

Curiosidades:

- Está muito ameaçado devido à caça e à destruição de seu hábitat conseqüentes do crescimento de Manaus.
- O Parque do Mindu, em Manaus, é uma área de reserva que foi criada para proteger seu hábitat.

Tamanduá-de-colete

(Tamandua tetradactyla)

Possui quatro unhas muito afiadas em cada pata dianteira. Os indivíduos jovens são coloridos como os adultos e todos são encontrados nas florestas tropicais, galerias e cerrados. Distribuem-se pela América do Sul, leste dos Andes e sul da Venezuela, até o norte da Argentina e Uruguai. Alimentam-se basicamente de formigas, cupins ou abelhas, todos extraídos depois de destruir seus ninhos com as unhas dianteiras. São lentos, mas quando alarmados, levantam-se sobre as patas traseiras, erguendo o focinho para farejar ou então sobem em uma árvore.
Se ameaçados ou encurralados, costumam usar suas unhas dianteiras para atacar. Podem ser diurnos ou noturnos, arbóreos ou terrestres. São geralmente solitários, sendo vistos com mais facilidade no curso dos rios. Descansam em árvores ocas ou na toca de outros animais.

Curiosidades:

- Esta espécie tem colete preto cobrindo a barriga, típico dos animais do leste do Brasil; os tamanduás do norte do Brasil e das Guianas podem ser somente dourados, sem colete; já os animais da parte central e oeste são totalmente ou parcialmente dourados e pretos.
- Tamanduás não emitem sons. Quando se alimentam, ouve-se apenas o barulho de ninhos sendo destruídos.
- Durante o dia, na floresta, são acompanhados de uma densa nuvem de moscas e por isso costumam esfregar os olhos com a pata dianteira.

Tatu-galinha ▲

(Dasypus novemcinctus)

As partes superiores do tatu-galinha não têm pêlos e são cobertas com uma couraça de ossos, geralmente de oito a dez faixas ao redor do corpo, na parte do meio. Pode pesar até 10 kg. É encontrado nas Américas do Norte, Central e Sul. Prefere vegetação densa em mata de terra firme. Alimenta-se de formigas, cupins e outros insetos, mas também come vários tipos de animais pequenos e algumas frutas, fungos e outros vegetais. Não possui uma boa visão e, quando ameaçado, enrola-se ao máximo para proteger suas partes inferiores.

Curiosidades:

- Não emite sons, o único barulho que faz é quando está farejando.
- É muito caçado por causa da sua carne.
- Suas tocas são buracos com várias entradas de cerca de 20 cm de diâmetro, atingindo até 3 m de profundidade, o que denuncia sua presença.
- Anda em trote e rapidamente, por isso é difícil de ser capturado.

Veado-vermelho ▲

(Mazama americana)

Pesa em média 20 kg e tem o corpo e pernas avermelhadas, cabeça e pescoço marrom-acinzetados e ventre branco. Tem a testa com tufos de longos e escuros cabelos, orelhas finamente peludas e grandes olhos. Os machos têm chifres curtos e retos, sem ramificações e direcionados para trás, com até 13 cm. Vive em bosques e matas fechadas, ocupando apenas uma pequena porção de território. Alimenta-se de frutas, gramíneas, fungos e flores caídas. Na falta de frutas, na estação seca, come brotos. É terrestre e solitário e pode ser diurno ou noturno. Gosta de água, sendo considerado bom nadador. O período de gestação é de 225 dias e quase sempre nasce apenas um filhote, todo pintado.

Curiosidades:

- Cachorros domésticos costumam matar este animal; outros predadores vorazes são as onças.
- Sua carne é muito apreciada pelas populações ribeirinhas.

Boto vermelho ►

(Inia geoffrensis)

Também conhecido como boto-cor-de-rosa. Os machos podem atingir até 2,5 m de comprimento e pesar 180 kg, enquanto as fêmeas atingem até 2 m e 100 kg de peso. Este mamífero nasce cinza e se torna rosa à medida que vai envelhecendo. A cor do corpo costuma variar também de acordo com a temperatura e transparência da água. É encontrado em todos os tipos de rios (águas preta, branca e clara), nas bacias do Amazonas, Orinoco (Venezuela) e Mamoré em Rondônia. Alimenta-se de uma grande variedade de peixes. É o maior dos golfinhos de água doce do mundo e costuma nadar solitário ou, quando jovem, em duplas com suas mães. A procriação geralmente ocorre de outubro a novembro. A gestação demora quase nove meses e os nascimentos ocorrem quando os níveis de água estão bem altos.

Curiosidades:

- A principal causa de sua morte é a captura acidental nas redes de pesca, contaminação dos rios por agrotóxicos e uso do mercúrio nos garimpos de ouro.
- O animal não é muito estimado por pescadores de linha, pois, quando os botos estão caçando cardumes em determinada área, é impossível ao pescador fisgar qualquer tipo de peixe.
- É um dos mais importantes animais no imaginário popular, com lendas que lhe atribuem o poder de seduzir as donzelas.
- O sonar, órgão localizado na cabeça, emite ondas que lhe possibilitam nadar e caçar mesmo em águas com baixa visibilidade.

Peixe-boi ▲

(Trichechus inunguis)

Um adulto pode atingir 3 m de comprimento e pesar até 450 kg. Sua cabeça e olhos são pequenos e ele não possui orelha externa. Há um sinal branco grande e irregular no peito e no abdômen. É o único herbívoro aquático entre os mamíferos, comendo muito durante a estação chuvosa, quando consome cerca de 10% do seu peso em vegetação. O peixe-boi passa a vida inteira debaixo da água, mas precisa subir à tona para fazer a troca de gases, o que torna possível sua localização por caçadores. Quando os rios secam, o animal volta ao canal principal, onde pode ficar sem se alimentar por semanas. Normalmente tem um filhote a cada gestação. São, em média, 12 meses de gestação e dois anos de amamentação. Os filhotes quase sempre ficam junto das mães.

Curiosidades:

- Há duas espécies de peixe-boi, o marinho (*Trichechus manatus*), que vive desde Alagoas até a Flórida (EUA), e o peixe-boi que vive nos rios (*Trichechus inunguis*), exclusivo da bacia amazônica.
- As fezes do peixe-boi fertilizam a água e entram na cadeia alimentar, na produção primária como alimento ao plâncton, que servirá de alimento a outros seres.
- Um adulto pode comer até 50 kg de vegetais por dia, mas, ao contrário do que sugere o nome, ele não é ruminante e não possui estômago compartimentado como o dos bovinos.
- Sua carne é muito apreciada pelas populações ribeirinhas e por isso o animal sempre foi muito caçado. Está em risco de extinção.

Tucuxi ►

(Sotalia fluviatilis)

É um dos menores golfinhos da família Delphinidae, chegando no máximo a 1,5 m e 53 kg. Habita os principais rios e lagos da bacia amazônica, distribuindo-se em águas mais abertas e profundas. Alimenta-se de peixes. Convive quase sempre em grupos de dois a três indivíduos e, eventualmente, em grupos maiores, de até dez animais. Gosta de pular e dar cambalhotas no ar. Os caboclos amazonenses dizem que, na hora do sol a pino, o boto tucuxi gosta de se exibir ao ouvir o barulho de um motor ou mesmo de um remo batendo na canoa.

Curiosidades:

- O acasalamento é feito geralmente em águas mais calmas, como paranás, lagos ou igarapés.
- O tucuxi possui as duas primeiras vértebras cervicais fundidas e o corpo mais rígido, o que permite ao animal alcançar grandes velocidades. Apesar de ser pequeno, tem dificuldade de nadar em áreas de florestas inundadas, que exigem uma maior flexibilidade corporal.

PEIXES

Aruanã ▲

(Osteoglossum bicirrhosum)

Possui um corpo bastante alongado, cinzento-prateado no dorso e coberto por escamas grandes e brancas que ficam avermelhadas na época da desova. Tem uma boca grande e a língua áspera como a do pirarucu. Na ponta do queixo, apresenta dois barbilhões que ajudam na respiração. É um dos maiores peixes do mundo que se alimentam exclusivamente de insetos, especialmente besouros e aranhas. Pode atingir cerca de 1 m de comprimento. É encontrado na bacia amazônica e na do Araguaia-Tocantins. Vive próximo da beira dos lagos. Costuma saltar fora d'água para apanhar os insetos nos troncos, galhos e cipós. A espécie se reproduz na época das cheias e os machos guardam os ovos e larvas na boca por um período de 45 dias, quando se tornam agressivos para proteger a cria e seu território contra outros da mesma espécie.

Curiosidades:

- Em algumas regiões, o aruanã é chamado de sulamba; em outras, por dar grandes saltos, recebeu o apelido de macaco-d'água.
- Esta espécie prateada é a mais comum na Amazônia. No entanto, uma variação mais escura, próxima ao preto, pode ser encontrada.
- Apesar do tamanho, pode ser criado em aquário.

Piranha-vermelha ▼

(Pygocentrus nattereri)

Sua mandíbula é projetada para frente, com dentes cortantes, dispostos em série. Seu tamanho pode variar de 15 a 25 cm. Ocorre na bacia do rio Amazonas, do rio Araguaia-Tocantins e do Paraguai. Habita lagos e lagoas de águas barrentas, onde vive em cardumes que podem ter até 100 indivíduos. Predadora voraz, esta espécie de piranha costuma atacar peixes grandes, que são dilacerados em minutos. Também é potencialmente perigosa para animais maiores, incluindo o homem, especialmente se uma pessoa ferida ou sangrando entrar na água.

Curiosidades:

- Também chamada de piranha-caju.
- Nas bacias do São Francisco e na maioria dos açudes do Nordeste, ocorre uma espécie muito próxima.
- Em lagoas fechadas, onde as piranhas estão presentes, é desaconselhável entrar na água.
- No Brasil, são conhecidas mais de 15 espécies e sua pesca é muito fácil, pois qualquer tipo de carne pode ser usado como isca; nesse caso, quem não tem muita experiência precisa tomar cuidado na hora de retirá-la do anzol, pois seus dentes podem cortar um dedo facilmente.

Pirarucu

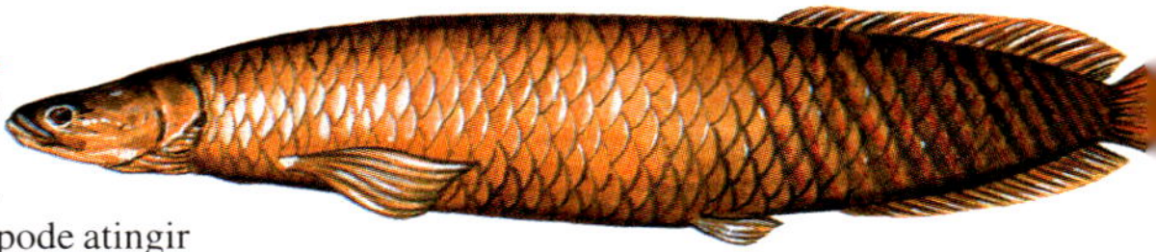

(Arapaima gigas)

Peixe exclusivo da bacia amazônica, o pirarucu pode atingir até 3 m de comprimento e pesar 250 kg. Possui dois aparelhos respiratórios: as brânquias, utilizadas para a respiração aquática, e a bexiga natatória modificada, que funciona como um pulmão usado na respiração aérea.

Vive em lagos e rios pequenos de águas claras, brancas ou pretas, preferencialmente alcalinas. Durante a seca, os casais da espécie aproveitam os locais calmos para fazer seus "ninhos". Cabe ao macho proteger a prole por cerca de seis meses, quando os alevinos nadam próximos ao pai e são recolhidos na boca em caso de ameaça.

Curiosidades:

- A pesca é proibida de dezembro a maio. Para a captura nos outros meses, o tamanho mínimo é de 1,5 m.
- Na Reserva de Mamirauá, no Amazonas, está em andamento um projeto de monitoramento da população de pirarucus em lagos.
- As populações ribeirinhas apreciam muito o sabor da carne. Quando seca e salgada, é comparada a do bacalhau.
- Suas escamas são usadas como lixa de unha ou na confecção de ornamentos. Já a língua, óssea e áspera, é usada para ralar o guaraná em bastão.

Tambaqui

(Colossoma macropomum)

Pode alcançar de 90 cm a mais de 1 metro, chegando a pesar até 30 kg. Vive na bacia amazônica, mas pode ser encontrado no Mato Grosso, Goiás, São Paulo, Minas e Paraná. Durante a época de cheia, entra na mata inundada, onde se alimenta de frutos ou sementes. Realiza migrações reprodutivas, tróficas, à procura de alimentos, e de dispersão. Durante a seca, os indivíduos jovens ficam nos lagos de várzea onde se alimentam de zooplancton e os adultos migram para os rios de águas barrentas, onde desovam. Quando não encontram alimento, vivem da gordura acumulada nos meses de fartura. Sua reprodução ocorre na época das chuvas, quando o

animal já tiver completado pelo menos quatro anos e tiver no mínimo 55 cm.

Curiosidades:

- É um peixe que está sendo criado com sucesso em cativeiro.
- Sua carne é branca, saborosa e se presta para fazer assados, filés ou caldeiradas.
- Sempre foi um dos peixes mais procurados na Amazônia; hoje, de dezembro a fevereiro, na época de reprodução, sua pesca é proibida.

Tucunaré

(Cichla spp.)

É caracterizado pelo ocelo, uma mancha redonda próxima a cauda que lembra um olho e serve para confundir os predadores. O colorido varia de espécie para espécie, podendo ser amarelado, esverdeado, avermelhado, azulado ou marrom-escuro. Todos têm manchas ao longo do corpo, que também variam de local e tamanho. Adultos podem atingir 30 cm ou mais de 1 m de comprimento total. É originário das bacias amazônica e do Araguaia-Tocantins, mas, por um acidente, ou propositalmente - não se sabe ao certo - acabou atingindo as bacias do Prata, São Francisco, açudes do Nordeste, parte do Pantanal e grandes rios do Sudeste. Alimenta-se de peixes e camarões e, após iniciar o ataque, mesmo se a presa fugir, não desiste até capturá-la. Tem hábitos diurnos. Forma casais e se reproduz em lagos e lagoas, onde constrói ninhos e cuida da prole.

Curiosidades:

- Na Amazônia, existem aproximadamente 14 espécies diferentes.
- O tamanho do tucunaré varia de espécie para espécie, mas o maior é o tucunaré-açu, que tem cores fortes e listras negras na vertical e pode ser encontrado, sobretudo, nos afluentes do Negro, próximo de Barcelos (AM).
- O tucunaré-açu atinge comumente 10 kg, mas o recorde mundial foi um exemplar de quase 14 kg.

RÉPTEIS

Cobra-papagaio ▼

(Corallus caninus)

Possui um colorido mimético que se confunde com a estrutura foliada da copa de árvores, o que permite o ataque surpresa a aves e pequenos mamíferos. Suas fossetas loreais são mais desenvolvidas do que outras do gênero, por isso localiza facilmente a presa e é considerada ótima caçadora. Alcança 2 m de comprimento, é um animal com corpo fino e ágil. Habita as beiras de lagos e pequenos rios em toda a Amazônia, sendo temida pelos ribeirinhos por ser bastante peçonhenta. Permanece quase o tempo todo enrolada em forma de espiral. Os filhotes podem nascer verdes, vermelhos, laranjas, amarelos ou com nuances dessas cores. Geralmente, após seis meses de vida, mudam de cor e ganham o verde brilhante definitivo.

Curiosidades:

- Também é conhecida como azulão-bóia, periquitambóia e jibóia-verde.
- Suas picadas são doloridas, sempre acompanhadas de entorpecimento e paralisia do membro atingido.

Coral ►

(Micrurus surinamensis)

Existe uma coral falsa e outra verdadeira. A cabeça da cobra verdadeira é menor e mais arredondada e suas cores são mais brilhantes do que a falsa. Seu forte colorido evita acidentes com os humanos, porque é facilmente avistável. Habita as florestas úmidas e os igarapés do Amazonas e países vizinhos. Alimenta-se principalmente de peixes, como o sarapó e tamuatá e eventualmente pode comer outras serpentes de menor tamanho, lagartos e roedores. Tem hábitos noturnos e, como tem dificuldade para se camuflar, durante o dia fica escondida em tocas no solo, saindo, eventualmente, para um banho de sol pela manhã. Coloca de 6 a 12 ovos.

Curiosidades:

- Um dos fatos mais interessantes desta espécie é o mimetismo adotado por outras serpentes não venenosas para se parecerem com ela; imitando o padrão de cores das venenosas, acabam se protegendo dos predadores.
- Até mesmo para quem é especialista, pode ser difícil distinguir uma coral falsa de uma verdadeira.
- Sua estratégia de defesa é singular: quando um predador se aproxima, ela levanta o rabo e enrola-se. Assim, ele abocanha o rabo, deixando a cabeça da cobra livre para o contra-ataque.

Jabuti ►

(Geochelone denticulata)

O jabuti pertence à mesma ordem das tartarugas e dos cágados. É um réptil que tem o corpo revestido por uma couraça formada por placas ósseas, ligadas e revestidas por material córneo. Sua carapaça forma desenhos geométricos de cores marrom-escura e amarelo-alaranjada. Não possui dentes, mas sim uma placa córnea. Normalmente os machos são menores que as fêmeas. Seu tamanho não ultrapassa 70 cm. É encontrado em toda a Amazônia e se alimenta basicamente de frutas e folhas. A fêmea, chamada de jabota, costuma cavar um buraco com as patas traseiras para depositar seus ovos.

Curiosidades:

- A carne de jabuti é uma das mais apreciadas pelos povos da região amazônica.
- O animal usa o casco como esconderijo quando se sente ameaçado: retrai a cabeça e as quatro patas e se torna praticamente invulnerável ao ataque de predadores.
- Para distinguir o sexo do animal, basta verificar o casco: se possuir uma cavidade côncava na parte inferior, é macho.

Jacaré-açu ▲

(Melanosuchus niger)

É o maior predador da América continental, podendo atingir até 6 m de comprimento total. Habita os rios e lagos da bacia amazônica, incluindo Brasil, Colômbia, Equador, Peru e Guianas. Alimenta-se de vários grupos de animais da floresta, preferindo caramujos e peixes. Sua reprodução é pouco conhecida, mas sabe-se que ocorre na estação seca. A fêmea coloca entre 30 e 40 ovos que levam 60 dias para eclodir.

Curiosidades:

- Apesar do seu tamanho avantajado, é considerado um jacaré relativamente calmo e raramente ataca pessoas, preferindo presas bem menores.
- Possui uma pele com alto valor no mercado internacional. Foi caçado legalmente para a obtenção de peles até o início da década de 70. Nos anos 80 foi considerada erroneamente uma espécie em risco de extinção biológica na Amazônia brasileira. Estudos recentes mostraram que esta espécie é comum na Amazônia, principalmente nas áreas de várzea. Em alguns locais, como a Reserva de Desenvolvimento Sustentável Mamirauá, no estado do Amazonas, podem ser vistos até dois animais por metro de margem dos lagos no período da seca.

Jararaca ▼

(Bothrops atrox)

Tem a cabeça em forma de lança e, além das duas narinas, possui dois orifícios chamados de fossetas loreais, que são sensores de temperatura e ajudam a cobra a localizar suas presas no escuro. As fêmeas podem atingir 2 m de comprimento. A espécie é abundante, presente desde o estado de São Paulo e zonas vizinhas até o vale do Amazonas, de onde se estende para outros países. Vive de preferência em lugares secos, campos ou à beira da mata. Os indivíduos jovens, no entanto, preferem viver próximos da água, em igarapés ou lagos. Os adultos alimentam-se de pequenos roedores e os jovens, de sapos e peixes. Eventualmente, quando ocorrem enchentes, sobem em árvores. É vivípara, com uma prole de 12 a 20 filhotes que, ao nascerem, já possuem um veneno tão potente quanto o dos adultos.

Curiosidades:

- No Nordeste, é chamada de ciassaca. Só no Brasil, a jararaca possui 12 sub-espécies diferentes.
- A maior parte dos acidentes com cobras peçonhentas no Brasil envolve as jararacas, por elas se adaptarem muito bem às áreas desmatadas ou próximas às cidades.
- Seu veneno é necrosante, causa grande mal estar e, além de deixar uma cicatriz, pode levar à morte se o paciente não receber o soro antiofídico.

Jibóia ▼

(Boa constrictor)

Da mesma família da sucuri, pode atingir até 5 m, sendo uma das serpentes mais volumosas e longas. Não é peçonhenta. Habita as florestas das Américas Central e do Sul. Vive em lugares secos ou em campos e moitas não muito úmidos. Alimenta-se principalmente de roedores, mas come outros animais, como aves, sapos, macacos e tatus. Costuma matar a presa apertando-a até que morra e depois, lentamente, engolindo-a a partir da cabeça. Pode subir em árvores quando impelida por enchentes ou fome. Gera de 6 a 64 filhotes, que já nascem com quase meio metro, já ativos e independentes.

Curiosidades:

- Sua pele já foi muito procurada para fazer bolsas e sapatos.
- Algumas pessoas criam a jiboia como animal de estimação.

Osga

(Thecadactylus rapicauda)

Sua cabeça, olhos e pupilas se parecem com os de uma serpente, por isso muitas pessoas são levadas a crer que ele seja um lagarto venenoso, o que não é verdadeiro. Pode atingir até 20 cm. Distribui-se pelo nordeste da América do Sul, América Central e Antilhas, chegando até a Costa Rica. Ocorre em florestas tropicais e raramente se afasta de grandes árvores. Come principalmente insetos. Tem hábitos noturnos. A fêmea costuma colocar um ovo de cada vez, mas várias vezes ao ano.

Curiosidades:

- Como outros lagartos, costuma proteger seu território emitindo guinchos estridentes em tom de ameaça, mas, para o homem, não representa nenhum risco.

Sucuri

(Eunectes murinus)

Segunda maior serpente do mundo, possui dorsalmente uma coloração marrom-esverdeada. Seu padrão de cores a torna bastante camuflada na vegetação aquática. Pode atingir até 12 m. Distribui-se pelo Brasil, Paraguai, Argentina, Bolívia, Equador e Venezuela. É comum em áreas pantanosas, lagoas, rios e campos alagados. É carnívora, alimenta-se de aves aquáticas, jacarés, peixes e mamíferos como capivaras, filhotes de anta e veados. Costuma atacá-los quando estão bebendo água nos rios. Possui uma extraordinária força muscular, enroscando-se na presa, quebrando seus ossos e deglutindo-a a partir da cabeça. Alimentadas, as sucuris podem passar dias imóveis, fazendo a digestão. São animais lentos, de hábitos semi-aquáticos, que passam o dia entre plantas das margens dos rios ou enroscadas em troncos, de onde podem rapidamente fugir para a água. Geram de 4 a 82 filhotes já formados.

Curiosidades:

- É conhecida também como anaconda, sucuriju, sucurijuba e boiuna.
- As duas metades do maxilar se movem independentemente, com a parte direita indo para frente puxando a presa, enquanto a esquerda retém parte do alimento; com isso pode engolir um animal até quatro vezes maior que a cabeça.

Surucucu ▲

(Lachesis muta)

É a maior de todas as víboras da América do Sul, chegando a medir mais de 4 m de comprimento. Seu veneno é coagulante e capaz de decompor aminoácidos de tecidos vivos, provocando sérias hemorragias, edemas ou gangrena no membro mordido. O ataque ao homem é raro, não passa de 3% do total geral de picadas. É encontrada em florestas, desde os estados do Espírito Santo e Bahia até o vale do Amazonas e países vizinhos. Vive nas matas, onde se alimenta de roedores e outros pequenos mamíferos. Ao contrário das jararacas, que se adaptam mais facilmente, a surucucu é sensível às mudanças em seu hábitat, assim, quando parte da floresta é alterada ou retirada, ela simplesmente desaparece da região. Esconde-se durante o dia em covas no solo ou em lapas de árvores. A fêmea não dá luz a filhotes vivos, mas põe ovos.

Curiosidades:

- Para identificá-la, basta reparar se a cauda possui as escamas arrepiadas, lembrando uma jaca; esta semelhança fez com que a cobra fosse apelidada de pico-de-jaca.
- O seu veneno não é tão potente quanto o da cobra coral ou da cascavel, mas, em muitas regiões da Amazônia, é a mais temida devido ao tamanho e agressividade.

Tartaruga-da-amazônia ▲

(Podocnemis expansa)

A fêmea é maior que o macho, podendo alcançar até 60 kg e 80 cm de comprimento. Pode viver até 100 anos. Habita rios e lagos da bacia do rio Amazonas. Seu alimento preferido é a fruta, mas a dieta dos filhotes inclui pequenos peixes e plantas aquáticas. A fêmea atinge a maturidade sexual aos 15 anos de idade. Ela costuma ir até a praia onde nasceu para botar seus ovos, de 50 a 150, na época de pouca chuva, em covas feitas na areia com cerca de meio metro de profundidade. Esses locais são denominados tabuleiros. Após 45 ou 60 dias chocando nas areias quentes, os ovos eclodem e os filhotes correm para os rios.

Curiosidades:

- Conhecida também como tartaruga gigante, é um dos maiores quelônios do mundo, superada apenas por alguns parentes marinhos.
- Seus predadores não se limitam aos naturais, tais como onça-pintada, jacarés, piranhas, jaburus, gaviões e urubus. Ainda hoje as tartarugas e seus ovos fazem parte do cardápio dos amazonenses.
- O comércio desses animais é ilegal, mas os caçadores costumam escondê-los dentro de bolas de capim flutuante, que são amarrados ao barco e jogados na água quando estão passando pela fiscalização.

PLANTAS

Espécies em ordem alfabética *314*

Abricó-de-macaco ▼

(Couroupita guianensis)

Ocorre em toda a região amazônica, principalmente nas áreas inundáveis de rios e beiras de igapós. Possui altura variando de 8 a 15 m, com tronco de 30 a 50 cm de diâmetro. As folhas da árvore ficam aglomeradas nas extremidades dos ramos e atingem 20 cm de comprimento por 14 cm de largura.

Suas flores perfumadas saem diretamente dos troncos e ramos, com período de florescimento longo, de setembro a março. A frutificação ocorre de dezembro a março, produzindo grande quantidade de sementes. Na Amazônia, a densidade populacional do abricó-de-macaco é baixa, mas a árvore também se desenvolve bem em terrenos secos do Centro-Sul do país.

Curiosidades:

- O florescimento do abricó-de-macaco é um espetáculo belo e curioso, pois seu tronco fica virtualmente coberto pelas flores, de perfume forte e tom rosado.
- É excelente para o paisagismo, mas tem como inconveniente o grande tamanho e peso dos frutos, que podem causar acidentes na queda, além de produzir mau cheiro no apodrecimento.
- Por sua densidade baixa, a madeira é empregada na fabricação de brinquedos, embalagens leves, folhas para compensados, raquetes, moldes para fundição e artefatos delicados.
- Recebe este nome porque os macacos se alimentam de suas castanhas, batendo os frutos até abri-los.

Açaizeiro ►

(Euterpe oleracea)

Palmeira delgada e elegante, a árvore do açaí tem altura de 20 a 25 metros com tronco múltiplo de no máximo 25 cm de diâmetro. Uma touceira chega a ter até 25 plantas e a freqüência da árvore no baixo Amazonas forma populações homogêneas. Encontra-se em todo o estuário do rio Amazonas, mas a "terra do açaí" é a cidade de Codajás (AM). Produz sementes quase o ano inteiro, mas a maturação dos frutos ocorre com mais intensidade entre julho a dezembro. Em cachos, os frutos têm coloração violácea e peso médio de 1 grama, sendo que cada inflorescência fornece até 6 kg de frutos. Estes são muito apreciados pela população amazônica para o fabrico do vinho de açaí e, nas camadas mais pobres, são a principal fonte de proteína alimentar.

Curiosidades:

- Com propriedades energéticas e antioxidantes, a polpa do açaí virou moda no Sudeste do país e nos Estados Unidos. Ainda assim, só 850 ton/mês de polpa são consumidas pela região Centro-Sul, enquanto que em Belém o consumo de açaí fresco chega a 4,5 mil ton/mês.

- Na região de Belém, uma única pessoa consome até 2 litros de açaí por dia, geralmente com farinha de mandioca, tapioca e açúcar, mas também com peixe assado e camarão seco.
- A madeira é utilizada pelos ribeirinhos para estacas e assoalhos, e as folhas para cobertura das casas; as sementes fornecem um substrato orgânico muito valorizado na horticultura e artesanato locais.
- Na floresta, os coletores de açaí trabalham em família e só em tempo seco, pois os troncos ficam muito escorregadios quando chove. Eles escalam a árvore com a ajuda de uma peconha, anel torcido em oito feito com fibras da mata, que, passada em volta dos pés, permite melhor apoio sobre o tronco.

Andiroba ▲

(Carapa guianensis)

Esta árvore pertence à família do mogno. Pode ser encontrada na Amazônia em regiões alagadiças. Espécie de grande porte, sua altura varia de 20 a 30 m, com tronco de 50 até 120 cm de diâmetro, apresentando uma casca grossa. Suas folhas são compridas, variando de 85 a 115 cm; as flores são de cor creme e os frutos, em forma de cápsula, contém quase sempre seis sementes. Quando caem no chão, se não são germinadas rapidamente, acabam sendo devoradas por insetos ou roedores. Geralmente a andiroba floresce de agosto e outubro e dá frutos entre janeiro e maio.

Curiosidades:

- Seu óleo, extraído da semente, tem propriedades medicinais e é usado para o alívio de pancadas, hematomas e inchaços. Também é utilizado como antiinflamatório e contra dor de garganta.
- O óleo é também empregado pela indústria de cosméticos, como matéria-prima para fazer xampus, sabonetes e cremes, velas e repelente de insetos.
- A madeira é de ótima qualidade, imune ao ataque de cupins, muitas vezes comparada ao mogno. Pode ser usada na construção civil, ou para fazer mastros, bancos de barcos e navios.
- Quando se queima o bagaço do fruto ele libera uma fumaça que serve como repelente de mosquitos.

Aninga-do-igapó ▼

(Montrichardia arborescens)

As aningas são plantas sem ramos, com porte de arbusto e com folhas em formas de seta. Suas flores são em forma de espigas protegidas por folhas modificadas carnosas. Ela pode ser encontrada em locais úmidos, igapós e locais baixos nos campos, formando grandes colônias nos leitos de igarapés pantanosos. O tronco ereto costuma ficar acima da água e as folhas se concentram na parte superior do caule. As aningas pertencem ao mesmo grupo botânico do antúrio: as Aráceas, que podem ser divididas em duas espécies principais: a *Montrichardia arborescens* e a *Montrichardia linifera.* Esta última tem raízes venenosas, mas a primeira pode ser usada para alimentar o gado, em caso de não haver pastagem tradicional.

Curiosidades:

- Também conhecida como aningaúba, aninga-de-macaco, aninga-de-espinho, guimberana, imbé-da-praia.
- Os ribeirinhos usam suas flores e frutos como iscas para pescaria, principalmente do pacu.
- Atribui-se às folhas e raízes diversas propriedades terapêuticas. Suas fibras também podem ser aproveitadas para fazer papel.

Apuí ou mata-pau

(Clusia insisgnis)

Na floresta amazônica, várias espécies recebem o nome de apuí ou mata-pau. Todas elas são do gênero Clusia ou Fícus. São hemiepífitas, pois germinam em cima da planta e lançam suas raízes ao solo. A *Clusia insisgnis* prefere árvores baixas, suas flores são brancas externamente e castanho-purpúreo na parte interna. Já a *Clusia grandiflora* prefere árvores altas e tem flores róseo-pálidas, que exalam um forte perfume. O fruto lembra uma cebola e tem propriedades diuréticas, por isso, muitas vezes a árvore é chamada de cebola brava ou cebola grande da mata. Da flor é extraída uma resina que, com a manteiga de cacau, forma um creme usado para prevenir rachaduras nos bicos dos seios.

Curiosidades:

- Sua reprodução é feita com a ajuda de pássaros, que comem seus frutos e depois expelem as sementes, que acabam caindo nas forquilhas de galhos mais altos das árvores, onde brotam. Feito isso, a planta lança suas raízes verticalmente até o solo. Essas ramificações conseguem rapidamente se enraizar e multiplicar no sentido horizontal.
- Muitas vezes abraça a árvore hospedeira, levando-a à morte. No entanto, as árvores de grande porte, como a sumaúma, dificilmente são dominadas pelo Apuí e convivem sem prejuízos mútuos.

Bacaba

(Oenocarpus bacaba)

A bacaba é uma palmeira nativa da Amazônia, sendo encontrada em florestas no Pará, Amazonas, Goiás e Mato Grosso. O tronco da palmeira é solitário, variando de 20 a 30 cm de diâmetro, enquanto a altura da árvore chega a 20 m. As folhas, em número de oito a 10, podem chegar a 5 m de comprimento e os cachos, que carregam um fruto semelhante ao açaí, a até 1,5 m. Surge tanto em terra firme quanto na várzea, mas é mais freqüente em áreas inundáveis, onde forma populações homogêneas de grandes extensões denominadas bacabal. Seus frutos amadurecem de janeiro a abril e têm a parte interior comestível.

Curiosidades:

- Os frutos da bacaba são muito utilizados pelas populações locais para o preparo de um vinho semelhante ao do açaí, porém muito mais oleoso; as amêndoas também fornecem um óleo comestível de boa qualidade.
- A população indígena usa a bacaba confeccionando bolsas e abanos com as fibras de suas folhas.
- A madeira é empregada localmente em construções rústicas, como vigas, ripas, lanças, bengalas, cabos de guarda-chuva e de ferramentas, mas a madeira tem durabilidade longa somente em ambientes secos.

Bacuri ►

(Platonia insignis)

A árvore do bacuri apresenta porte médio a grande, com altura de 15 a 25 m e tronco de até 1 m de diâmetro, com casca espessa e enegrecida. Quando cortada, de seu tronco escorre um látex amarelo. Seus galhos são orientados numa posição de 60 graus em relação ao tronco e neles ficam flores hermafroditas isoladas com cerca de 7 cm. O bacuazeiro floresce entre junho e julho, seguindo-se a queda das folhas. Os frutos variam em tamanho, cor e acidez e sua safra é entre fevereiro e março. É encontrado geralmente em vegetação aberta de transição.

Curiosidades:

- A polpa do bacuri é cara, podendo chegar a R$ 10 no Norte, pois praticamente não há cultivo comercial da fruta e o produto consumido vem todo do extrativismo.
- A árvore nativa produz apenas depois de 15 anos de idade, o que torna seu cultivo pouco comercial.
- Como cada arvore adulta produz de 200 a 300 frutas por ano, um bacurizeiro rende, em média, R$ 150 reais/ano.

Biribá ▲

(Rollinia insignis)

O biribá é uma árvore pequena, de 6 a 10 m, de ramos alongados. Sua origem é da fronteira da Amazônia com o Peru, mas espalhou-se por todo Norte e Nordeste, chegando inclusive ao Caribe. Suas flores são solitárias ou encontradas em pares, verde-claras por fora e róseas internamente. Já o fruto apresenta casca grossa, amarela e polpa branca, mole, abundante em sementes. É muito popular, pois suas sementes germinam com facilidade, frutificando de novembro a maio e florescendo de julho a setembro.

Curiosidades:

- O consumo da polpa se faz essencialmente *in natura*, mas pode ser utilizada para suco, quando fresca, ou para vinho, quando fermentada.
- Árvores com cinco anos de idade podem produzir entre 25 a 60 frutos com peso médio de 1 kg; acima de 15 anos, podem produzir mais de 150 frutos/ano.
- É da família da fruta-do-conde e da graviola e, dependendo da região do Brasil, é chamada de fruta-de-condessa.

Buriti

(Mauritia flexuosa)

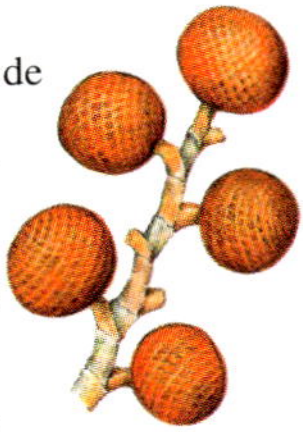

O buriti é uma palmeira de porte elegante, podendo atingir até 35 m de altura. Possui folhas grandes, em formato de estrela. As flores estão dispostas em longos cachos de até 3 m de comprimento e possuem coloração amarelada, surgindo de dezembro a abril. Já o fruto é castanho-avermelhado, com superfície revestida por escamas brilhantes. Sua semente é oval e a amêndoa comestível. Seu cultivo ocorre naturalmente, aparecendo tanto isolado como em grupo, de preferência em terrenos pantanosos.

Curiosidades:

- Cada planta costuma possuir de cinco a sete cachos com 400 a 500 frutos cada.
- Sua polpa é consumida na forma de doce, suco, sorvete ou vinho de buriti.
- As folhas do buriti são usadas na fabricação de cordas e as raízes na medicina popular; já o tronco, serve para a produção de canoas.

Bromélia

(Aechemia ferandae)

As bromélias são plantas da família da Bromeliáceas, que apresentam folhas rígidas, espinhentas e serrilhadas. O mais famoso exemplar dessa família é o abacaxi, mas a variedade é muito grande; apresentam mais de mil espécies nos países de clima tropical. Todas elas acumulam água e detritos no centro das folhas em forma de funil.
Espécie endêmica da Amazônia, a *Aechemea fernandae* se distingue pela coloração diferenciada das folhas, verde na face superior e avermelhada na inferior. Suas flores são de forma esférica e globosa.

Curiosidades:

- Também chamada gravatá e caraguatá, as bromélias são muito procuradas para decoração, por isso algumas espécies começam a correr risco de exploração descontrolada.
- Elas podem ser epífitas, rupícolas, isto é, crescem em pedras e solos pedegrosos, ou terrestre. Essas últimas, ao contrário das epífitas, não possuem o funil central para acumular água e nutrientes, mas, para compensar, lançam raízes ao solo.

Camu-Camu ▼

(Myrciaria dúbia)

Nativo da Amazônia ocidental, este arbusto atinge, no máximo, 3 m de altura. Seu caule é liso e ramificado e parte dele permanece submerso ao longo do ano. Prefere regiões alagadas, como beira de rios e lagos. Suas flores brancas formam grupos de três a quatro, exalando um forte odor. A planta jovem tem as folhas avermelhadas, que vão se tornando verdes e brilhantes à medida que envelhece. Frutifica de novembro a março, quando surge o fruto avermelhado, ácido, que vai ficando roxo-escuro à medida que amadurece. Sua casca é resistente e a polpa aquosa, envolvendo sementes esverdeadas.

Curiosidades:

- Também conhecido como caçari e cauari, tem um teor de vitamina C superior ao da acerola.
- É usado como isca por pescadores na Amazônia, principalmente na captura do tambaqui.
- O fruto e a casca são usados para fazer refrescos, sorvetes, picolés, geléias, doces e licores.
- Inicia a frutificação aos três anos, produzindo de 500 a 1.000 frutos por planta.

Carapanaúba ►

(Aspidosperma nitidum)

Recebe nomes populares como cabo-de-machado, canela-de-velho e peroba-de-rego. A carapanaúba é uma árvore de tronco sulcado e retilíneo, com até 25 m de altura e diâmetro de 40 a 60 cm. É encontrada em florestas, em toda a região amazônica até o sertão baiano, Goiás e o Triângulo Mineiro, sendo praticamente indiferente às condições físicas do solo. Possui anualmente quantidade regular de sementes, disseminadas facilmente pelo vento. Dá frutos em agosto e setembro.

Curiosidades:

- O nome Carapanaúba significa madeira de carapana (mosquito), por causa dos buracos em seu tronco.
- É encontrada em toda floresta amazônica de terra firme, mas na mata alta inundável da região amazônica ocorre outra espécie de características praticamente idênticas a esta, a *Aspidosperma carapanauba*.
- O seu óleo é utilizado pelos caboclos contra malária e como anticonceptivo.
- Embora a madeira da carapanaúba seja pesada e dura, é muito pouco resistente, mas fácil de trabalhar, servindo principalmente para a confecção de cabos e ferramentas.

Castanheira-do-pará ►

(Bertholletia excelsa)

A castanheira tem altura de 30 a 50 m, mas pode chegar excepcionalmente a 60 m. Seu fruto, chamado localmente de ouriço, pesa entre 500 e 1.500 gramas e contém de 15 a 24 sementes (castanhas). É característica de mata alta de terra firme, não inundável, de toda a Amazônia. Embora ocorra em determinados locais em grande freqüência, formando os chamados castanhais, está sempre em associação com outras espécies de grande porte. Floresce entre os meses de novembro e fevereiro e seus frutos amadurecem entre dezembro e março. As castanhas são sementes apreciadas internacionalmente, sendo bastante oleosas, de formato agudo e mais ou menos triangular. É também conhecida como castanheira-do-brasil.

Curiosidades:

- Os frutos da castanheira são coletados quando caem do pé, pesam mais de 1 kg e possuem um orifício cujo diâmetro não permite a passagem da quinzena de amêndoas que possui, obrigando os castanheiros a usar um facão para liberar as sementes.
- A espécie é o oitavo produto extrativista nacional e o segundo na Amazônia, depois da borracha.
- Alguns pesquisadores consideram a distribuição da castanha na Amazônia como sendo de origem antrópica (feita pelo homem); sabe-se que os índios Kaiapó plantam a castanheira em florestas e clareiras naturais. As árvores aparecem também em terras pretas antropogênicas e próximas a sítios arqueológicos.
- Na Reserva de Desenvolvimento Sustentável de Iratapuru (AP), a fabricação de biscoitos de castanha rende R$ 250 por mês para cada família. Ja a troca de 1 hectolitro (50 quilos) de sementes brutas com os atravessadores vale uma lata de leite em pó ou 1 kg de açúcar.
- O óleo proveniente das castanhas também tem sido exportado para a fabricação de cosméticos no exterior.

Copaíba ►

(Copaifera multijuga)

A copaíba é uma árvore muito usada em toda a Amazônia, tanto pelo óleo como por sua madeira pesada, mas ocorre também em formações secundárias em Minas Gerais, Goiás, Mato Grosso do Sul, São Paulo e Paraná. Possui uma altura de 10 a 15 m, com tronco de 50 a 80 cm de diâmetro. Cada árvore possui uma copa grande que fornece ótima sombra e pode ser empregada nas arborizações urbana ou rural. Produz anualmente grande quantidade de sementes, disseminadas por pássaros que comem o arilo envolvente. Em agosto e setembro, quando a planta está quase totalmente despida de folhagem, seus frutos amadurecem. As flores brancas aparecem de dezembro a março.

Curiosidades:

- A madeira da copaíba, de superfície lustrosa e lisa ao tato, é usada no batente de portas e janelas da Amazônia e na confecção de móveis e peças torneadas.
- De furos feitos no tronco da copaíba escorre um líquido transparente e terapêutico que é o óleo ou bálsamo da copaíba; seus fins são inúmeros: infecções de garganta, bronquite, problemas respiratórios, limpeza de feridas e arranhões, diarreias e infecções urinárias, sendo vendido sempre em cápsulas e líquido nos centros urbanos.
- O óleo puro de copaíba, tirado diretamente do tronco, pode substituir o óleo diesel; seu uso também serve para a indústria de tintas, vernizes, de cosméticos e fotográfica; só os Estados Unidos compraram 84 ton do óleo em 1995.

Cupuaçu

(Theobroma grandiflorum)

Da mesma família do cacau, tem origem amazônica e dá em árvores pequenas de até 10 m de altura, se forem cultivadas, e cerca de 18 m se forem silvestres. As folhas são simples e inteiras, longas - de até 35 cm de comprimento -, de coloração ferrugem numa das faces. As flores vermelho-escuras prendem-se diretamente no tronco. O fruto é oval, com até 25 cm de comprimento, de casca dura e lisa e cor castanho-escura. A polpa é branca, ácida e aromática. Frutifica de janeiro a maio, com menos intensidade nos meses de fevereiro a abril.

Curiosidades:

- O cupuaçu é saboroso e pode pesar mais de 2 kg; uma árvore produz em média 20 frutas por ano. O suco, sorvete e doce são muito populares em toda a região amazônica.
- A Cooperativa Agricola Mista de Tomé-Açu é uma das maiores produtoras de cupuaçu do país, com mais de 600 hectares plantados, onde antes os japoneses tentaram cultivar pimenta.
- Um quilo de cupuaçu custa em media R$ 0,50, mas melhor negócio que vender *in natura* é produzir a polpa, cujo quilo vale R$ 2.
- O suco das folhas do cupuaçu é usado no tratamento de bronquites e infecções renais.
- Da semente do cupuaçu pode-se extrair um excelente óleo usado tanto para o fabrico do cupulate (chocolate de cupuacu) quanto para a industria de cosméticos.

Dendê

(Elaeis oleifera)

Nativa da África, esta palmeira pode alcançar até 15 m de altura, apresentando estipe ereto, escuro e anelado. As suas folhas são grandes, de até 1 m de comprimento, com as bases recobertas de espinhos. As flores são creme-amareladas e aglomeram-se em cachos. Já os frutos possuem forma ovóide, de coloração amarela ou laranja, com a semente ocupando totalmente sua cavidade. Desenvolve-se em vários tipos de solo de regiões de clima tropical, de preferência bem drenados.

Curiosidades:

- O dendê é uma cultura perene, cujas árvores produzem por 30 a 40 anos.
- O Pará é o maior produtor de dendê do país, com uma área plantada em torno de 30 mil hectares e responsável por 85% das 93 mil ton anuais de óleo bruto. A única refinaria de dendê está instalada as margens da baia de Guajará, em Belem.

Graviola ▼

(Annona muricata)

Árvore pequena, de 4 a 8 m, tronco reto e copa reduzida com folhas largas estão entre as características da espécie que fornece a graviola. As folhas são amareladas e dispostas ao longo dos ramos ou nos troncos; já os frutos, medem de 15 a 30 cm de comprimento. Sua casca é verde, mesmo quando madura, e a polpa é branca e agridoce com sementes negras. Embora seja uma planta tropical americana, atualmente é cultivada em várias partes do mundo, preferindo sempre o solo argiloso. É muito suscetível ao ataque dos insetos conhecidos como brocas. Frutifica de janeiro a março.

Curiosidades:

- É considerada a maior, a mais perfumada e a mais importante entre as frutas conhecidas por araticuns, como se nomeiam as da família da fruta-do-conde ou biriba.
- Possui falsos espinhos em seu corpo, recurvados e curtos, porém moles, com a forma de um coração verde alongado.
- Embora uma graviola pese entre 1 e 4 kg, contam-se casos de árvores que chegam a produzir frutos de 10 kg; mas em virtude de seu peso, logo caem e são esmagados.

Guaraná ▲

(Paullinia cupana)

O guaraná é uma planta nativa da Amazônia, em forma de arbusto ou cipó lenhoso. É composto de flores brancas, masculinas e femininas, que surgem de julho a setembro. O fruto possui cerca de 2,5 cm de diâmetro, com tom vermelho-alaranjado quando maduro. As sementes são negro-brilhosas, com a metade inferior recoberta por um arilo branco, que lhe dá a aparência de um olho humano. Frutifica de janeiro a março.

Curiosidades:

- Foram os índios Sateré-maué (AM) que descobriram as propriedades do guaraná na Amazônia; fora da região, é a Bahia o estado pioneiro na cultura deste fruto.
- A cada dia amplia-se a cultura do guaraná, devido ao aumento da demanda para fabricação de bebidas e fármacos, que servem, principalmente, como antitérmicos, antineurálgicos, antidiarréicos e estimulantes poderosos.
- Segundo a lenda da origem do guaraná dos Sateré-maué, havia três irmãos, dois rapazes e uma moça, sendo os dois primeiros muito preguiçosos e dependentes da irmã. Esta ficou grávida e deu à luz a um menino de belos olhos negros, que foi assassinado aos cinco anos pelos tios invejosos. A mãe retirou-lhe então os olhos e plantou-os como sementes, pedindo a Tupã que lhe devolvesse a vida em forma vegetal.

Ingá-cipó

(Inga edulis)

O ingá-cipó tem origem na América Latina, mas distribui-se por toda a Amazônia, América Central e Índias Ocidentais. Tem altura média de 10 a 15 m e copa aberta e bastante ramificada. As folhas são compostas e uniformemente paralelas. O fruto é uma vagem cilíndrica, verde-oliva, que mede entre 50 e 100 cm de comprimento. Dentro dela estão as sementes, em número de 10 a 20, envoltas em polpa macia de sabor adocicado. A frutificação inicia-se a partir de dois anos, com as sementes propagando-se facilmente.

Curiosidades:

- A polpa do ingá é consumida *in natura*, tem 70% de umidade e é composta em grande parte por açúcar e fibra.
- As sementes podem ser usadas para alimentação animal e possuem 17% de proteína.
- A árvore do ingá cresce com muita rapidez e, com uma altura média de 10 m, já produz de 40 a 100 vagens duas vezes ao ano.

Jatobá

(Hymenaea courbaril)

O jatobá tem altura de 20 m, mas pode chegar a 30, e seu tronco alcança até 1 m de diâmetro. A copa é aberta e as flores são vistosas e hermafroditas. É uma planta pouco exigente em fertilidade e umidade do solo, ocorrendo em terrenos bem drenados do Norte ao Sul do país. O fruto é uma vagem oblonga e subcilíndrica, onde estão as sementes de cor parda, achatadas, em número de um a oito. São envoltas por uma polpa fresca, farinácea, adocicada, de cor creme, com sabor e cheiro peculiares. A frutificação ocorre quando a planta já está com oito anos de idade, com os frutos amadurecendo em julho.

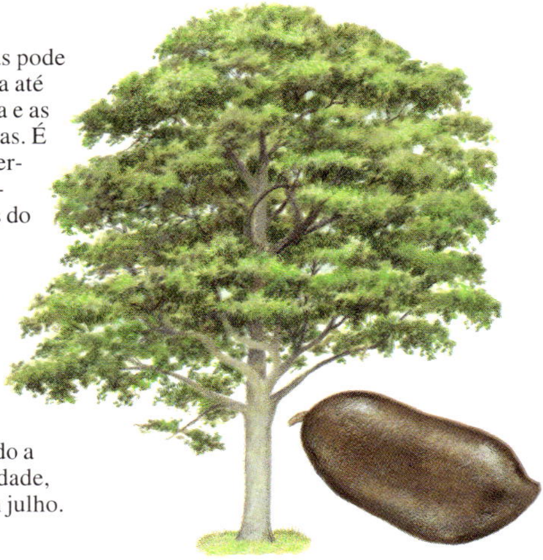

Curiosidades:

- Na língua guarani, jatobá quer dizer folha dura.
- A semente e a seiva do jatobá são ótimos fortificantes; a resina extraída dos frutos é medicinal e também usada para verniz.
- A madeira do jatobá, muito dura ao corte e resistente ao ataque de insetos, é empregada em construções pesadas, postes e embarcações.

Jenipapo ▲

(Genipa americana)

O jenipapo ocorre em todo o país, sempre em terrenos muito úmidos, como a várzea amazônica. A árvore é pequena, com altura entre 5 e 15 m, e o tronco é reto, de casca lisa verde-acinzentado. As flores, ligeiramente perfumadas, têm a corola branca ou amarelada e surgem entre julho e setembro. O fruto é uma baga ovóide de 10 por 8 cm, pesando até 500 gramas, e deve ser consumido bem maduro, pois é bastante ácido. Amadurece sempre entre outubro e abril na Amazônia. O jenipapeiro produz grande quantidade de sementes, que proliferam em matas primárias e em formações secundárias.

Curiosidades:

- Embora o fruto do jenipapo seja tradicionalmente usado para o preparo de licores, refrescos, compotas e doces, sempre foi cultivado pelos índios devido à tinta, muito usada nas pinturas do corpo, como, por exemplo, pelos índios Kayapó.
- O fruto, ainda verde, fornece um suco amarelado que vai gradativamente escurecendo até se tornar azul escuro ou quase preto.
- A madeira do jenipapeiro é branca-marfim, de fácil manuseio, e serve para produção de utensílios domésticos e, até mesmo, na construção naval.

Manga ►

(Mangifera indica)

A mangueira tem grande porte, atingindo os 30 m de altura com copa densa e larga. O tronco é baixo e ramificado desde os 2 ou 3 m de altura. As folhas têm coloração avermelhada quando jovens e verde-escura posteriormente, enquanto as flores são pequenas e róseas. A semente do fruto é achatada, ocupando metade de sua dimensão; já a polpa é carnosa e suculenta. Aceita qualquer tipo de solo, mas adapta-se melhor a regiões de clima quente e chuvoso.

Curiosidades:

- A manga é fruta nativa da Ásia, mais precisamente da Índia, sendo um dos frutos de origem tropical mais aproveitados no mundo.
- A viagem das mangas pelo mundo iniciou-se apenas com a descoberta das rotas comerciais marítimas no século 16 e foram os portugueses que as trouxeram para a América.
- Belém é a cidade das mangueiras, famosa pela abundância da fruta.
- Existem entre 500 e mil variedades de mangas.

Mogno ◄

(Swietenia macrophylla)

O mogno é uma árvore que pode atingir até 30 m de altura, ocorrendo em toda a região amazônica, mas é característica da floresta clímax de terra firme, sobretudo as de solos mais argilosos. Seu tronco varia de 50 a 80 cm de diâmetro e as folhas são compostas. Floresce durante os meses de novembro e janeiro e os frutos iniciam a maturação no mês de setembro, prolongando-se até meados de novembro. É muito ornamental quando usada na arborização de parques e jardins.

Curiosidades:

- O mogno está em extinção devido ao excesso de exploração da espécie para uso em mobiliário de luxo, objetos de adorno, painéis, acabamentos internos, entre outros.
- A madeira possui altíssima resistência ao ataque de cupins.
- Os índios Xikrin do Cateté, no sudeste do Pará, foram os primeiros a plantar mogno de forma manejada, em projeto do Instituto Socioambiental, cortando as primeiras árvores para venda no ano 2000.

Murici ►

(Byrsonima crassifolia)

É um arbusto de 2 a 6 m de altura, de tronco tortuoso, casca áspera e copa estreita. Os ramos crescem tocando o solo em sentido horizontal. As flores são hermafroditas, formadas por cinco pétalas amarelas ou alaranjadas. O fruto é pequeno e sua parte comestível, pastosa e amarela, tem só 5 mm de espessura. Abrange toda a Amazônia, Mato Grosso e Minas Gerais, embora seja típica de áreas campestres, savanas e capoeiras. Frutifica de dezembro a abril.

Curiosidades:

- O murici é da mesma família que a acerola.
- São conhecidos por suas cores: há o murici-amarelo, o murici-branco, o murici-vermelho, o murici-de-flor-branca, o murici-de-flor-vermelha, além do murici-da-chapada, o murici-da-mata, o murici-da-serra e o murici-do-brejo.
- Nos mercados da Amazônia, o murici ocupa o mesmo espaço destinado a frutas tão importantes quanto a graviola, o jambo e o caju.

Ninféia ou Jacinto d'água ▼

(Nymphaea spp.)

Essa planta da família das Ninfeáceas é tipicamente aquática e perene, com folhas redondas e flutuantes, com diâmetro de quase 25 cm. Prefere águas calmas de lagos e rios, especialmente aqueles com boa oxigenação. Suas flores são branco-amareladas, flutuantes e com mais de 10 cm de diâmetro, formadas por quatro a seis conjuntos de sépalas. No centro há uma espécie de coroa, formada basicamente por pétalas. Quando encontra águas adequadas, sua multiplicação é espantosamente rápida.

Curiosidades:

- Também conhecidas como nenúfar, jacinto d'água, lírio d'água, bandeja d'água.
- É utilizada como alimento por homens e animais.
- Seu nome vem da deusa grega da primavera "Nynphea", que significa a ninfa das águas. Ela é cercada de lendas, que a relacionam com poderes místicos e afrodisíacos. Cientificamente, sabe-se que tem alcalóides com propriedades sedativas.

Orquídea vermelha ►

(Cattleya violacea)

A família das orquidáceas é uma das mais numerosas da flora mundial, são dois mil gêneros, com cerca de 35 mil espécies naturais e outros 50 mil híbridos feitos em laboratório. Cerca de 90% das espécies são hermafroditas, pois o aparelho reprodutivo inclui tanto órgãos femininos como masculinos. A polinização é feita geralmente por insetos, atraídos pela coluna carnosa que fica na pétala mais colorida das três que formam a flor. Esta espécie apresenta flores avermelhadas ou arroxeadas.

Curiosidades:

- Por sua beleza, é muito coletada na Amazônia, o que ameaça a espécie.
- Apesar de serem consideradas plantas "novas" no reino vegetal, as orquídeas são conhecidas do homem há muito tempo. Foram catalogadas pelos chineses há cerca de quatro mil anos.

Pau-d'arco-amarelo ►

(Tabebuia serratifolia)

É muito freqüente na região amazônica e esparso desde o Ceará até São Paulo. Possui altura de 8 a 20 m e tronco de 60 a 80 cm de diâmetro. É uma árvore característica da floresta tropical, embora exista em áreas de floresta secundária, porém prefere solos bem drenados situados nas encostas. A dispersão de suas sementes é geralmente uniforme e sempre muito esparsa. Durante os meses de agosto e novembro, quando as flores amarelas caem, a árvore fica totalmente despida de folhagem. Os frutos amadurecem entre outubro e dezembro.

Curiosidades:

- Esta árvore é típica da Amazônia, mas como a *Tabebuia umbellata*, de Minas Gerais, Rio de Janeiro até Rio Grande do Sul, a *Tabeluia vellosoi* de São Paulo, Mato Grosso do Sul, Goiás e Rio de Janeiro, a *Tabeluia chrysotricha* do Espírito Santo à Santa Catarina, e outras como *Tabebuia ochracea* e *Tabebuia caraiba*, apresentam todas o nome popular de ipê-amarelo, tendo poucas diferenças entre si.
- A beleza da árvore, quando em flor, é vista facilmente na floresta amazônica em sobrevôos de agosto a novembro.
- O ipê-amarelo é a árvore-símbolo do Brasil.

Pau-rosa ▼

(Aniba rosaeodora)

O pau-rosa é uma bela árvore da floresta de terra firme que pode atingir 30 m de altura e, seu tronco, mais de 2 m de diâmetro. Floresce de maneira irregular e a floração nem sempre é seguida de frutificação. É encontrado em toda a Amazônia, mas observam-se variações entre as populações das Guianas e Amapá e as do sul da região amazônica. Árvores com um diâmetro superior a 10 cm encontram-se em densidade inferior a uma unidade por hectare. O pau-rosa é de difícil acesso e os que se encontram próximos aos rios já foram explorados há muito tempo para servir como ingrediente de produtos da indústria cosmética e perfumaria.

Curiosidades:

- É também conhecido como pau-rosa-do-oiapoque.
- A exploração do pau-rosa para obtenção de uma essência conhecida como linalol acarreta o desaparecimento do recurso. Mas hoje já existem pesquisas que demonstram ser possivel extrair o óleo do pau-rosa a partir de galhos e folhas, o que pode indicar uma forma de seu extrativismo sustentável em um futuro próximo.
- Os frutos são muito apreciados por papagaios e araras, sendo muitas vezes devorados antes da maturação, sobrando poucos para a reprodução da árvore.
- Anualmente são cortadas mais de 3.000 árvores para a extração do Óleo Essencial. Apesar da síntese do linalol já existir há 30 anos, a indústria, principalmente a cosmética, prefere o produto natural ao sintetizado.

Piquiá

(Caryocar villosum)

A árvore do piquiá é muito alta, chegando a 50 m, com tronco de até 2,5 m de diâmetro, algumas vezes ultrapassando os 5 m. As flores são amarelas, com cinco pétalas e 2,5 cm de comprimento. O fruto é de formato variável em função do número de sementes, que pode ser de um a três. Ocorre desde o noroeste do Maranhão até o alto Amazonas, disperso na mata de terra firme. O fruto, com polpa endurecida, oleosa e amarelada, só é consumido depois de cozido, chegando a fornecer 76% de gordura branca e comestível.

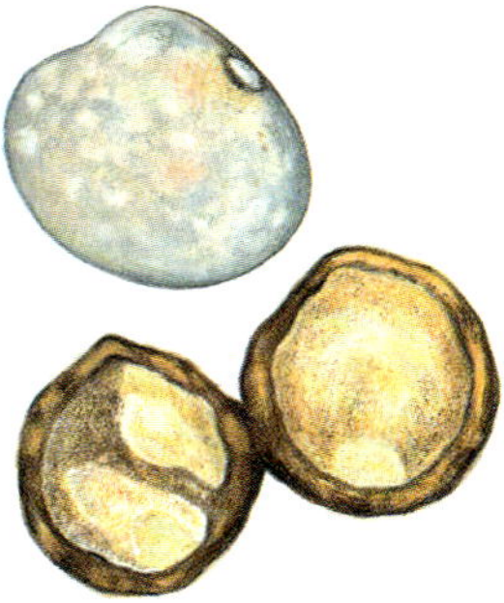

Curiosidades:

- Os caçadores adoram o piquiazeiro: suas flores, que formam um tapete no chão, atraem números grandes de pacas, veados, tatus e cutias.
- Cerca de 14 mil unidades de flores por dia caem do piquiazeiro, o que equivale a 120 mil por estação.
- Um fruto de piquiá vale R$ 0,50 no mercado Ver-o-Peso, em Belém, e cada árvore produz uma média de 500 frutos/ano.
- Três dúzias de piquiás podem render mais de 2 litros de óleo bom para cozinhar e fritar peixe, já a casca da fruta é aproveitada para fazer sabão, enquanto a madeira compacta é boa para confecção de canoas e fundos de embarcações maiores. Seus frutos, cozidos, são muito apreciados pela população em geral.

Pupunha

(Bactris gasipaes)

Palmeira que pode chegar a 20 m de altura e 15 a 25 cm de diâmetro no tronco, apresenta aproximadamente 20 folhas de 3 a 4 m de comprimento. As flores possuem um cheiro característico que atrai milhares de insetos polinizadores. Os frutos podem ter a casca vermelha, amarela, alaranjada ou verde, e a parte comestível é espessa e carnosa. Na Amazônia, após serem cozidos com sal, são consumidos junto com café, sendo ricos em proteínas, cálcio e ferro. A frutificação é longa, indo de novembro a junho. A árvore ocorre em toda a Amazônia, Nordeste, norte da América do Sul e América Central.

Curiosidades:

- A pupunha é considerada a alternativa ecológica para o palmito, pois a árvore não morre com seu corte e, diferente do palmito juçara da Mata Atlântica, o palmito da pupunha quase não tem fibras.
- A pupunha é uma cultura permanente que permite o corte ao longo do ano todo por um período de 20 anos, sendo que cada hectare plantado rende até 2,2 ton de palmito de boa qualidade.
- Os grandes produtores de palmito de pupunha são a Costa Rica e o Peru; o Brasil produz oficialmente 20 mil ton/ano.
- A pupunha é rica em vitamina A e tem taxa zero de colesterol, mas nunca se deve comer uma pupunha crua devido à presença de ácido oxálico, que inibe a digestão e pica a língua; deve ser cozida por 50 a 80 minutos e depois descascada.

Seringueira

(Hevea brasiliensis)

A seringueira aparece na margem dos rios e em lugares inundáveis da mata de terra firme, em toda a região amazônica. Chega a 30 m de altura com tronco de 30 a 60 cm de diâmetro. Na floresta amazônica, há mais de 11 espécies de seringueiras, todas do gênero Hevea e muito parecidas com a *H. brasiliensis*. Florescem a partir de agosto, prolongando-se até o início de novembro. Já os frutos começam a amadurecer no período de abril e maio. Suas amêndoas fornecem um óleo secativo usado pela indústria de tintas, mas o maior valor da árvore é o látex, extraído de seu tronco, que é transformado em borracha.

Curiosidades:

- A resina extraída desta árvore foi usada primeiro para fazer seringas, daí o nome de seringueira.
- Sua exploração representou a maior atividade econômica da região amazônica entre os anos de 1870 e 1910, principalmente pela descoberta da borracha vulcanizada (que não amolece com o calor) em 1844, por Charles Goodyear, e a invenção do pneu em 1888 por John Boyd Dunlop.
- Atualmente, a borracha nacional vem retomando forças. O governo do Acre tem investido em tornar as alternativas de coleta de borracha e castanha sustentáveis do ponto de vista social, econômico, político e ambiental. O látex produzido em alguns locais é vendido para a fabricação de preservativos no Sul do país.

Sumaúma

(Ceiba pentandra)

Também conhecida como árvore-da-seda, árvore-da-lã e paina-lisa, a sumaúma é a maior árvore da Amazônia e tem como característica uma pluma que envolve suas sementes. Apresenta uma altura média de 30 a 40 m e tronco de até 160 cm de diâmetro, dotado de sapopemas basais, raízes escoras que aumentam a estabilidade de troncos tão grandes, que têm espinhos em quase toda a sua extensão. Está em toda a bacia amazônica, em terrenos muito úmidos e pantanosos da mata primária de várzea, embora ocorra também em formações secundárias comportando-se como planta pioneira. Suas flores aparecem nos meses de agosto e setembro, com a árvore quase totalmente despida de folhagem. Em outubro e novembro os frutos amadurecem.

Curiosidades:

- É comum ver muitas plumas contendo sementes no chão ao redor da árvore.
- A pluma que envolve estas sementes é denominada kapok, sendo muito utilizada industrialmente para confecção de bóias e salva-vidas, para enchimento de colchões e travesseiros e como isolante térmico.
- Das sementes extrai-se um óleo comestível que serve também para iluminação e fabrico de sabão.

Taperebá ou Cajá ►

(Spondias mombin)

Árvore de 25 m de altura, com galhos a partir de 3 a 5 m do solo, formando copa espraiada de até 15 m de diâmetro. O tronco possui uma casca rugosa e fissurada e as folhas chegam a 70 cm de comprimento. Os frutos têm casca fina, lisa e polpa doce de sabor e cheiro muito agradáveis. Já o caroço é espesso e lenhoso. Frutifica de dezembro a junho. Encontra-se em quase todo o Brasil e na América até a Flórida, mas prefere as matas de terra firme e de várzea da Amazônia.

Curiosidades:

- Faz-se suco, sorvete, geléia e compota com a polpa do taperebá, enquanto do tronco se obtém madeira branca e elástica, usada na fabricação de caixas.
- Seus frutos são encontrados nas feiras da Amazônia o ano todo, mas, durante a estação chuvosa, de janeiro a abril, aparecem em maior quantidade.
- Cada árvore produz cerca de mil frutos por ano.

Tucumã ►

(Astrocaryum aculeatum)

É uma palmeira solitária de estipe ereto que alcança de 10 a 15 m de altura, sendo repleta de espinhos negros, longos e dispostos em anéis que se adensam na metade superior do tronco. As folhas também têm espinhos por toda a extensão. Os frutos podem pesar até 75 gramas e surgem de janeiro a abril. Este tipo de tucumã é nativo do Amazonas, onde é muito freqüente. É comum na vegetação secundária ou nos descampados em solos pobres e degradados.

Curiosidades:

- O consumo normal do fruto é *in natura* e na forma de sorvete, licor e doce. Sua parte carnosa e alaranjada é muito apreciada em sanduíches com queijo e também com tapioca de mandioca.
- Das folhas, retiram-se as fibras empregadas no preparo de redes de pescar e de dormir, linhas para arco-e-flecha, cestos e balaios; os índios usam o endocarpo da planta para confeccionar brincos, anéis, pulseiras e colares.
- O tucumã oferece uma remuneração de trabalho maior que a do açaí, pois esta atividade não requer deslocamentos pela floresta.

Urucum ►

(Bxa orellana)

É uma espécie de arbusto que chega, no máximo, a 5 m, com tronco de 15 a 25 cm de diâmetro. Ocorre em toda floresta, da região amazônica até a Bahia, mas preferencialmente em solos férteis e úmidos de beira de rios. As sementes são produzidas em grande quantidade o ano todo e disseminadas tanto pelo homem como por animais que se alimentam de seus frutos. Floresce durante a primavera e o início do verão e os frutos amadurecem no final do verão e início do outono. É também conhecida como uma planta medicinal, já que suas sementes são utilizadas contra bronquite e febre, e também como cosmético.

Curiosidades:

- As matérias de cor amarela e vermelha, conhecidas como colorau pela população, são extraídas da polpa que envolve as sementes, sendo empregadas na culinária e na indústria alimentar, além das indústrias de impressão e de tecidos.
- É empregada pelos índios amazônicos para tingir a pele, como repelente de insetos e para rituais religiosos.
- É cultivada em muitas regiões do país para exploração de suas sementes e como planta ornamental, principalmente pela rapidez de seu crescimento em ambientes abertos.

Vitória-Régia ►

(Victoria amazonica)

É uma planta aquática com folhas com cerca de 40 cm de diâmetro e margens sinuosas. Pode chegar, no entanto, a até 1,2 m de diâmetro. As flores possuem de 8 a 15 cm de diâmetro e contém de 12 a 23 pétalas muito perfumadas. Possui um fruto carnoso endurecido, com numerosas sementes. No inferior das folhas flutuantes há uma rede de nervuras e compartimentos cheios de ar, recobertos com espinhos.

Curiosidades:

- Seu nome foi uma homenagem de seu descobridor, Lindley, à rainha Victoria da Inglaterra.
- Quando as lagoas onde vivem secam, as cápsulas de sementes ficam enterradas na lama até o retorno da água, na próxima cheia, para então germinar.
- O pecíolo que fixa a planta ao fundo prolonga-se por mais de 5 m em alguns locais.
- Existem muitas espécies de animais aquáticos que utilizam as raízes destas espécies para se abrigar, alimentar e produzir.
- Polinizada por somente uma espécie de besouro, que é atraído pelo forte cheiro que suas belas flores brancas exalam.

CRÉDITOS

A: alto - **C:** centro - **Cd:** centro direita
Ce: centro esquerda - **E:** embaixo

Legendas das fotos de abertura

Pág. 6-7- Pôr-do-sol em Benjamin Constant (AM); Pág. 9 - Maturacá (AM); Pág. 12-13- Praias fluviais em Barcelos (AM); Pág. 26-27- Pôr-do-sol no rio Purus (AM); Pág. 54-55- Seringueiro extraindo o látex (AC); Pág. 92-93- Casas de seringueiros e buritizal (AC); Pág. 112-113- Reserva Biológica do Lago Piratuba (AP); Pág. 126-127- Arquipélago de Mariuá (AM); Pág. 178-179- Alter-do-chão (PA); Pág. 234-235- Rio Mamoré (RO); Pág. 254-255- Buritizais, Campinas, Cerrado e montanhas nos arredores de Boa Vista (RR); Pág. 270-271- Arte Indígena Apalaí (PA); Pág. 288-289- Sapo venenoso – dendrobatídeo (AM); Pág. 312-313- Vitória-régia (AM); Pág. 335- Teatro de Manaus (AM)

Capa

Onça-pintada: Zig Koch – Teatro de Manaus: Leonide Príncipe – Arquipélago de Anavilhanas: Claus Meyer / Contra-capa: Barco: Marcello Lourenço – Índios: Leonide Príncipe – Guaraná: Silvestre Silva – Homem: T.Aramac / Índice de Capa: Acre: Marcello Lourenço/ Amapá: Zig Koch/ Amazonas: Leonide Príncipe/ Pará: ZigKoch/ Rondônia: Zig Koch/ Roraima: Claus Meyer

Descobrindo a Amazônia

12/13: Zig Koch – 14A: Claus Meyer/14C: Zig Koch – 15A: Zig Koch/15E: Leonide Príncipe – 16A: Zig Koch/16E: Leonide Príncipe – 17A: Peter Milko – 18A: Nilton Pavin/18E: Leonide Príncipe – 19A: Marcello Lourenço/19E: Guy Veloso – 21A: Peter Milko/21E: Leonide Príncipe – 22A: Luiz Cláudio Marigo /22E: Leonide Príncipe – 23A: Zig Koch – 24E: Zig Koch – 25A/E: Zig Koch

Cenário Ecológico

26/27: Paulo Santos – 28A/Cd/E: Leonide Príncipe – 29: Zig Koch – 30A/E: Leonide Príncipe – 31: Lilia Tandaya – 32A/E: Leonide Príncipe – 34A: Leonide Príncipe/ 34Ce: Paulo Santos/34E: Leonide Prínci-pe – 35E: Zig Koch – 36A: Peter Milko – 37A: Marcelo Gordo/37E: Peter Milko – 38: Leonide Príncipe – 39: Peter Milko – 40/41: Claus Meyer – 42A: Zig Koch/42Ce: Claus Meyer – 43A: Victor Andrade/43C: Leonide Príncipe – 44A: Janduari Simões/44E: Zig Koch – 45: Leonide Príncipe – 46: Igor Pessoa – 47: Claus Meyer – 48 A: Zig Koch/ 48Ce: Paulo Santos/48E: Leonide Príncipe – 49: Zig Koch – 50: Adriano Gambarini – 51: Zig Koch – 52A: Leonide Príncipe/ 52E: Claus Meyer – 53A: Claus Meyer – 53Cd: Leonide Príncipe

Homem da Amazônia

54/55: Zig Koch – 56: Janduari Simões – 57: reprodução do livro "Mapa: Imagens da Formação Territorial Brasileira", Ed.Odebrecht, pg.37 – 58A: reprodução do livro "Fortes e Faróis" de Ricardo Siqueira, pg.175/58E: reprodução do livro "Mapa: Imagens da Formação Territorial Brasileira", Ed. Odebrecht, pg. 112 – 59: reprodução de pintura da expedição de Alexandre Ferreira, acervo da Biblioteca Nacional (RJ) – 60A: Zig Koch/60E: reprodução do livro "Mapa: Imagens da Formação Territorial Brasileira", Ed. Odebrecht, pg. 83 – 61: Zig Koch – 62A: Zig Koch/62E: Marcello Lourenço – 63: Leonide Príncipe – 64: T.Aramac – 65: Marcello Lourenço – 66/67: Luiz Cláudio Marigo – 68A: Leonide Príncipe/68 E: Rogério Reis – 69A: Silvestre Silva/69E: Patrícia Delamônica – 71: Zig Koch – 72A: Carolina da Riva/72C: Paulo Santos/72E: Marcello Lourenço – 73: Leonide Príncipe – 74A: Marcelo Gordo/74E: Leonide Príncipe – 75: Leonide Príncipe – 76/77: Claudia Vieitas – 78A: Leonide Príncipe/78E: Marcello Lourenço – 79A: Marcello Lourenço/79E: Marcio Ayres – 80A: Leonide Príncipe/80E: Zig Koch – 81: Paulo Santos – 82A: Joseane Daher/82E: Leonide Príncipe – 83A: Leonide Príncipe/83E: Paulo Santos – 84: Leonide Príncipe – 85: Ricardo Malta – 86: Ricardo Malta – 87A: Paulo Santos/87E: Leonide Príncipe

Acre

92/93: Marcello Lourenço – 96A/E: Marcello Lourenço – 97A: Joseane Daher – 98Ce: foto histórica século 19, acervo Museu da Imagem e do Som (MIS) – 99A: Zig Koch/99E: Marcello Lourenço – 100: Zig Koch – 101A/ E: Marcello Lourenço – 102: Leonide Príncipe – 103A/Cd: Mario Friedlander – 104A: Zig Koch/104E: Marcello Lourenço – 105A: Peter Milko/105E: Leonide Príncipe – 106A/ Cd: Paulo Santos – 107A: Rogério Reis – 108Ce: Rogério Reis/108E: Janduari Simões – 109: Zig Koch – 110A: Marcello Lourenço/ 110E: Leonide Príncipe – 111: Zig Koch

Amapá

112/113: Zig Koch – 116A: Peter Milko/ 116E: Zig Koch – 117: Zig Koch – 118: Marcello Lourenço – 119: Zig Koch – 120A: Marcello Lourenço/120E: José Roberto Couto – 122E: Marcello Lourenço – 123: Zig Koch – 124A: Zig Koch/124E: Peter Milko – 125C: Leonide Príncipe/125Ce: Peter Milko

Amazonas

126/127: Leonide Príncipe – 128A/E: Leonide Príncipe – 129A: Zig Koch/129C:

Leonide Príncipe/129E: Vitor Andrade – 130A: Peter Milko/130E: Zig Koch – 132A: Zig Koch – 133: Peter Milko – 134E: Leonide Príncipe – 135A: Janduari Simões/135E: Paulo Santos – 136: Peter Milko – 137A: Peter Milko/137E: Claudia Vieitas – 138A: Leonide Príncipe/138E: Claus Meyer – 139: Peter Milko – 140A: Vitor Andrade/140E: Leonide Príncipe – 141: Paulo Santos – 142: Marcelo Gordo – 143: Leonide Príncipe – 144/145: Leonide Príncipe – 146A/E: Zig Koch – 147: Rogério Reis – 148A/E: Zig koch – 149A: Rogério Reis/149E: Sérgio Simões – 150: Rogério Reis – 151A: Marcello Lourenço – 152A/E: José Roberto Couto – 153A: José Roberto Couto/153E: Leonide Príncipe – 154: Heloísa Ribeiro/154E: Leonide Príncipe – 155: Alexandre Campbell – 156A: Zig Koch/156C: Alexandre Campbell – 157: Oswaldo Forte/157E: Leonide Príncipe – 158A/E: Leonide Príncipe – 159A: Leonide Príncipe/159E: Zig Koch – 160: Zig Koch – 161A: Zig Koch/161E: Leonide Príncipe – 162A: Janduari Simões/162E: Zig Koch – 163A: Zig Koch/163E: Leonide Príncipe – 164A/E: Leonide Príncipe – 165: Leonide Príncipe – 166/167: Paulo Santos – 168A: Janduari Simões/168C: Leonide Príncipe – 169: Leonide Príncipe – 170A: Zig Koch/170E: Leonide Príncipe – 171A: Leonide Príncipe/171E: Zig Koch – 172A/E: Zig Koch – 173: Zig Koch – 174A: Zig Koch/174C: Pedro Martinelli, divulgação do Instituto Sócio-Ambiental (ISA) – 175A: Rogério Reis/175C: Leonide Príncipe – 176A/E: Peter Milko –177A: Peter Milko/177E: Zig Koch

Pará

178/179: Zig Koch – 182A: Paulo Santos/182E:Janduari Simões – 183A: Janduari Simões – 184: André Valentim – 185: André Valentim – 186A: Paulo Santos/186C: Leonide Príncipe – 187A: Leonide Príncipe/187E: Peter Milko – 188: Janduari Simões – 189A: Janduari Simões/189E: Leonide Príncipe – 190A: Paulo Santos/190E: Paulo Santos – 191: Paulo Santos – 192: Paulo Santos – 193A/E: Lilia Tandaya – 194A: Marcello Lourenço/194E: Lilia Tandaya – 195A: Heitor Fragoso/195E: Janduari Simões – 196/197: Cristiano Cantão – 198: Heitor Fragoso – 199: Paulo Santos – 200A: Paulo Santos/200E: Peter Milko – 201: Zig Koch – 202A/E: Paulo Santos – 203A: Peter Milko/203E: Claus Meyer – 204/205: Peter Milko – 206A: Leonide Príncipe/206E: Peter Milko – 207:Peter Milko – 208A/E: Zig Koch – 209: Marcello Lourenço – 210A: Zig Koch/210E: Peter Milko – 211: Peter Milko – 212: Janduari Simões – 213: Marcello Lourenço – 214A: Peter Milko/214E: Heitor Fragoso – 215: Zig Koch – 216A: Peter Milko/216E: Zig Koch – 217E: Zig Koch – 218E: Zig Koch – 219: Paulo Santos – 220: Zig Koch – 221A: Heitor Fragoso/221C: Zig Koch – 222: Zig Koch – 223A: Zig Koch/223E: Leonide Príncipe – 224: Peter Milko – 225A: Janduari Simões/225E: Peter Milko – 226/227: Zig Koch – 228A/E: Zig Koch – 229A: Zig Koch/229E: Geraldo Ramos – 230: Carolina da Riva – 231A/E: Carolina da Riva – 232A: Carolina da Riva – 233A/E: Carolina da Riva

Rondônia

234/235: Zig Koch – 237A: Peter Milko/237C: Zig Koch/237Ce/E: Adriano Gambarini/237E: André Valentim – 238A/E: Zig Koch – 240A: Zig Koch/240E: Peter Milko – 241A: foto histórica, acervo Museu da Imagem e do Som (MIS) – 242A: Claus Meyer/242E: André Valentim – 243A: Leonide Príncipe – 244A: Zig Koch – 245A: Zig Koch – 246A/E: Peter Milko – 247A: José Vilela Gomes – 248A/E: Zig Koch – 249A: Zig Koch/249E: Mario Friedlander – 250 A/E: Zig Koch – 251A: Peter Milko/251E: Zig Koch – 252A: Zig Koch/252E: Peter Milko – 253A: Peter Milko/253E: Adriano Gambarini

Roraima

254/255: Claus Meyer – 256A: Jorge Macedo/256C: Leonide Príncipe - 256E: Leonide Príncipe – 257C: Leonide Príncipe/257E: Jorge Macedo – 258A: Zig Koch/258E: Jorge Macedo – 259A: Maíra Rocha – 260A: Jorge Macedo/260E: Zig Koch – 261A: Jorge Macedo/261E: Leonide Príncipe – 262: Zig Koch – 263A/E: Jorge Macedo – 264A: Jorge Macedo/264E: Leonide Príncipe – 265: Zig Koch – 266: Jorge Macedo – 267A/E: Jorge Macedo – 268A: Zig Koch/268E: Leonide Príncipe – 269: Leonide Príncipe

Animais e Plantas

290/291: Gustavo Accácio – 314/315: Janduari Simões

Página 335: Peter Milko

BANCOS DE IMAGEM

Interfoto:
Fotógrafos: Janduari Simões, Jorge Macedo, Lilia Tandaya, Marcelo Gordo, Marcello Lourenço, Marcio Ayres, Paulo Santos, Osvaldo Forte

Tyba:
Fotógrafos: Alexandre Campbell, André Valentim, Claus Meyer, Cristiano Cantão, José Roberto Couto, Luiz Cláudio Marigo, Ricardo Malta, Rogério Reis, T.Aramac

Banco de Imagens da Amazônia:
Fotógrafo: Leonide Príncipe

Índices

Cidades

Animais e Plantas

AGRADECIMENTOS

Adriana Franklin – Secretaria de Turismo de Oiapoque (AP)
Alan Pérsio Cunha – BSP turismo
Amarildo Francisco Machado – Assessor na Secretaria de Turismo de São Gabriel da Cachoeira (AM)
Ana Luiza Astiz – Publifolha
Antonio Silveira – Projeto Ambiental A Última Arca de Noé
Cel. Carlos José Polhuber – Superintendente do Sistema de Vigilância da Amazônia – SIVAM
Cel. Paullo Esteves – Assessor de Comunicação do Sistema de Vigilância da Amazônia – SIVAM
Débora Marlucia Cavalcanti – Secretária de Turismo de Porto Velho (RO)
Denise Bezerra Lima – Secretaria de Cultura, Turismo e Desporto de Manaus (AM)
Dica Frazão – Museu Dica Frazão, Parintins (AM)
Douglas Mendonça Simões – Venturas e Aventuras
Eduardo de Castro Ribeiro e Eunice Ribeiro – Proprietários da Fazenda Bonjardim, Marajó (PA)
Elias Macedo – Diretor do Departamento de Turismo do Acre
Emanuel Fulton Madeira Casara – Gerente Executivo do Ibama de Rondônia
Emanuel Julio Leite – Coordenador de Turismo de Santarém (PA)
Enderson Guimarães – Philips do Brasil
Érika Nakazono – Fundação Vitória Amazônica – FVA
Fabio Folly – Supervisor da Globalstar em Porto Velho (RO)
Flávia C. V. Moraes – Philips do Brasil
Izanildo P. Santos – Guia de Turismo de Barcelos (AM)
João do Carmo – Diretor de Arte do Boi Caprichoso
José Maia – Secretário de Turismo de Presidente Figueiredo (AM)
Joseli de Macedo Beterra – Secretária de Turismo de Barcelos (AM)
Marcos Antônio Magalhães – Philips do Brasil
Marcos Vinícius – Antropólogo e Diretor do Patrimônio Histórico do Acre
Maria Nilda Rodrigues – Assessora de Imprensa da ONG Saúde Sem Limites
Marina Machado – Coordenadora da ONG Saúde Sem Limite em São Gabriel da Cachoeira
Matias Vasquez Gonzalez – Cônsul da Colômbia em São Gabriel da Cachoeira
Melissa Bezerra – Instituto Mamirauá
Miguel Scarcello – Secretário Geral da ONG SOS Amazônia
Nixon Alberto B. de Rodrigues – Secretário de Turismo e Desportes de São Gabriel da Cachoeira (AM)
Paulo Moutinho – Instituição de Pesquisa Ambiental da Amazônia – IPAM
Raimundo José Gadelha de Souza – Guia Turístico de Presidente Figueiredo (AM)
Ricardo Adams – Philips do Brasil
Ricardo Bartholo – Secretário de Turismo de Guajará-Mirim (RO)
Veramilton Almeida – Diretor da Universidade de Parintins (AM)

Dados Internacionais de Catalogação na Publicação (CIP)
(Câmara Brasileira do Livro, SP, Brasil)

Guia Philips : Amazônia : Brasil : Amazonas, Acre, Rondônia, Pará, Amapá, Roraima e Mato Grosso / coordenadora Beatriz Santomauro : colaboração Bárbara Schmal ... [et al.]. -- São Paulo : Horizonte Geográfico, 2001. -- (Série guia Philips de turismo ecológico do Brasil)

Patrocínio: Projeto Philips Brasilis.
ISBN 85-88031-10-8

1. Amazônia - Descrição e viagens 2. Amazônia - História I. Santomauro, Beatriz. II. Série.

01-3271 CDD-918.11

Índices para catálogo sistemático:
1. Amazônia : Descrição e viagens 918.11

PRINCIPAIS TERRAS INDÍ

Fonte: Instituto Socioambiental (ISA) (Terras indígenas demarcadas na Amazônia Legal até março/2001)
* Fonte: Banco Mundial/WWF, 1995